职业教育新形态
财会精品系列教材

财务报表解读与分析

微课版

李博 田芳 ◆ 主编

刘彧 张丽娟 崔丹 ◆ 副主编

Interpretation and
Analysis of
Financial Statements

人民邮电出版社

北 京

图书在版编目（CIP）数据

财务报表解读与分析：微课版 / 李博，田芳主编
. —— 北京：人民邮电出版社，2022.5
职业教育新形态财会精品系列教材
ISBN 978-7-115-58916-3

Ⅰ．①财… Ⅱ．①李… ②田… Ⅲ．①会计报表—会
计分析—高等职业教育—教材 Ⅳ．①F231.5

中国版本图书馆CIP数据核字（2022）第045839号

内 容 提 要

本书以财务报表的解读与分析为基础，详细介绍了资产负债表、利润表、现金流量表、所有者权益变动表等财务报表的相关知识，以及财务报表分析的方法等内容。本书通过平实的语言、贴近实际的案例，把财务报表中枯燥的数字转化为工作、生活中实际发生的情景，使学生能够更好地掌握财务报表的相关知识。

本书以财务报表分析需求为导向，开展项目式教学。每个项目分为若干任务，且每个项目均由知识目标、能力目标、素质目标、任务引入、相关知识、任务实训、拓展阅读、巩固练习等部分组成。

本书可作为应用型本科院校、高等职业院校财会类专业的教材，也可供对财务报表有分析需要的职场人士参考使用。

◆ 主　　编　李　博　田　芳

副 主 编　刘　彧　张丽娟　崔　丹

责任编辑　刘　尉

责任印制　王　郁　彭志环

◆ 人民邮电出版社出版发行　　北京市丰台区成寿寺路 11 号

邮编　100164　　电子邮件　315@ptpress.com.cn

网址　https://www.ptpress.com.cn

北京七彩京通数码快印有限公司印刷

◆ 开本：787×1092　1/16

印张：14　　　　　　　　　2022 年 5 月第 1 版

字数：345 千字　　　　　　2025 年 7 月北京第 3 次印刷

定价：49.80 元

读者服务热线：**(010)81055256**　印装质量热线：**(010)81055316**
反盗版热线：**(010)81055315**

PREFACE

///////////////////////// 前　言 /////////////////////////

　　财务报表是反映企业财务状况和经营业绩的总结性资料,也是披露企业经营活动的基本方式。具体来说:企业管理者通过分析财务报表,可以提高其管理水平和决策水平;债权人通过分析财务报表,可以评价企业的偿债能力,以便做出信贷决策;审计、税务等部门通过对财务报表的审核,可以及时指出企业存在的问题等。由此可见,财务报表的解读和分析在现代经济生活中的地位和作用已日渐凸显。

　　近年来,我国众多高校纷纷开设财务报表分析这一课程,其目的在于培养和提高学生的财务报表分析能力。在这样的背景下,我们查阅了大量资料,并结合自身丰富的一线教学经验,编写了这本《财务报表解读与分析(微课版)》。

※ 本书内容

　　本书从财务报表和会计核算的基础知识出发,循序渐进地介绍了财务报表分析的具体知识。在内容组织上,全书可分为以下三部分内容。

　　(1)第一部分内容为"财务报表初识"(项目一),该部分内容主要是让学生对财务报表有一个初步的认识,了解不同使用者对财务报表的不同需求,以及学习解读和分析财务报表所必需的会计核算基础知识。

　　(2)第二部分内容为"财务报表详解"(项目二~项目六),该部分详细介绍了资产负债表、利润表、现金流量表、所有者权益变动表中报表项目的分析方法,以及财务报表附注的内容,使学生能够正确解读财务报表所反映的信息。

　　(3)第三部分内容为"财务报表综合分析"(项目七~项目九),该部分详细介绍了通过财务报表项目进行财务报表分析的方法,即通过财务报表项目,对企业的盈利能力、营运能力、偿债能力、成长能力以及综合实力进行分析。

※ 本书特色

　　本书具有以下特色。

　　(1)内容全面翔实。本书以新版《企业会计准则》为基础编写,介绍了四大财务报表的格式和内容，全面细致地对各报表项目的填列进行了讲解，并融入了大量财务报表分析的实务经验，不仅内容全面，而且对实际财务报表分析有一定的指导意义。

（2）结构新颖。本书采用项目式教学，以项目任务为导向，首先以任务引入的形式提出问题，引导学生带着问题学习，然后讲解相关知识，最后通过任务实训的方式将理论知识与实践相结合，帮助学生更直观地掌握相关知识，提升实践能力。

（3）贴近实际需要。本书设有"专家点拨""拓展阅读""巩固练习"等栏目或板块："专家点拨"栏目主要就正文中的相关内容，从经验丰富的从业者角度出发，向学生提供精练的补充知识；"拓展阅读"板块主要就正文中已提及但未深入介绍，或与正文内容相关的知识进行展开，以丰富学生的知识面；"巩固练习"板块包括单选题、多选题、判断题、计算分析题，供学生课后练习，帮助学生巩固本项目所学知识。

（4）真实模拟企业经营。本书从企业生产经营的实际出发，在讲解各报表项目时，以企业经营活动中常见的经济业务为案例资料，使学生可以在了解各报表项目反映的信息后，理解报表各项目在企业实际业务中的体现。在第三部分中，本书就有关财务指标的应用提供了行业参考值，使学生可以对不同行业企业的盈利能力、偿债能力、营运能力等进行比较准确的评价。

※ 教学资源

本书提供了财务报表模板、课后习题答案，以及 PPT、教学大纲等教辅资源，有需要的老师可通过人邮教育社区网站（http://www.ryjiaoyu.com）自行下载。

本书由河南经贸职业学院李博、贵州航天职业技术学院田芳任主编，河南经贸职业学院刘彧、乐山职业技术学院张丽娟、河南经贸职业学院崔丹任副主编，在本书的编写过程中，编者参考了国内多位专家、学者的著作或译著，也参考了许多同行的相关教材和案例资料，在此对他们表示崇高的敬意和衷心的感谢！同时，由于编者水平有限，书中难免存在不足之处，欢迎广大读者给予批评指正。

编　者

2022 年 2 月

CONTENTS

///////////// 目　录 /////////////

项目七 财务报表分析基础 …143

项目八 企业财务能力分析 …160

项目一

财务报表与会计核算基础

知识目标 ↓

- 了解财务报表的组成、编制要求及其使用主体。
- 掌握会计核算基础知识。

能力目标 ↓

- 能够分析经济业务对会计等式的影响。
- 掌握会计记账方法。

素质目标 ↓

- 认真学习财务报表和会计核算的基础知识，培养基本的财务专业知识素养。
- 从不同的财务报表使用者角度出发，对财务报表加以认识，以提升财务分析能力。

任务一　初识财务报表

一、任务引入

甲公司与乙公司都是商品流通企业，且两家公司的经营范围比较类似。这两家公司 2021 年 12 月 31 日的资产负债表（简表）分别如图 1-1 和图 1-2 所示。

甲公司资产负债表（简表）		单位：元	
资产		**负债**	
流动资产：		流动负债：	
货币资金	356 437	短期借款	80 000
交易性金融资产	50 000	应付账款	23 479
应收账款	24 370	流动负债合计	103 479
其他应收款	12 100	非流动负债：	
存货	482 340	长期借款	200 000
流动资产合计	925 247	应付债券	95 070
非流动资产：		非流动负债合计	295 070
长期应收款	100 000		
长期股权投资	50 000	负债合计	398 549
投资性房地产	25 000	**所有者权益**	
固定资产	120 000		
长期待摊费用	3 000	所有者权益（或股东权益）：	
其他非流动资产	693	实收资本（或股本）	550 000
非流动资产合计	298 693	资本公积	120 000
		其他综合收益	20 000
		盈余公积	30 000
		未分配利润	105 391
		所有者权益合计	825 391
资产总计	1 223 940	负债和所有者权益（或股东权益）总计	1 223 940

图 1-1　甲公司资产负债表（简表）

01

乙公司资产负债表（简表）		单位：元	
资产		**负债**	
流动资产：		流动负债：	
货币资金	846 219	预收款项	442 890
应收账款	234 754	合同负债	436 803
预付款项	35 031	应交税费	156 281
存货	842 964	流动负债合计	1 035 974
合同资产	245 906	非流动负债：	
流动资产合计	2 204 874	长期借款	200 000
非流动资产：		非流动负债合计	200 000
债权投资	150 000		
长期应收款	180 000	负债合计	1 235 974
其他权益工具投资	100 000		
投资性房地产	40 000	**所有者权益**	
固定资产	30 000	所有者权益（或股东权益）：	
无形资产	25 000	实收资本（或股本）	1 200 000
其他非流动资产	24 461	资本公积	200 000
非流动资产合计	549 461	其他综合收益	30 000
		盈余公积	28 361
		未分配利润	28 361
		所有者权益合计	1 518 361
资产总计	2 754 335	负债和所有者权益（或股东权益）总计	2 754 335

图 1-2　乙公司资产负债表（简表）

请从一位没有财务基础的债权人角度出发，对这两家公司进行财务分析。

二、相关知识

财务报表不是单个的表格，而是一套表格系统，并有严格的编制要求；财务报表的使用者也不只是企业管理者，还包括投资者、债权人等。

（一）财务报表的组成

财务报表是对企业财务状况、经营成果和现金流量的结构性表述。一套完整的财务报表至少应当包括资产负债表、利润表、现金流量表、所有者权益变动表以及财务报表附注。

1. 资产负债表

资产负债表是反映企业在某一特定日期的财务状况的财务报表，是企业经营活动的静态体现。资产负债表是企业依据"资产=负债+所有者权益"这一平衡等式，并根据一定的分类标准和次序，将某一特定日期的资产、负债、所有者权益的具体项目予以适当的排列编制而成的。

2. 利润表

利润表又称损益表，是反映企业在一定会计期间的经营成果的财务报表。利润表可以反映企业在一定会计期间内收入、费用、利润（或亏损）的金额和构成情况，以帮助财务报表使用者全面了解企业的经营成果，分析企业的获利能力及盈利增长趋势，从而为其做出经济决策提供依据。利润表是一个动态报表，由收入、费用和利润这 3 个"流量要素"通过一定时期的积累形成，主要体现了利润的计算过程。

专家点拨

长时间以来，利润表都被认为是连接资产负债表期初数据和期末数据的中间桥梁。随着市场经济的不断发展，利润表的地位越来越重要，它所提供的信息对报表使用者做出投资、信贷、管理等决策而言都具有十分重要的意义，所以很多企业在编制各类财务报表时，通常会先编制利润表，然后再编制资产负债表。

3. 现金流量表

现金流量表是对企业各类活动中现金流入和流出情况的综合反映。为了体现各类活动详细的现金流入和流出情况，现金流量表根据企业日常活动的性质，将其划分为经营活动、投资活动和筹资活动，并分门别类地列出各类活动的现金流入和流出量，以及各小类的合计数。现金流量表是一张提供企业现金流入与流出动向的财务报表。通过这张报表，报表使用者可以了解企业的资金来源，清楚企业的资金去向。

专家点拨

现金流量表可以直接体现企业的经济活动，它直接反映了企业现金的来源与去向。由于利润常常存在被粉饰的风险，而现金被粉饰的风险往往较小，所以现金流量是财务报表分析的重点。

现金流量表清楚地展示了企业在经营活动、投资活动、筹资活动中现金的取得和支出情况，所以通过现金流量表，报表使用者不仅可以直观地了解企业经营运作中现金的产生和使用情况，还可以据此判断企业的利润质量以及到期偿还债务的能力。例如，报表使用者通过分析各类活动的现金流入及流出情况，可以判断这些活动中现金流量质量的优劣。

4. 所有者权益变动表

所有者权益变动表是反映构成所有者权益的各组成部分当期的增减变动情况的财务报表。所有者权益变动表可以为报表使用者提供所有者权益总量增减变动的信息，同时提供所有者权益增减变动的重要结构性信息，还能够让报表使用者理解所有者权益增减变动的根源。

5. 财务报表附注

在财会领域，财务报表的主表有越来越简化的趋势，导致报表使用者从各主要财务报表中获取的信息越来越不能满足决策的需要，而更加详细的内容通常编排在财务报表附注中。财务报表附注是资产负债表、利润表、现金流量表和所有者权益变动表等财务报表中列示项目的文字描述或明细资料，以及未能在这些财务报表中列示项目的说明等。财务报表附注可以使报表使用者全面了解企业的财务状况、经营成果和现金流量。

对于报表使用者而言，财务报表附注起着补充说明、答疑解惑的作用，通过财务报表附注，报表使用者可以进一步理解报表项目的内涵。例如，报表使用者通过财务报表附注中应收账款、存货、固定资产、应付职工薪酬、应交税费等项目的说明，可以更详细、真实地对资产负债表进行分析。

企业规模不同，其财务报表附注的详略程度也不同。对于大中型企业来讲，财务报表附注较为详尽；而对于小型企业来讲，财务报表附注则较为精练。由于小企业不需要编制所有者权益变动表，因此其财务报表附注中还应包括利润分配情况的说明等。

（二）财务报表的编制要求

财务报表是对企业经营状况的信息输出，具有不同知识背景的报表使用者都可能会利用财务报表所提供的有关信息。因此，编制财务报表应符合会计信息的质量要求。

在编制财务报表前应依法对会计账簿及其他用于编制财务报表的有关资料进行审核，以保证财务报表的真实、完整和准确，并且财务报表的编制应符合《中华人民共和国会计法》（以下简称《会计法》）和其他法律法规的规定。综上，财务报表的编制要求具体如下。

1. 数字真实

财务报表提供的会计信息资料必须能如实地反映企业的情况，只有这样，财务报表才能作为报表使用者的决策依据。因此，在编制财务报表时要杜绝弄虚作假、隐瞒虚报，或者提前结账、估计数据的错误行为发生。

2. 内容完整

财务报表是企业经营活动全部信息的总括反映，因此必须要保证会计资料的完整性。凡是企业发生的业务，都必须保证其重要性和在成本允许的范围内尽可能完整反映，不得造成信息的遗漏；凡是会计制度要求编制的报表，都必须全部编制，不得漏编、漏填。

3. 计算准确

会计核算和财务报表编制都会涉及大量的数字计算，只有计算准确，才能保证提供的会计资料是真实可靠的，才能使所提供的会计资料真实可用；只有真实、计算准确的财务报表资料，才能与报表使用者的决策相关联，以帮助其对过去进行评价，对未来进行预测。

4. 前后可比

财务报表反映的会计信息资料应当能够满足报表使用者进行横向或者纵向比较的需要，也就是说，不同时期、不同企业的财务报表均能够进行对比，这也有利于报表使用者进行鉴别和分析。编制财务报表所依据的会计方法应保持前后一致，不得随意变更；需要变更的，应在财务报表附注中说明原因和变更后的影响。

5. 报送及时

信息的使用价值与财务报表报送是否及时有很大的关系，因此，财务报表的报送应当满足相关的时限规定。在会计期间结束后及时编制财务报表，并在规定期限内报送，以保证财务报表的及时性，只有这样，才能为报表使用者的决策提供有用的依据。如果财务报表的编制和传递不及时，就会降低财务报表间的相关性，降低会计信息的使用价值。

（三）财务报表的使用者

在市场经济时代，企业处在一个纷繁复杂的环境中，无论是开办时的准备工作，还是日常的采购、销售等活动，或是向银行等金融机构办理贷款，企业都不可避免地需要与各类主体打交道，而这些主体出于各种需求，会随时关注企业的经营状况。作为企业经营状况的体现，财务报表无疑成了各类主体都需要了解的对象。由于不同主体立场的不同、思考问题的角度不同，对财务报表的需求也就存在差异。

1. 企业管理者

企业管理者是财务报表的内部使用者，与企业股东是委托者与受托者的关系，企业管理者接受股东的委托管理企业，对股东投入的资本负有保值增值的责任和义务。企业管理者的任务是通过做好企业的日常经营管理活动，确保股东的投资取得丰厚的回报，使企业欠下的债务能如期偿还，优化企业的资源配置，并提升企业的持续盈利能力。

企业管理者对企业的经营管理将直接影响企业的生死存亡，因此，企业管理者更应重点关注反映企业经营管理结果的载体——财务报表。企业管理者通过阅读和分析财务报表所反映的各类指标，可以发现自身在企业管理中的优势和劣势，从而提高企业的管理质量，改善企业的发展现状并提升企业的效益。另外，企业管理者还要特别关注与考核相关的指标，比如收入增长情况、利润率、现金流情况等，这些考核指标的达成与否，将关系到企业管理者的薪资水平。

因此，企业管理者对财务报表的需求可概括为：通过财务报表所反映的数据，检验自己的任务是否完成、目标是否实现。

2. 财务人员

较高层次的财务人员（如财务经理）从宏观上把握企业的财务状况，并向管理层提供有用的信息，以帮助企业管理者做出合理的经营决策。在这个过程中，财务报表无疑是基础性的资料。例如，某企业近4年的营业收入绝对额在持续增长，企业管理者会认为形势大好，应该进一步拓展市场；但财务人员通过分析财务报表得知营业收入增长率在下降，即增长幅度在逐年降低。此时，财务人员应该及时向企业管理者反映该情况，然后对营业收入增长率下降的原因展开调查，必要时还需调整经营策略。

总的来说，能够通过报表反映的数据进行分析是财务人员价值的体现，这也有助于提升财务人员的职业能力。

3. 投资者

投资者主要包括两类，一类是现有投资者，一类是潜在投资者。现有投资者会根据影响收益和风险的因素判断是否追加投资、是否收回或转让投资；而潜在投资者会根据评估确定是否进行投资。在对某个企业或某个项目做出投资决策前，投资者首要考虑的是该笔投资能否增值，投资的风险和报酬分别有多大，以及能否满足期望的投资收益等。此时，投资者需要通过对财务报表的阅读和分析，重点了解其投资的完整性和投资报酬，企业资本结构的变化、未来的获利能力和利润分配政策等。

> **专家点拨**
>
> 一般情况下，大多数投资者都十分关注企业的净利润，因此，他们对企业利润表的关注可能高于其他财务报表。但在实际财务报表的分析中，利润表所表现出的净利润可能并不能说明该企业的盈利能力，因为这些利润仅停留在账面上，只有将这些利润转换为现金，投资者才有可能真正将其掌握在手中。因此，投资者需要对企业的其他财务报表进行综合分析。

4. 债权人

企业与债权人的关系往往通过筹资活动产生。例如，通过发放贷款，银行等金融机构将成为企业的债权人；通过购买企业对外发行的债券，购买企业债券的单位和个人将成为企业的债权人。

> **专家点拨**
>
> 金融机构是指从事与金融业有关的业务的金融中介机构，是金融体系的一部分。金融业包括银行、证券、保险、信托、基金等行业，因此，银行只是金融机构的一个组成部分。

债权人主要关注财务报表所反映的企业偿债能力。由于企业的债务按照偿还期限的长短可以分为短期债务和长期债务，所以不同的债权人所关注的重点又有所区别。短期债权人更关心企业的短期偿债能力，而长期债权人则更关心企业连续支付利息以及到期后偿还本金的能力。所以，债权人应阅读和分析财务报表，重点了解企业的偿债能力，以及债权的保障程度和利息的获取可能性。

此外，债权人还应关注企业的盈利能力。这是因为，企业的经营效益是偿债能力的基础，盈利能力更是一种持续能力。如果企业的盈利能力表现良好，即使企业短时间内财务状况不佳，偿债能力较弱，债权人可能还是会向企业提供债务融资。

5. 竞争者

在市场经济中，企业之间的竞争无处不在，企业要想持续地在激烈的竞争中处于有利地位，就必须随时关注竞争对手的情况，而财务报表由于包含了企业丰富的信息，自然就成了企业了解竞争对手的有效渠道。通过财务报表分析，企业可以了解竞争对手的财务状况、是否有足够的资金与自己抗衡等；通过将竞争对手的资料与自身情况进行对比，企业可以明确自己与竞争对手的相对位置、自己处于优势还是劣势等，进而制定进一步经营战略。

6. 员工

在企业中，员工的薪资待遇、发展前景与企业的经营状况休戚相关。如果企业的经营状况良好，有足够的资金偿还债务，未来发展前景很明朗，那么员工的薪资待遇、工作环境、职业发展等也必然会向更好的方向发展；但如果企业的经营状况堪忧，那么员工现在的工作都可能朝不保夕，更谈不上以后的发展。因此，企业员工本着对自己职业生涯负责的态度，通常会关注企业的财务报表。

企业的一般员工通常不具有财务专业知识，所以员工对财务报表的关注更多体现在资产、收入、利润等方面。如果员工观察到企业的各项发展指标都呈现出连续增长的趋势，那么就可以判断企业可能处于不断发展之中，自身发展也会随之改善，从而对自己的前途充满信心。

7. 政府

政府可以将企业财务报表作为调控宏观经济的参考。财务报表反映了各个企业的财务状况、经营成果和现金流量情况，虽是个体表现，但通过将同行业不同企业的财务报表进行汇总、系统分析，可以了解该行业企业的整体情况，从而评价该行业的现状。在此基础上，再将不同行业的财务报表进行比较，可以对比不同行业的发展状况，了解经济运行的总体情况，为经济的宏观调控提供决策支持。

此外，税务局、审计局等部门还需要通过财务报表来核实企业的纳税申报情况。

专家点拨

一般而言，上市公司的财务报表需要通过会计师事务所的审计，同时会计师事务所需出具审计报告。因此，审计报告是报表使用者用以佐证财务报表真实性的有利资料。审计报告是由具有审计资格的会计师事务所的注册会计师对企业相关会计工作是否符合会计制度要求进行审查而出具的报告，是对财务收支、经营成果和经济活动全面审查后做出的客观评价。我国审计报告的审计意见类型有5种，分别是标准的无保留意见、带强调事项段的无保留意见、保留意见、否定意见和无法表示意见。标准的无保留意见表明注册会计师认为财务报表在所有重大方面已按照适用的会计准则编制并实现公允反映；保留意见表明注册会计师认为财务报表整体是公允的，但是存在影响重大的错报。

三、任务实训——从债权人角度出发进行简单的财务分析

没有财务基础的债权人，主要应关注企业的偿债能力；由于没有掌握关于偿债能力的相关指标，因此，可能会关注资产负债表项目的合计数，如资产总额、负债总额和所有者权益总额等。

首先，从资产总额入手。甲公司的资产总额为 1 223 940 元，乙公司的资产总额为 2 754 335 元。通过比较这两个数据，可以初步得出一个结论：乙公司拥有更多的资产，说明乙公司的财务能力更强。

其次，从负债总额入手。甲公司的负债总额为 398 549 元，乙公司的负债总额为 1 235 974 元。通过比较这两个数据，可以初步得出一个结论：乙公司负担债务的金额大于甲公司，说明乙公司可能需要更多的资金来还债。

最后，再从所有者权益总额着手。甲公司的所有者权益总额为 825 391 元，乙公司的所有者权益总额为 1 518 361 元。通过比较这两个数据，可以初步得出一个结论：乙公司的股东投入比甲公司的股东投入更多，说明乙公司可能比甲公司的规模更大。

将资产与负债结合起来分析，乙公司债务占资产的比率接近 50%，而甲公司的债务却只占资产的 33%左右，所以乙公司的偿债压力可能更大。

任务二 熟悉会计核算基础知识

一、任务引入

某公司 2021—2022 年发生了以下经济业务。

① 2021 年 12 月 31 日，公司实现利润 200 000 元，经决定向投资者分配 40 000 元。

② 2021 年 12 月 31 日，A 公司将该公司前欠的货款 60 000 元转作对该公司的投资。

③ 2022 年 2 月 1 日，将投资者投入的 1 000 000 元存入银行。

④ 2022 年 3 月 1 日，出于资金周转的需要，取得 6 个月的短期借款 500 000 元，存入银行。

⑤ 2022 年 3 月 30 日，由于公司经营成果显著，实现了预期目标，用银行存款 200 000 元向投资者分红。

⑥ 2022 年 4 月 21 日，公司上年借入的短期借款 300 000 元到期，使用银行存款归还。

⑦ 2022 年 4 月 30 日，用现金购买一台笔记本电脑，价值 3 000 元。

⑧ 2022 年 5 月 22 日，从银行取得短期借款归还前欠 A 公司的货款 120 000 元。

⑨ 2022 年 5 月 31 日，将盈余公积 30 000 元转增资本。

试分析该公司上述业务分别会对会计等式产生怎样的影响。

二、相关知识

为了全面、系统、详细地对各项会计要素的具体内容及其增减变化情况进行核算和监督，需要对会计要素按其经济内容进行细化，即设置会计科目。

（一）会计科目

会计科目简称科目，是对会计要素的具体内容进行分类核算的项目，是进行会计核算和提供会计信息的基础，是对资金运动进行的第三层次的划分。会计科目之间既有严格的区别，又有紧密的联系。为了进一步掌握会计科目的设置与运用，可对会计科目按其所提供信息的详细程度及其统驭关系、反映的经济内容（即所属会计要素）进行分类。

会计科目按其反映的经济内容不同，通常可分为资产类科目、负债类科目、所有者权益类科目、收入类科目、费用类科目和利润类科目。

1. 资产

资产是指企业过去的交易或者事项形成的、由企业拥有或控制的、预期会给企业带来经济利益的资源。资产既可以表现为实物形态，如机器设备、房屋及建筑物等；也可以表现为非实物形态，如应收的欠款、专利权等。

根据流动性不同，资产可分为流动资产和非流动资产。其中，流动资产是指将在一年（含一年）或超过一年的一个正常营业周期内变现、出售或耗用的资产；非流动资产是指不能在一年（含一年）或者超过一年的一个正常营业周期内变现或者耗用的资产。常见的流动资产与非流动资产如图 1-3 所示。

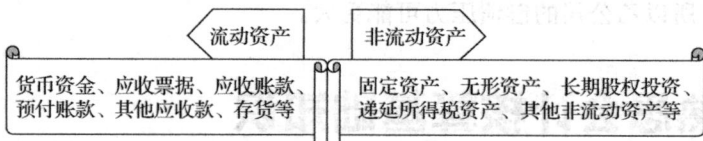

图 1-3　常见的流动资产与非流动资产

2. 负债

负债是指企业过去的交易或者事项形成的、预期会导致经济利益流出企业的现时义务。根据流动性不同，负债可分为流动负债和非流动负债。流动负债是指将在一年（含一年）或超过一年的一个正常营业周期内偿还的债务，非流动负债是指偿还期在一年（含一年）或超过一年的一个正常营业周期以上的债务。常见的流动负债与非流动负债如图 1-4 所示。

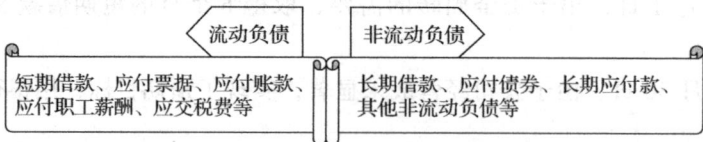

图 1-4　常见的流动负债与非流动负债

3. 所有者权益

所有者权益是指企业资产扣除负债后由所有者享有的剩余权益。由于资产扣除负债后将表现为企业的净资产，所以所有者权益也称为净资产。按照稳定程度不同，所有者权益可分为实收资本（或股本）、资本公积、盈余公积和未分配利润。

4. 收入

收入是指企业在日常活动中所形成的、会导致所有者权益增加的、与所有者投入资本无关的经济利益的总流入。根据企业经营业务的主次不同，收入可分为主营业务收入和其他业务收入。

5. 费用

费用是指企业在日常活动中发生的、会导致所有者权益减少的、与向所有者分配利润无关的经济利益的总流出。根据用途的不同，费用可分为生产费用和期间费用。生产费用是指企业在日常活动中发生的与生产经营活动直接相关的费用；期间费用是指企业本期发生但不能直接或间接归入营业成本，而是直接计入当期损益的各项费用。生产费用与期间费用的构成如图 1-5 所示。

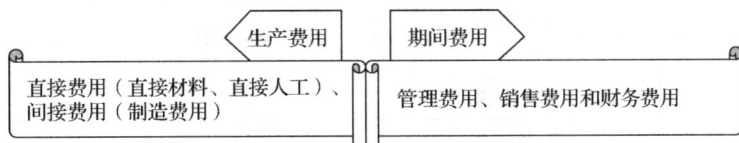

图 1-5　生产费用与期间费用的构成

6. 利润

利润是指企业在一定会计期间的经营成果，它表现为收入与费用的差额以及直接计入利润的利得和损失。根据表现形式的不同，利润可分为营业利润、利润总额和净利润。

（二）报表项目与会计科目

报表项目与会计科目是描述企业经营业务采取的不同工具，二者之间有密切的联系。

1. 报表项目与会计科目的区分

报表项目以财务报表为支撑，是构成财务报表的基本元素，即财务报表的组成部分。会计科目是企业按照经济内容对各会计对象的具体内容做进一步分类核算的项目，可以根据核算和管理的需要设置。

2. 报表项目与会计科目的对应关系

报表项目的列示以会计科目为基础。例如，资产负债表中的"货币资金"项目是通过"库存现金""银行存款""其他货币资金"这 3 个会计科目核算得到的，利润表中的"营业收入"项目是通过"主营业务收入"和"其他业务收入"科目核算得到的。资产负债表与利润表中主要项目所对应的会计科目分别如表 1-1 和表 1-2 所示。

表 1-1　　　　　　　　　　资产负债表项目与会计科目的对应关系

报表项目	涉及的会计科目	报表项目	涉及的会计科目
货币资金	库存现金	固定资产	固定资产
	银行存款		累计折旧
	其他货币资金		固定资产减值准备
			固定资产清理
交易性金融资产	交易性金融资产	在建工程	在建工程
衍生金融资产	衍生金融资产		在建工程减值准备
应收票据	应收票据		工程物资
	坏账准备		工程物资减值准备
应收账款	应收账款	无形资产	无形资产
	坏账准备		无形资产减值准备

续表

报表项目	涉及的会计科目	报表项目	涉及的会计科目
预付款项	预付账款	开发支出	研发支出
	应付账款	长期待摊费用	长期待摊费用
其他应收款	其他应收款	短期借款	短期借款
	应收利息	交易性金融负债	交易性金融负债
	应收股利	应付票据	应付票据
	坏账准备	应付账款	应付账款
合同资产	合同资产		预付账款
存货	材料采购	预收款项	应收账款
	在途物资		预收账款
	原材料	合同负债	合同负债
	库存商品	应付职工薪酬	应付职工薪酬
	发出商品	应交税费	应交税费
	委托加工物资	其他应付款	其他应付款
	周转材料		应付利息
	存货跌价准备		应付股利
持有待售资产	持有待售资产减值准备	长期借款	长期借款
债权投资	债权投资	应付债券	应付债券
	债权投资减值准备	长期应付款	长期应付款
长期应收款	长期应收款	实收资本（或股本）	实收资本（或股本）
	未实现融资收益	其他权益工具	其他权益工具
	坏账准备	资本公积	资本公积
长期股权投资	长期股权投资	盈余公积	盈余公积
	长期股权投资减值准备	未分配利润	利润分配
			本年利润

表 1-2　　　　　　　　　利润表项目与会计科目的对应关系

报表项目	涉及的会计科目	报表项目	涉及的会计科目
营业收入	主营业务收入	信用减值损失	信用减值损失
	其他业务收入	其他收益	其他收益
营业成本	主营业务成本	投资收益	投资收益
	其他业务成本	营业外收入	营业外收入
税金及附加	税金及附加	营业外支出	营业外支出
销售费用	销售费用	其他权益工具投资公允价值变动	其他综合收益
管理费用	管理费用	企业自身信用风险公允价值变动	其他综合收益
研发费用	研发费用	其他债权投资公允价值变动	其他综合收益
财务费用	财务费用	金融资产重分类计入其他综合收益的金额	其他综合收益
资产减值损失	资产减值损失		

（三）报表中的会计等式

会计等式又称会计恒等式、会计方程式或会计平衡公式，是表明会计要素之间基本关系的等式。会计等式主要分为财务状况等式和经营成果等式，它们可以反映会计对象间的数量恒等关系，是复式记账、试算平衡和编制财务报表的理论依据。

1. 财务状况等式

任何企业若想从事生产经营活动，就必须要拥有一定数量和质量的、能给企业带来经济利益的资源，即资产。这些资产要么是所有者的投入资本，要么是债权人的借入资金。因此，每一项资产都有其来源，都代表着相应的权益。也就是说，所有者的投入不是无偿的，而是对所提供的资产存在相应的要求权，这在会计上被称为"权益"。

（1）财务状况等式的表现形式

资产表明了企业的资金占用情况，即企业拥有怎样的经济资源和多少经济资源。资金来源即权益，谁提供了这些经济资源，谁就对这些经济资源拥有要求权。由此可见，资产与权益实际上是所拥有的经济资源在同一时点上所表现的不同形式。企业有多少数额的资产就必有与其等量的权益，即资产与权益在任何一个时点上都必然保持着恒等的关系。这种关系的公式表达式如下。

资产=权益

企业的资产来源于企业的所有者和债权人，所以权益又分为所有者权益和债权人权益，在会计领域，债权人权益也被称为负债。因此，上述会计恒等式也可以进行以下变形。

资产=负债+所有者权益

这一会计等式反映了资产、负债和所有者权益这 3 个会计要素间的数量关系，它既是编制资产负债表的依据，又是会计等式中最基本、最通用的表达，所以又被称为会计基本等式。该会计等式在资产负债表中的体现如图 1-6 所示。

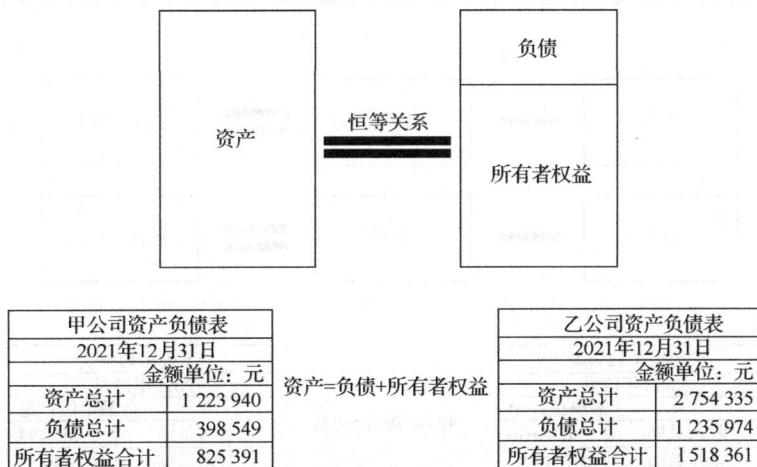

甲公司资产负债表	
2021年12月31日	
	金额单位：元
资产总计	1 223 940
负债总计	398 549
所有者权益合计	825 391

资产=负债+所有者权益

乙公司资产负债表	
2021年12月31日	
	金额单位：元
资产总计	2 754 335
负债总计	1 235 974
所有者权益合计	1 518 361

图 1-6　会计等式在资产负债表中的体现

（2）经济业务的发生对会计等式的影响

在企业的经营活动中，经济业务的发生会十分频繁，如资产的购建、材料的采购、收入的获取、工资的发放等，这必然会引起各会计要素的增减变化，但会计基本等式的平衡关系却不会因此被破坏。

① 等式两边同向变化

等式两边同向变化是指资产与负债或资产与所有者权益同时增加或减少，具体包括以下4种情况。

- 资产与所有者权益同时等额增加。
- 资产与负债同时等额增加。
- 资产与所有者权益同时等额减少。
- 资产与负债同时等额减少。

② 等式一边有增有减

等式一边有增有减有3种变化情形：一项资产增加，另一项资产减少；负债与所有者权益中一项增加，另一项减少；负债或所有者权益有增有减。具体包括以下5种情况。

- 一项资产增加，另一项资产等额减少。
- 一项负债增加，另一项负债等额减少。
- 一项所有者权益增加，另一项所有者权益等额减少。
- 一项负债增加，另一项所有者权益等额减少。
- 一项所有者权益增加，另一项负债等额减少。

2. 经营成果等式

企业在一定时间段内经营的目的就是获取收入，实现盈利。企业在取得收入的同时，必定会产生相应的费用，在不考虑利得和损失的情况下，企业获取收入后扣除所发生的各项费用得到的余额，即表现为利润。利润的计算公式如下。

$$收入-费用=利润$$

这一会计等式被称为经营成果等式或动态会计等式，它反映了一定时期收入、费用和利润这3个会计要素之间的关系，是编制利润表的依据。该会计等式在利润表中的体现如图1-7所示。

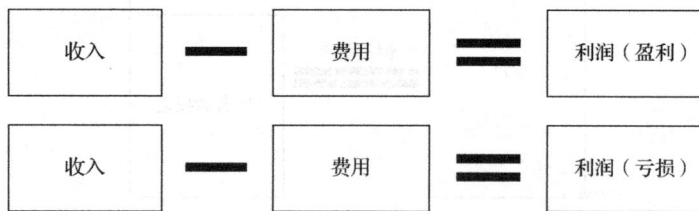

丙公司利润表	
2021年12月	
金额单位：元	
收入总额	698 930
费用总额	425 114.75
净利润	273 815.25

收入-费用=利润

丁公司利润表	
2021年12月	
金额单位：元	
收入总额	1 306 494
费用总额	997 396.5
净利润	309 097.5

图1-7　会计等式在利润表中的体现

专家点拨

将财务状况等式和经营成果等式组合可得到一个新的公式：资产+费用=负债+所有者权

益+收入-利润。该公式被称为扩展会计恒等式。财务状况等式仅涉及资产、负债、所有者权益这3项会计要素，无法直观反映收入、费用等会计要素对会计恒等式的影响；而扩展会计恒等式则通过一个等式完整地将各主要会计要素有机结合起来，使其能够反映企业的各项经济活动，从而可以更加详细地描述各项经济业务。

（四）会计记账方法

会计记账方法就是在账簿中登记经济业务的方法，即根据一定的原理、记账符号，采用一定的计量单位，利用文字和数字将经济业务所引起的各个会计要素的增减变动在有关账户中进行记录的方法。使用记账方法，企业可以将抽象的经济活动转化为具体的财务数字，并最终将其体现到财务报表中。

1. 借贷记账法

根据记录经济业务方式的不同，记账方法可以分为单式记账法和复式记账法，在现代会计中一般采用复式记账法。复式记账法是指以资产与权益平衡关系作为记账基础，对发生的每一笔经济业务，都要在两个或两个以上相互联系的账户中进行登记，是系统反映资金运动结果的一种记账方法。简而言之，在复式记账法下，每一笔经济业务的发生，都至少引起两个或两个以上账户的变化，且变动金额是相等的。

单式记账法

复式记账法根据记账符号、账户分类、记账规则和试算平衡方法的不同，可分为借贷记账法、增减记账法和收付记账法等。我国《企业会计准则》规定，企业应当采用借贷记账法记账。借贷记账法是指以"借"和"贷"为记账符号的一种复式记账方法。借贷记账法是以"资产=负债+所有者权益"作为依据，以"借"和"贷"作为记账符号，以"有借必有贷，借贷必相等"作为记账规则，反映会计要素增减变动情况的一种复式记账方法。

2. 借贷记账法的会计账户结构

会计账户简称账户，设置账户是会计核算的常规方法。账户是指根据会计科目设置的、具有一定格式和结构的、用于分类反映会计要素增减变动情况及其结果的载体。

账户可以反映会计科目的本期发生额和余额。账户的期初余额、期末余额、本期增加发生额和本期减少发生额被统称为账户的4个金额要素，它们之间的基本关系可用以下公式表示。

$$期末余额=期初余额+本期增加发生额-本期减少发生额$$

账户的基本结构在实务中被形象地称为"丁"字账户或"T"型账户。在借贷记账法下，左方为借方，右方为贷方，具体借方记增加还是贷方记增加取决于账户的性质。"T"型账户的具体形式如图1-8所示。

账户名称（会计科目）

借方	借方
借方期初余额	贷方期初余额
借方发生额	贷方发生额
借方期末余额	贷方期末余额

图1-8　"T"型账户

一般而言，资产、成本和费用类账户，其借方表示增加数，贷方表示减少数；而负债、所有者权益和收入类账户则正好相反，即贷方表示增加数，借方表示减少数。借贷记账法下，各账户的账户结构如表 1-3 所示。

表 1-3　　　　　　　　　　　　借贷记账法下各账户的结构

账户	借方登记	贷方登记	余额方向
资产类	增加	减少	借方
负债类	减少	增加	贷方
所有者权益类	减少	增加	贷方
收入类	减少或转销	增加	一般无余额
费用类	增加	减少或转销	一般无余额

3. 借贷记账法的记账规则

所谓记账规则，是指采用某种记账方法记录经济业务时所应遵循的规则。不同的记账方法有不同的记账规则。借贷记账法的记账规则为：有借必有贷，借贷必相等。即对于每一笔经济业务而言，都要在两个或两个以上相互联系的会计科目中以借方和贷方的金额进行登记。具体而言，在发生每一笔经济交易或事项时，如果在一个会计科目中登记了借方，那么就必须同时在另一个或多个会计科目中登记贷方；或者在一个会计科目中登记了贷方，那么就必须同时在另一个或多个会计科目中登记借方，并且登记在借方的金额合计数与贷方的金额合计数必须相等。

4. 借贷记账法下的会计分录

会计分录简称分录，是指对每项交易或事项标明其应借、应贷的账户名称及其金额的记录。因此，会计分录有三要素，即应借应贷方向、相互对应的科目、金额。会计分录记载于记账凭证中，按所涉及的账户个数划分，会计分录可分为简单会计分录和复合会计分录。

简单会计分录是指只涉及一个账户借方和另一个账户贷方的会计分录，即一借一贷的会计分录。这种分录下的账户对应关系一目了然，且比较容易理解和掌握。

复合会计分录是指由 3 个或 3 个以上对应科目所组成的会计分录。复合会计分录中有 3 种对应关系，即"一借多贷""多借一贷""多借多贷"。

5. 借贷记账法下的试算平衡

正是由于借贷记账法有"有借必有贷，借贷必相等"这样的记账规则，所以可以用这个记账规则检查企业记录的经济业务，这种检查方法就称为试算平衡。

具体来讲，试算平衡就是根据会计恒等式"资产=负债+所有者权益"以及借贷记账法的记账规则，通过对所有账户的发生额和余额进行汇总计算与比较，以此来检查记录是否正确的一种方法。试算平衡可以分为发生额试算平衡和余额试算平衡两种。

（1）发生额试算平衡

在借贷记账法下，每笔经济业务都是按照"有借必有贷，借贷必相等"的记账规则加以记录的，因此每笔经济业务都会以相等的金额分别在不同账户的借方和贷方加以记载。由于一定会计期间的经济业务都是按照此方法登记的，所以所有涉及账户的借方发生额合计数与贷方发生额合计数必定相等。发生额试算平衡的公式如下。

全部账户本期借方发生额合计=全部账户本期贷方发生额合计

（2）余额试算平衡

余额试算平衡是指利用全部账户借方期末（初）余额合计与全部账户贷方期末（初）余额

合计的恒等关系，来检验本期账户记录是否正确的一种方法。余额试算平衡的公式如下。

全部账户的借方期初余额合计=全部账户的贷方期初余额合计

全部账户的借方期末余额合计=全部账户的贷方期末余额合计

（五）账务处理程序

账务处理程序又称为会计核算组织程序或会计核算形式，企业常用的账务处理程序主要包括记账凭证账务处理程序、汇总记账凭证账务处理程序和科目汇总表账务处理程序3种。它们之间的主要区别在于，登记总分类账的依据和方法不同。

1. 记账凭证账务处理程序

记账凭证账务处理程序是指对发生的经济业务，先根据原始凭证或汇总原始凭证填制记账凭证，再直接根据记账凭证登记总分类账的一种账务处理程序。

记账凭证账务处理程序的一般步骤如下。

① 根据原始凭证编制汇总原始凭证。

② 根据原始凭证或汇总原始凭证，填制收款凭证、付款凭证和转账凭证，也可以填制通用记账凭证。

③ 根据收款凭证和付款凭证逐笔登记库存现金日记账和银行存款日记账。

④ 根据原始凭证、汇总原始凭证和记账凭证登记各种明细分类账。

⑤ 根据记账凭证逐笔登记总分类账。

⑥ 期末，将库存现金日记账、银行存款日记账和明细分类账的余额同有关总分类账的余额进行核对。

⑦ 期末，根据总分类账和明细分类账的记录编制财务报表。

总的来说，记账凭证账务处理程序的步骤从原始凭证开始，到财务报表终止，一般步骤如图 1-9 所示。

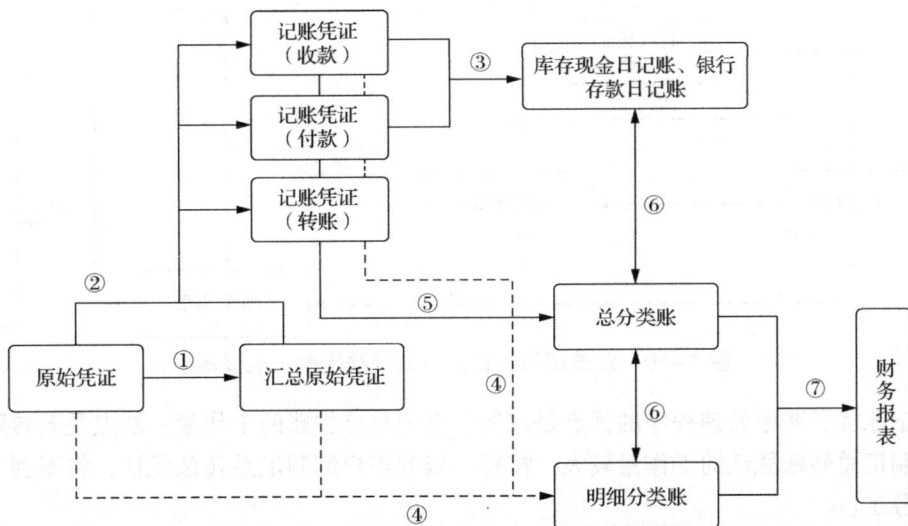

图 1-9　记账凭证财务处理程序的一般步骤

记账凭证账务处理程序的优点是可以直接根据记账凭证登记总分类账，简单明了、易于理解，因此，总分类账可以较为详细地反映经济业务的发生情况；缺点是登记总分类账的工作量较大。因此，记账凭证账务处理程序适用于规模较小、经济业务量较少的单位。

2. 汇总记账凭证账务处理程序

汇总记账凭证账务处理程序是指先根据原始凭证或汇总原始凭证填制记账凭证，然后定期根据记账凭证分类编制汇总收款凭证、汇总付款凭证和汇总转账凭证，最后根据汇总记账凭证登记总分类账的一种账务处理程序。

汇总记账凭证账务处理程序的一般步骤如下。

① 根据原始凭证编制汇总原始凭证。

② 根据原始凭证或汇总原始凭证填制收款凭证、付款凭证和转账凭证，也可以填制通用记账凭证。

③ 根据收款凭证和付款凭证逐笔登记库存现金日记账和银行存款日记账。

④ 根据原始凭证、汇总原始凭证和记账凭证登记各种明细分类账。

⑤ 根据各种记账凭证编制有关汇总记账凭证。

⑥ 整理总分类账。

⑦ 期末，将库存现金日记账、银行存款日记账和明细分类账的余额同有关总分类账的余额进行核对。

⑧ 期末，根据总分类账和明细分类账的记录编制财务报表。

汇总记账凭证账务处理程序的一般步骤如图 1-10 所示。

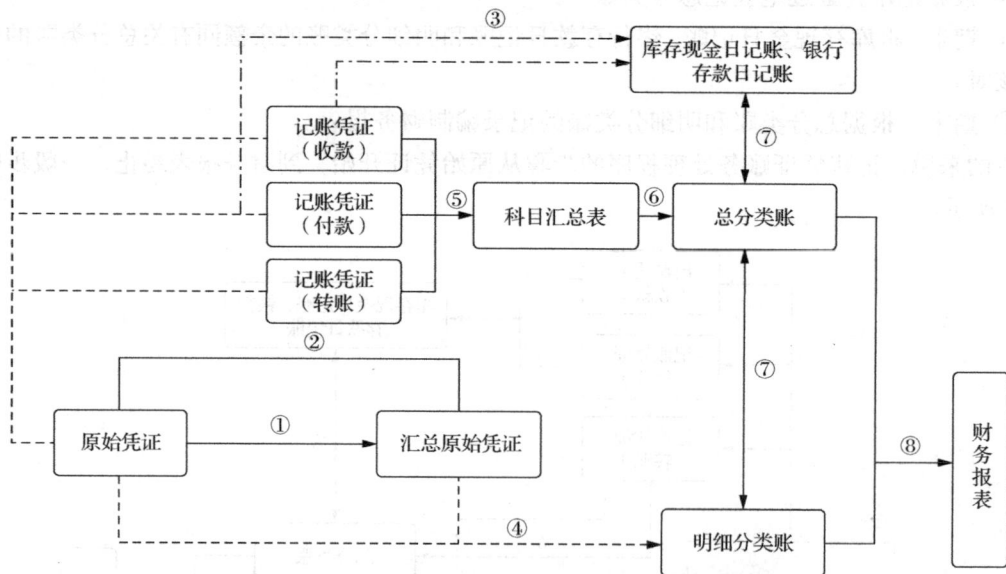

图 1-10 汇总记账凭证账务处理程序的一般步骤

汇总记账凭证账务处理程序的优点是减轻了登记总分类账的工作量；缺点是若转账凭证较多，则编制汇总转账凭证的工作量较大，按每一贷方账户编制汇总转账凭证，将不利于会计核算的日常分工。

3. 科目汇总表账务处理程序

科目汇总表账务处理程序又称为记账凭证汇总表账务处理程序，是指先根据记账凭证定期编制科目汇总表，再根据科目汇总表登记总分类账的一种账务处理程序。

科目汇总表账务处理程序的一般步骤如下。

① 根据原始凭证编制汇总原始凭证。

② 根据原始凭证或汇总原始凭证填制记账凭证。

③ 根据收款凭证和付款凭证逐笔登记库存现金日记账和银行存款日记账。

④ 根据原始凭证、汇总原始凭证和记账凭证登记各种明细分类账。

⑤ 根据各种记账凭证编制科目汇总表。

⑥ 根据科目汇总表登记总分类账。

⑦ 期末,将库存现金日记账、银行存款日记账和明细分类账的余额同有关总分类账的余额进行核对。

⑧ 期末,根据总分类账和明细分类账的记录,编制财务报表。

科目汇总表账务处理程序的优点是减轻了登记总分类账的工作量,便于理解和学习,同时,通过科目汇总表还可以进行试算平衡,从而更能保证总账登记的正确性;缺点是不能反映各个账户之间的对应关系,不便于根据账簿记录检查、分析经济业务的来龙去脉,不便于查对账目。

科目汇总表账务处理程序的一般步骤如图 1-11 所示。

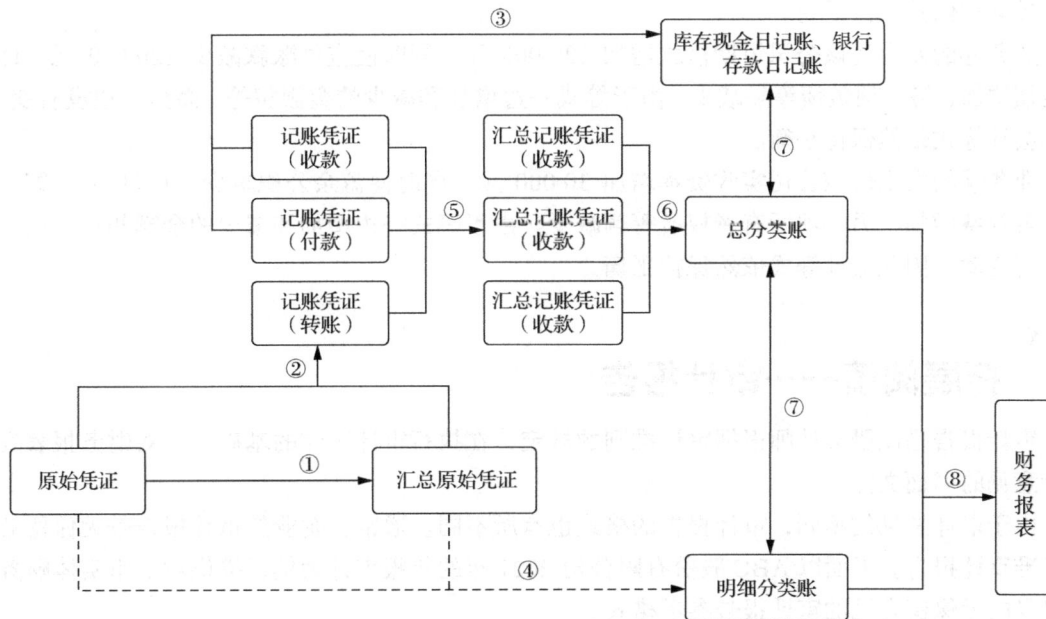

图 1-11　科目汇总表账务处理程序的一般步骤

三、任务实训——分析经济业务对会计等式的影响

本任务中各项经济业务对会计等式的影响具体分析如下。

业务①的发生使该公司应付股利增加 40 000 元,同时使未分配利润减少 40 000 元,即一项负债增加,一项所有者权益等额减少。由于等式一边增加和减少的金额相等,而另一边没有变动,因此会计等式依然保持平衡。

业务②的发生使该公司实收资本增加 60 000 元,同时使应付账款减少 60 000 元,即一项所有者权益增加,一项负债等额减少。由于等式一边增加和减少的金额相等,而另一边没有变动,因此会计等式依然保持平衡。

业务③的发生使该公司银行存款增加 1 000 000 元，同时使实收资本增加 1 000 000 元，即资产和所有者权益同时增加 1 000 000 元。由于等式两边同时增加相同的金额，因此会计等式依然保持平衡。

业务④的发生使该公司银行存款增加 500 000 元，同时使短期借款增加 500 000 元，即资产和负债同时增加 500 000 元。由于等式两边同时增加相同的金额，因此会计等式依然保持平衡。

业务⑤的发生使该公司银行存款减少 200 000 元，同时使利润分配减少 200 000 元，即资产与所有者权益同时减少 200 000 元。由于等式两边同时减少相同的金额，因此会计等式依然保持平衡。

业务⑥的发生使该公司银行存款减少 300 000 元，同时使短期借款减少 300 000 元，即资产与负债同时减少 300 000 元。由于等式两边同时减少相同的金额，因此会计等式依然保持平衡。

业务⑦的发生使该公司固定资产增加 3 000 元，同时使库存现金减少 3 000 元，即一项资产增加，另一项资产等额减少。由于等式一边增加和减少的金额相等，而另一边没有变动，因此会计等式依然保持平衡。

业务⑧的发生使该公司短期借款增加 120 000 元，同时使应付账款减少 120 000 元，即一项负债增加，另一项负债等额减少。由于等式一边增加和减少的金额相等，而另一边没有变动，因此会计等式依然保持平衡。

业务⑨的发生使该公司实收资本增加 30 000 元，同时使盈余公积减少 30 000 元，即一项所有者权益增加，另一项所有者权益等额减少。由于等式一边增加和减少的金额相等，而另一边没有变动，因此会计等式依然保持平衡。

拓展阅读——审计报告

审计报告是注册会计师根据审计准则的规定，在执行审计工作的基础上，对财务报表发表审计意见的书面文件。

由于审计意见的不同，审计报告的格式也有所不同。通常，企业的审计报告是无保留意见的标准审计报告。下面以 ABC 股份有限公司 2021 年的年报审计为例，提供对上市实体财务报表出具的无保留意见的审计报告参考格式。

审 计 报 告

ABC 股份有限公司全体股东：

一、对财务报表出具的审计报告

（一）审计意见

我们审计了 ABC 股份有限公司（以下简称"ABC公司"）的财务报表，包括 2021 年 12 月 31 日的资产负债表，2021 年度的利润表、现金流量表、所有者权益变动表以及相关财务报表附注。

我们认为，后附的财务报表在所有重大方面已按照企业会计准则的规定编制，且公允反映了 ABC 公司 2021 年 12 月 31 日的财务状况以及 2021 年度的经营成果和现金流量。

（二）形成审计意见的基础

我们按照中国注册会计师审计准则的规定执行了审计工作。审计报告的"注册会计师对财务报表审计的责任"部分将进一步阐述我们在这些准则下的责任。按照中国注册会计师职业道德守则，我们独立于 ABC 公司，并履行了职业道德方面的其他责任。我们相信，我们获取的审计证据是充分、适当的，且能够为发表审计意见提供基础。

（三）关键审计事项

关键审计事项是根据我们的职业判断，认为对本期财务报表审计最为重要的事项。这些事项是在对财务报表整体进行审计并形成意见的背景下形成的，我们不对这些事项提供单独的意见。

（四）管理层和治理层对财务报表的责任

管理层负责按照企业会计准则的规定编制财务报表，使其实现公允反映，并设计、执行和维护必要的内部控制，以使财务报表不存在由于舞弊或错误导致的重大错报。

在编制财务报表时，管理层负责评估 ABC 公司的持续经营能力，披露与持续经营相关的事项（如适用），并运用持续经营假设，除非有计划清算 ABC 公司、停止营运或别无其他现实的选择。

（五）注册会计师对财务报表审计的责任

我们的目标是对财务报表整体是否存在由于舞弊或错误导致的重大错报获取合理保证，并出具包含审计意见的审计报告。合理保证是高水平的保证，但并不能保证按照审计准则执行的审计在某一重大错报存在时总能发现。错报可能由于舞弊或错误导致，如果合理预期错报单独或汇总起来可能影响财务报表使用者依据财务报表做出的经济决策,则通常认为错报是重大的。

…………

二、按照相关法律法规的要求报告的事项

…………

××会计师事务所　　　　　　　　　　　　中国注册会计师：×××（项目合伙人）

　　（盖章）　　　　　　　　　　　　　　　　（签名并盖章）

　　　　　　　　　　　　　　　　　　　　中国注册会计师：×××

　　　　　　　　　　　　　　　　　　　　　　（签名并盖章）

中国××市　　　　　　　　　　　　　　　　　　年　　月　　日

巩固练习

一、单选题

1. 下列关于借贷记账法的表述中，说法错误的是（　　　　）。

　　A. 借贷记账法以"借"和"贷"作为记账符号

　　B. 借贷记账法是一种复式记账方法

　　C. 借贷记账法遵循"有借必有贷，借贷必相等"的记账规则

　　D. 借贷记账法下，借表示增加，贷表示减少

2. 下列记账错误中，能够通过试算平衡检查发现的是（　　　）。

    A. 将某一会计科目的贷方发生额 200 元误写成 2 000 元，但借方金额无误

    B. 某项经济业务在记账过程中颠倒了借贷科目，但金额无误

    C. 重复登记了某一项经济业务

    D. 漏记了某一项经济业务

3. 当企业采用记账凭证账务处理程序时，下列做法错误的是（　　　）。

    A. 根据原始凭证编制汇总原始凭证

    B. 根据原始凭证或汇总原始凭证编制记账凭证

    C. 根据原始凭证、汇总原始凭证和记账凭证登记各种明细分类账

    D. 根据记账凭证或各种汇总记账凭证登记总分类账

4. 下列等式中，（　　　）既是复式记账法的理论基础，也是企业编制资产负债表的依据。

    A. 所有账户借方余额合计=所有账户贷方余额合计

    B. 资产=负债+所有者权益

    C. 所有账户借方发生额合计=所有账户贷方发生额合计

    D. 收入-费用=利润

5. 当发生的经济业务涉及收入增加时，则不可能引起该经济业务发生变动的是（　　　）。

    A. 资产增加　　　　B. 资产减少　　　　C. 负债减少　　　　D. 利润增加

6. 下列可导致资产有增有减的经济业务是（　　　）。

    A. 向银行取得借款并将其存入银行存款账户

    B. 以现金支付职工工资

    C. 收回前欠货款并将其存入银行

    D. 收到投资者投入的货币资金

7. 某企业资产总额为 100 万元，当发生下列 3 笔经济业务后：①向银行借款 20 万元并将其存入银行，②用银行存款偿还应付账款 5 万元，③收回应收账款 4 万元并将其存入银行，其资产总额为（　　　）万元。

    A. 115　　　　　　B. 119　　　　　　C. 111　　　　　　D. 71

8. 甲企业将应收乙企业的 50 000 元货款改为对乙企业的股权投资，则该项经济业务将引起甲企业（　　　）。

    A. 资产与负债一增一减

    B. 资产与所有者权益一增一减

    C. 资产内部一增一减，总额不变

    D. 负债、所有者权益内部一增一减，总额不变

9. 下列经济业务中，导致资产和负债总额同时增加的是（　　　）。

    A. 收到其他单位归还的欠款，将其存入银行

    B. 归还银行短期借款

    C. 将现金存入银行

    D. 购进商品一批，但货款尚未支付

10. "预付账款"账户的期末余额等于（　　　）。

    A. 期初余额+贷方发生额-借方发生额　　B. 期初余额+借方发生额-贷方发生额

  C. 期初余额+贷方发生额+借方发生额　　D. 期初余额-贷方发生额-借方发生额

二、多选题

1. 下列各项中，会导致企业资产和负债同时发生增减变动的经济业务有（　　）。
  A. 收到股东投资款　　　　　　　　　　B. 以盈余公积转增股本
  C. 从银行借入短期借款　　　　　　　　D. 以银行存款归还前欠货款

2. 下列关于会计等式的说法中，正确的有（　　）。
  A. "资产=负债+所有者权益"是最基本的会计等式，并表明了会计主体在某一特定时期所拥有的各种资产与债权人、所有者之间的动态关系
  B. "收入-费用=利润"这一等式动态地反映了经营成果与相应期间的收入和费用之间的关系，是企业编制利润表的基础
  C. "资产=负债+所有者权益"这一会计等式说明了企业经营成果对资产和所有者权益所产生的影响，体现了会计6要素之间的内在联系
  D. 企业各项经济业务的发生并不会破坏会计基本等式的平衡关系

3. 编制试算平衡表时，需要用到的试算平衡公式有（　　）。
  A. 全部会计科目本期借方发生额合计=全部会计科目本期贷方发生额合计
  B. 全部会计科目的借方期初余额合计=全部会计科目的贷方期初余额合计
  C. 全部会计科目的借方期末余额合计=全部会计科目的贷方期末余额合计
  D. 借方科目金额=贷方科目金额

4. 复式记账法根据记账符号、账户分类、记账规则和试算平衡方法的不同，可分为（　　）。
  A. 借贷记账法　　B. 增减记账法　　C. 收付记账法　　D. 双倍记账法

5. 科目汇总表账务处理程序的基本步骤包括（　　）。
  A. 根据原始凭证填制记账凭证
  B. 根据记账凭证编制汇总记账凭证
  C. 根据记账凭证或原始凭证登记明细分类账
  D. 根据科目汇总表定期登记总分类账

6. 某项经济业务发生后，一个资产账户记借方，则可能（　　）。
  A. 另一个资产账户记贷方　　　　　　B. 另一个负债账户记贷方
  C. 另一个所有者权益账户记贷方　　　D. 涉及的其他账户都记借方

7. 下列各项经济业务中，会导致资产和所有者权益同时增加的有（　　）。
  A. 盈余公积转增资本　　　　　　　　B. 提取盈余公积
  C. 收到投资者现金投资并将其存入银行　D. 收到国家投资并将其存入银行

8. 下列选项中，属于按照会计科目反映的经济内容不同进行的分类有（　　）。
  A. 明细分类科目　　B. 成本类科目　　C. 总分类科目　　D. 损益类科目

9. 一套完整的财务报表应当包括（　　）。
  A. 资产负债表　　　B. 利润表　　　C. 现金流量表　　D. 所有者权益变动表

10. 根据核算的经济内容进行分类，账户可分为（　　）。
  A. 资产类账户　　　　　　　　　　　B. 负债类账户
  C. 所有者权益类账户　　　　　　　　D. 损益类账户

三、判断题

1. "收入-费用=利润"这一会计等式是复式记账法的理论基础，也是编制资产负债表的依据。（　　）

2. 资产、负债与所有者权益的平衡关系是企业资金运动处于相对静止时出现的，如果考虑收入、费用等动态要素，则资产与权益总额的平衡关系必然被破坏。（　　）

3. 资产与所有者权益始终是相等的。（　　）

4. 企业收回以前的销货款并将其存入银行，这意味着该企业的资产总额增加。（　　）

5. 账户是指根据会计科目设置的、具有一定格式和结构的、用于分类反映会计要素增减变动情况及其结果的载体。（　　）

6. 投资者可以对财务报表进行阅读和分析，以了解企业未来的获利能力。（　　）

四、综合题

假设明扬公司2022年3月发生了以下业务，试分析各项经济业务对静态会计等式的影响。

（1）2022年3月1日，明扬公司出纳从银行提现30 000元。

（2）2022年3月1日，明扬公司从银行借入期限为6个月的短期借款2 000万元。

（3）2022年3月10日，明扬公司收到投资者投入的机器一台，其价值为2 000万元。

（4）2022年3月11日，明扬公司以银行存款5 000万元偿还前欠货款。

（5）2022年3月16日，明扬公司股东大会决定减少注册资本2 000万元，以银行存款向投资者退回其投入的资本。

（6）2022年3月20日，明扬公司向银行借入短期借款200 000元，用于归还所欠D公司货款。

（7）2022年3月25日，明扬公司宣布向投资者分配现金股利10 000万元。

（8）2022年3月26日，明扬公司将应偿还给C公司的账款680 000元转作C公司对本公司的投资。

（9）2022年3月28日，明扬公司经股东大会批准同意以资本公积400 000元转增实收资本。

项目二

拆解资产负债表

任务一　了解资产负债表

一、任务引入

孙晓大学所学的专业是计算机，毕业后他打算与另外 3 名同学合伙开办一家主要业务是计算机软件研发以及有关电子产品销售的科技公司，他们为公司取名为上海合众科技有限公司（以下简称"合众公司"）。

同学 4 人中，有两人各用货币资金（银行存款）出资 2 000 000 元，有一人以自己拥有的一项专利权作价出资，约定的价值为 1 000 000 元，另外一人以自己的一间办公室作价出资，约定的价值为 5 000 000 元，各自按照出资比例享有收益并承担相应的责任。

2022 年 3 月 31 日，上述资金已全部到账，办公室和专利权也办理好了相关手续。公司收到上述投资后，首先使用 250 000 元购买了计算机设备和办公用具。出于业务发展需要，又花费 400 000 元添置了一套业内领先的软件系统。

公司使用部分资金采购了所需设备后，考虑到后续业务的发展需要，于是又从金融机构借入为期 3 年的长期借款 2 000 000 元。

假设上述业务均发生在 2022 年 3 月 31 日之前，且除上述业务外，该公司尚未发生其他业务。请简要说明该公司在 2022 年 3 月 31 日的资产、负债、所有者权益情况，并编制简易资产负债表。

二、相关知识

资产负债表是反映企业在某一特定日期所拥有或控制的资产（如现金、固定资产、应收的各种债权等）、所负担的各项债务（如应还银行的贷款、应缴纳的税款、应付其他企业的货款等）以及企业投资者所拥有的资本和剩余利润等的财务报表。

（一）资产负债表的作用

资产负债表是企业较为基本和重要的财务报表之一，资产负债表反映了企业某一时点的财务状况，它的作用主要体现在以下 4 个方面。

（1）反映资产及其分布状况

资产负债表可以提供某一日期的资产类别和其数额，以表明企业拥有或控制的资源及其分布情况，如流动资产的多少、固定资产的多少等。

（2）列示企业承担的债务

资产负债表通过列示企业在特定时点的负债的类别和金额，表明企业未来需要用多少资产或劳务清偿债务，让报表使用者明确这一时点需要偿还的债务金额等。

（3）反映净资产及其形成原因

资产负债表反映某一特定时点投资人拥有的净资产额度，即所有者所拥有的权益，报表使用者可据此判断资本保值增值的情况以及对负债的保障程度。

（4）揭示企业财务状况发展趋势

通过对资产负债表进行分析，报表使用者可以对企业财务状况的发展趋势形成比较清楚的认知。例如，把各个月度或年度的企业应收账款进行比较，可以很容易地分析出企业销售收入的变化趋势是上升还是下降。

资产负债表分析的目的

（二）资产负债表的内容和列示要求

资产负债表是将企业在一定日期的全部资产、负债和所有者权益项目进行适当分类、汇总、排列后编制而成的，它可以反映企业某一特定日期（如月末、季末、年末等）的财务状况。资产负债表的内容具体如图 2-1 所示。

资产负债表都是按照一定模式填列而成的，即在资产负债表模板中填列数字；但是资产负债表模板的格式应满足一定的要求，其列示要求可以概括为以下 4 点。

① 资产负债表应当按照资产、负债和所有者权益 3 个类别分类列报。

② 资产、负债应按照流动性分别分为流动资产和非流动资产、流动负债和非流动负债列示。

③ 资产负债表中的资产类项目应当列示流动资产和非流动资产的合计项目，负债类项目应当列示流动负债、非流动负债以及负债的合计项目，所有者权益类项目应当列示所有者权益的合计项目。

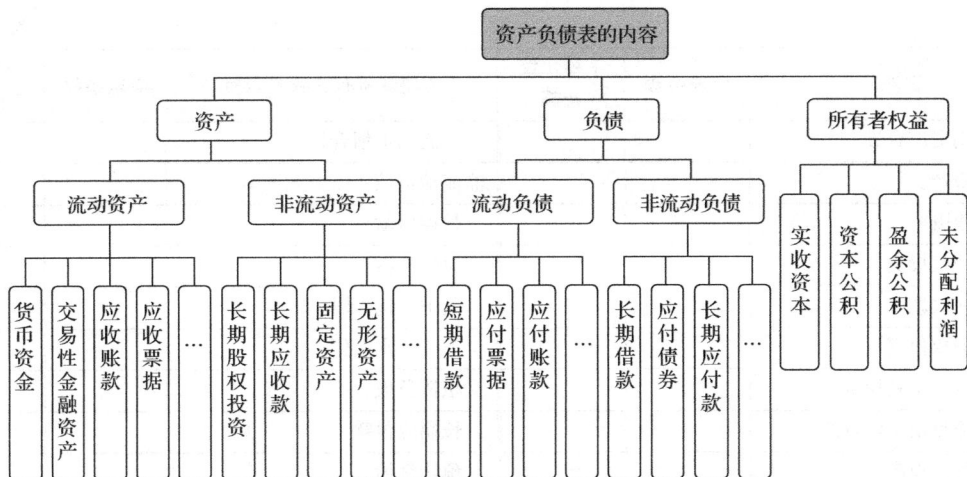

图 2-1　资产负债表的内容

④ 资产负债表应当分别列示资产总计项目和负债与所有者权益总计项目,且资产总计数与负债和所有者权益总计数应当相等。

（三）资产负债表的格式

资产负债表的英文为 Balance Sheet,直译过来就是"平衡的报表"。这里的"平衡"主要体现在资产负债表的排列所遵循的会计恒等式原理上, 即"资产=负债+所有者权益"。将这个恒等式反映在资产负债表中, 即表现为"左边=右边"。根据《关于修订印发 2019 年度一般企业财务报表格式的通知》规定, 一般企业的资产负债表格式如表 2-1 所示。

表 2-1　　　　　　　　　　　　　　　　资产负债表

会企 01 表

编制单位：　　　　　　　　　　年　　月　　日　　　　　　　　　　单位：元

资产	期末余额	上年年末余额	负债及所有者权益科目	期末余额	上年年末余额
流动资产：			流动负债：		
货币资金			短期借款		
交易性金融资产			交易性金融负债		
衍生金融资产			衍生金融负债		
应收票据			应付票据		
应收账款			应付账款		
应收款项融资			预收款项		
预付款项			合同负债		
其他应收款			应付职工薪酬		
存货			应交税费		
合同资产			其他应付款		
持有待售资产			持有待售负债		
一年内到期的非流动资产			一年内到期的非流动负债		
其他流动资产			其他流动负债		

续表

资产	期末余额	上年年末余额	负债及所有者权益科目	期末余额	上年年末余额
流动资产合计			流动负债合计		
非流动资产：			非流动负债：		
债权投资			长期借款		
其他债权投资			应付债券		
长期应收款			其中：优先股		
长期股权投资			永续债		
其他权益工具投资			租赁负债		
其他非流动金融资产			长期应付款		
投资性房地产			预计负债		
固定资产			递延收益		
在建工程			递延所得税负债		
生产性生物资产			其他非流动负债		
油气资产			非流动负债合计		
使用权资产			负债合计		
无形资产			所有者权益（或股东权益）：		
开发支出			实收资本（或股本）		
商誉			其他权益工具		
长期待摊费用			其中：优先股		
递延所得税资产			永续债		
其他非流动资产			资本公积		
非流动资产合计			减：库存股		
			其他综合收益		
			专项储备		
			盈余公积		
			未分配利润		
			所有者权益（或股东权益）合计		
资产总计			负债和所有者权益（或股东权益）总计		

（四）资产负债表的结构

资产负债表一般由表头、表体两部分组成：表头部分应列明报表名称、编制单位名称、资产负债表日、计量单位等；表体部分是资产负债表的主体，列示了用以说明企业财务状况的各个项目。资产负债表的表体格式一般有报告式和账户式两种，我国企业的资产负债表采用账户式格式，分为左右两方。

① 资产负债表的左右结构。在资产负债表中，左侧列示资产，右侧列示负债和所有者权益，左右对称、总额相等。左侧表示企业在某一时点拥有的资源，即企业的资本；右侧表示企业资

本的来源，上方负债是财务杠杆的体现，下方所有者权益是融资策略的体现。

② 资产负债表的内部配置。资产负债表的左侧反映的是企业的资源，这些资源按照期限的长短从上向下排列。以一年的期限为界，期限短于一年的是流动资产，排在资产负债表上方；期限长于一年的是非流动资产，排在资产负债表下方。对于流动资产，企业持有的时间不足一年，其流动性强，所以盈利性差；对于非流动资产，企业持有的时间一般长于一年，其流动性弱，所以盈利性强。流动资产与非流动资产应该如何配置，视企业所处的行业以及企业自身特点来定，没有绝对的优劣，需要企业在流动性与盈利性之间进行协调和选择。

资产负债表的右侧反映的是企业的权益，即企业的总资本。首先，资产负债表上方是通过举债取得的资本——负债。同样以一年的期限为界，期限短于一年的是流动负债，通常需要在一年内归还；期限长于一年的是非流动负债，一般在一年以后再归还。流动负债一般用于短期经营，而非流动负债一般用于长期资产的构建。其次，资产负债表下方是股东投入的资本——所有者权益。根据所有者权益项目的分布，可以了解股东投入资本的构成，通过比较期末余额与年初余额可以了解股东权益的变化，从而评价企业的经营运作成果。关于负债和所有者权益的配置大致存在两种理论：一种是"黄金比"结构，即负债占61.8%左右，所有者权益占38.2%左右；而另一种是"对称"结构，即负债与所有者权益各占一半。资产负债表内部配置说明如图2-2所示。

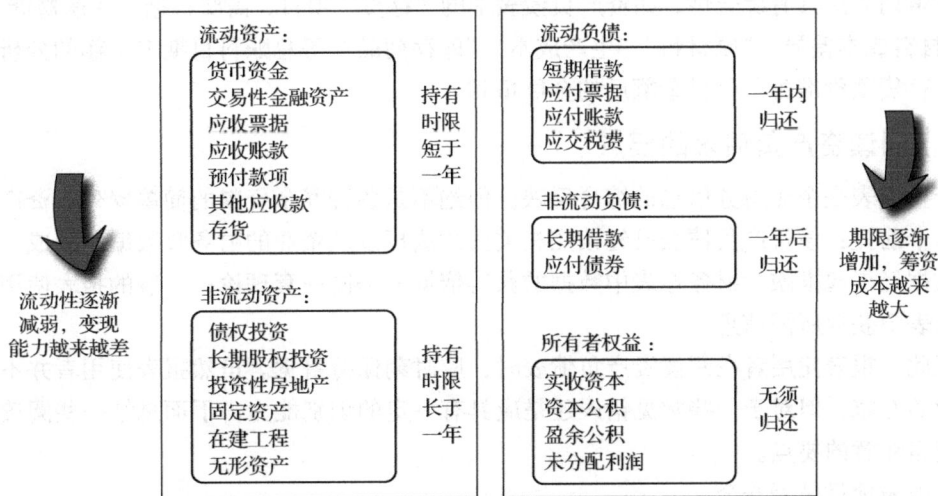

图2-2　资产负债表内部配置说明

（五）资产负债表的编制方法

编制资产负债表时，会计人员通常需要根据会计科目和资产负债表项目的对应关系来得出每个报表项目的具体金额，具体包括以下6种方法。

（1）根据总账科目余额直接填列

资产负债表中大部分项目都是根据某个总账科目的期末余额直接填列的，如"交易性金融资产""短期借款""应交税费""应付职工薪酬""实收资本""资本公积"等项目，都直接反映了其对应的总账科目数据。

（2）根据多个总账科目的期末余额合计数填列

资产负债表的部分项目需要根据多个总账科目的期末余额来计算其合计数填列，如"货币资金"项目，需要根据"库存现金""银行存款""其他货币资金"科目的期末余额合计数填列。

（3）根据明细科目的期末余额计算填列

资产负债表中的部分项目需要根据相关明细科目的期末余额计算填列，如"应付账款""预付款项""未分配利润"等项目，需要根据有关总账科目的明细科目获取相应数据。另外，"一年内到期的非流动资产""一年内到期的非流动负债"等项目，由于没有直接对应的总账科目，因此需要从有关总账科目的明细科目获取相应数据。

（4）根据总账科目和明细科目的余额分析计算填列

资产负债表中的部分项目需要依据总账科目和明细科目两者的余额分析计算填列。如"长期借款"项目，需要根据"长期借款"总账科目余额扣除其所属明细科目中将在一年内到期且企业不能自主地将清偿义务展期的长期借款后的金额计算填列；又如"其他非流动负债"项目，需要根据有关科目的期末余额减去将于一年内（含一年）到期偿还后的金额计算填列。

（5）根据有关科目余额减去其备抵科目余额后的金额填列

资产负债表中的部分项目需要根据有关总账科目的余额减去其备抵科目余额后的金额填列。如"固定资产"项目，需要根据"固定资产"科目期末余额减去"累计折旧""固定资产减值准备""固定资产清理"等备抵科目期末余额后的金额填列。

（6）综合运用上述填列方法分析填列

这种填列方法具有综合性，如资产负债表中的"存货"项目，需要根据"在途物资""材料采购""材料成本差异""原材料""生产成本""库存商品"等总账科目期末余额的分析汇总，再减去"存货跌价准备"科目余额后的金额填列。

（六）阅读资产负债表的要点

资产负债表是企业财务信息的综合反映，但绝不是各种冗余资料的简单罗列。资产负债表蕴含着4个前提：该资产负债表已经按照相关法律法规以及企业的财务政策编制完成；财务报表中的数据经得起推敲；财务报表中数据的获得依据的是同一套理论；一般的报表使用者能够从财务报表中获取所需信息。

基于此，报表使用者在阅读资产负债表时，应时刻保持警觉。虽然报表使用者并不一定是财务方面的专家，但对于一些常见错误还是应具有一定的识别能力。下面总结一些阅读资产负债表时应当注意的要点。

（1）报表项目是否齐全

完整的资产负债表应当在显著的位置列明编报企业的名称、资产负债表日、计量单位等。如果在阅读资产负债表时，发现这些基本的项目都存在问题，那么这份财务报表的可靠性就值得商榷。

（2）是否提供了可比期间的比较数据

对于资产负债表而言，可比数据即"上年年末余额"，如果某企业是在编报财务报表当年年中成立的，则其"上年年末余额"应当是企业成立当月的数据。

（3）企业是否以持续经营为基础

对于一般资产负债表，都是以企业持续经营为基础编制的，即根据实际发生的交易和事项，按照《企业会计准则——基本准则》和其他各项会计准则的规定进行确认和计量，并在此基础上编制财务报表。如果报表使用者已明确知道编报企业已经不能持续经营，但仍然采用持续经营基础，那么其编制的资产负债表也就可能不适用。

（4）是否存在变化特别大的项目

如果报表使用者获得了某企业连续几期的资产负债表，那么就需要将不同期的报表数据进行对比阅读。如果存在变化比较大的项目，就应当特别注意，考虑是否是企业发生了重大事项而导致数据发生了较大变化，并且还要想办法获取有关资料。

三、任务实训——编制简易资产负债表

前面任务引入中描述的情形是典型的企业筹资阶段的业务活动。

合众公司共收到股东出资 10 000 000 元，其中的两笔货币资金出资共 4 000 000 元，形成"银行存款"；专利权出资 1 000 000 元，形成"无形资产"；办公室出资 5 000 000 元，形成"固定资产"。同时，股东按其出资比例享有公司权益，所以形成"实收资本"10 000 000 元。合众公司成立初期资产与权益的关系如图 2-3 所示。

图 2-3　合众公司成立初期资产与权益的关系

合众公司在取得投资后，使用 250 000 元购买计算机设备和办公用具，使用 400 000 元购买了软件系统，所以支付的"银行存款"650 000 元分别转换为"固定资产"250 000 元和"无形资产"400 000 元；借入长期借款 2 000 000 元，同时形成了"长期借款"2 000 000 元和"银行存款"2 000 000 元。该公司发生上述经济活动后，用会计恒等式表示的财务状况如图 2-4 所示。

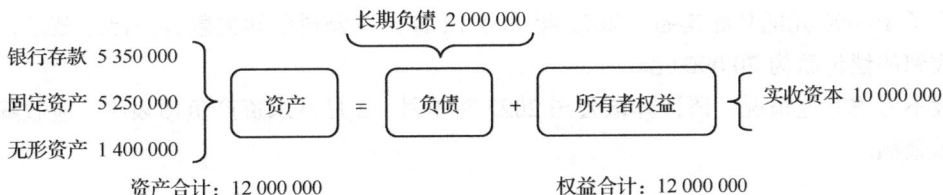

图 2-4　业务发生后合众公司的财务状况

因此，合众公司 2022 年 3 月 31 日资产负债表如表 2-2 所示。

表 2-2　　　　　　　　　　合众公司资产负债表（简表）

编制单位：合众公司　　　　　　　　　　2022 年 3 月 31 日　　　　　　　　　　单位：元

资产	期末余额	上年年末余额	负债及所有者权益（或股东权益）	期末余额	上年年末余额
流动资产：			流动负债：		
货币资金	5 350 000	4 000 000	流动负债合计		
流动资产合计	5 350 000	4 000 000	非流动负债：		

续表

资产	期末余额	上年年末余额	负债及所有者权益（或股东权益）	期末余额	上年年末余额
非流动资产：			长期借款	2 000 000	
固定资产	5 250 000	5 000 000	非流动负债合计	2 000 000	
无形资产	1 400 000	1 000 000	负债合计	2 000 000	
非流动资产合计	6 650 000	6 000 000	所有者权益（或股东权益）：		
			实收资本（或股本）	10 000 000	10 000 000
			所有者权益合计	10 000 000	10 000 000
资产总计	12 000 000	10 000 000	负债及所有者权益（或股东权益）总计	12 000 000	10 000 000

任务二　详解资产类项目

一、任务引入

情景一：某公司 2022 年 1 月购入一套房屋及机器设备，价值分别为 500 000 元和 50 000 元，使用年限分别为 40 年、10 年。

假设该公司使用年限平均法计提固定资产折旧，且房屋及机器设备没有残值。请计算至 2022 年 3 月 31 日为止，这两项固定资产应计提的折旧额以及 2022 年 3 月 31 日该公司资产负债表中"固定资产"项目的列示金额。

情景二：某公司 2021 年 12 月 31 日存在一笔金额为 40 000 元的应收账款。假设 2022 年 1 月 30 日该公司发现欠款客户由于资金链断裂，所以无法全额偿还该笔欠款，只能偿还 30 000 元，于是计提了 10 000 元的坏账准备。2022 年 2 月 12 日，该公司获知欠款客户已经破产，并最终确定能收到的偿付款为 20 000 元。

假设不考虑其他情况。请计算该公司 2022 年 1 月、2 月月末资产负债表中"应收账款"项目的列示金额。

二、相关知识

资产反映过去的交易或事项形成并由企业在某一特定日期所拥有或控制的、预期会给企业带来经济利益的资源。企业应当按照流动资产和非流动资产两大类别在资产负债表中列示资产，在流动资产和非流动资产类别下进一步按性质分项列示。下面介绍资产负债表中的重要资产类项目。

（一）货币资金

货币资金是指企业拥有的、以货币形式存在的资产，包括现金、银行存款和其他货币资金。其中，其他货币资金是指企业除现金和银行存款以外的货币资金，包括外埠存款、银行汇票存款、银行本票存款、存出投资款、信用证存款和信用卡存款等。

资产负债表中"货币资金"项目反映的是企业库存现金、银行基本存款账户存款、银行一般存款账户存款、外埠存款、银行汇票存款等的合计数，因此，本项目应根据"现金""银行存款""其他货币资金"科目的期末余额合计数填列。

货币资金是企业日常业务的主要支付工具，也是常见的偿债工具，如使用货币资金购买设备、材料，支付费用，偿还借款等，且流动性非常强，是资产负债表中的第一个项目。

1. 货币资金的数额

企业的大部分货币资金以银行存款的形式存在，这些存放在银行等金融机构中的资金可以通过收取少量的存款利息赚取收益，其获利能力相当有限，所以从这个角度来看，企业不应持有过多的货币资金。但另一方面，一般企业都负有一定程度的债务，如果企业持有的货币资金过少，则可能不能如期归还债务，从而导致资金链断裂，出现财务危机。综合上面两种情况来看，企业对于应当持有的货币资金数额要做出适当权衡，在综合考虑企业生产经营资金需求和短期债务偿还需求的基础上，确定应持有的货币资金额度。

2. 货币资金管理

从企业财务管理角度来看，货币资金具有较强的支付能力，且其流动性居于各类资产之首，属于企业内部管理风险较高的资产，同样也是企业内部出现舞弊的"重灾区"，所以各企业必须制定并执行规范的货币资金内部管理制度，派专人管理货币资金的收支活动并做好货币资金的收支记录。

3. 货币资金分析

"货币资金"是资产负债表中重要的项目之一，报表使用者有必要对"货币资金"项目进行分析，主要包括货币资金变动情况分析和货币资金结构分析。

（1）货币资金变动情况分析

货币资金变动情况分析是指将本期资产负债表中的"货币资金"项目金额与上期资产负债表中的"货币资金"项目金额进行对比分析，以分析引起货币资金变化的主要原因及其合理性。

企业经营过程中引起货币资金发生变动的主要原因如下。

① 企业短期内有大额资金支付。

企业在生产经营过程中，可能会发生大笔的现金支出，如采购原材料、派发现金股利、偿还即将到期的大额银行贷款等，此时货币资金可能会发生较大的变动，但这些变动属于企业的正常发展需要，是合理变动。

② 企业信用政策（即应收账款政策）变化。

企业信用政策主要是指实现销售时是否允许客户赊销、赊销比率为多少、赊销期限为多长等。企业的信用政策越宽松，则其能收到的货币资金就越少；相反，信用政策越严格，则其能收到的货币资金就越多。例如，某公司一贯对符合信用条件的客户采用的赊销比率是40%，赊销天数是40天。因市场竞争日趋激烈，为吸引更多的客户，该公司2022年将信用政策变更为符合信用条件的客户采用的赊销比率是50%，赊销天数是50天。受此政策影响，该公司2022年营业收入虽增加了10%，但资产负债表中的"货币资金"项目列示金额却减少了500万元。

（2）货币资金结构分析

资产负债表中"货币资金"项目体现的是库存现金、银行存款和其他货币资金的合计数，报表使用者可以通过财务报表附注中的内容了解企业库存现金、银行存款和其他货币资金的金额，以及其他货币资金的具体内容，进而分析企业的货币资金结构。在分析货币资金结构时若发现以下情况，需予以重视。

① 货币资金余额远小于短期负债。

如果企业的货币资金余额远小于短期负债，则说明企业短期偿债能力低，需要警惕企业出现资金紧张的情况。

② 货币资金充裕，有有息甚至高息的货款且负债较多。

企业货币资金充裕且多于正常需要，却又向银行借入有息甚至高息贷款。例如，某企业现有 500 万元活期银行存款，无特定用途，却又向银行贷款 300 万元，年利率高达 15%。此种情况明显不合常理，报表使用者应进一步核实其贷款的原因。

③ 有大量使用受到限制的货币资金。

货币资金是企业流动性最强的资产，如果使用受到限制，其流动性会大打折扣，因此对企业的偿债能力进行评价时还需要考虑这部分因素的影响。例如，某企业的货币资金总额为 26 185 448 331.68 元，使用受到限制的货币资金金额为 3 324 586 103.13 元，占货币资金总额的 12.7%，占比和金额都比较大，所以在整体评价的时候需要考虑这个因素。

（二）交易性金融资产

交易性金融资产是指企业为了近期出售而持有的金融资产，如企业以赚取差价为目的从二级市场购买的股票、债券、基金等。

资产负债表中的"交易性金融资产"项目反映的是资产负债表日企业分类为以公允价值计量且其变动计入当期损益的金融资产，以及企业持有的指定为以公允价值计量且其变动计入当期损益的金融资产的期末账面价值，该项目应根据"交易性金融资产"科目的相关明细科目期末余额分析填列。自资产负债表日起超过一年到期且预期持有超过一年的以公允价值计量且其变动计入当期损益的非流动金融资产的期末账面价值应在"其他非流动金融资产"项目中反映。

通过"交易性金融资产"项目可以了解企业的投资情况，也可以了解企业对资金的利用情况。由于企业持有交易性金融资产的目的是短期性的，其持有期限通常不超过一年（含一年），所以，企业如果存在货币资金闲置的情况，可以考虑将其投资到交易性金融资产中。

> **专家点拨**
>
> 在财务领域，短期与长期是以一年为期限进行判断的，而不应当以其是否含有"短期"与"长期"字样来判断。例如，"一年内到期的非流动资产"科目乍一看好像属于长期资产（非流动资产），但因为其期限短于一年，所以属于短期资产（流动资产）。

（三）应收票据

应收票据是指企业因销售商品、提供劳务等而收到的商业汇票，应收票据是企业因采用商业汇票支付方式进行交易而产生的。商业汇票支付方式与银行存款支付方式的区别在于，商业汇票有一定的到期期限，不能即刻收到款项。应收票据按承兑人不同分为商业承兑汇票和银行承兑汇票，银行承兑汇票经过银行承兑，汇票到期，银行见票即付款，相对于商业承兑汇票而言，其可收回性强，风险低，流动性也强。报表使用者需要结合财务报表附注中的内容判断企业的应收票据主要是银行承兑汇票还是商业承兑汇票。

资产负债表中的"应收票据"项目反映的是资产负债表日以摊余成本计量的，企业因销售商品、提供服务等收到的商业汇票，包括银行承兑汇票和商业承兑汇票。该项目应根据"应收票据"科目期末余额减去"坏账准备"科目中相关坏账准备期末余额后的金额分析填列。

（四）应收账款

应收账款是指企业在正常的经营过程中因销售商品、产品、提供劳务等业务，应向购买单位收取的款项，包括应由购买单位或接受劳务单位负担的税金、代购买方垫付的包装费、各种运杂费等。企业应及时收回应收账款以弥补企业在生产经营过程中的各种耗费，保证企业持续经营；对于被拖欠的应收账款应采取措施，组织催收；对于确实无法收回的应收账款，凡符合坏账条件的，应在取得有关证明并按规定程序报批后，做坏账损失处理。

1. 应收账款的管理

应收账款是因企业提供商业信用而产生的，所以应收账款存在以下 3 个缺点。

（1）增加企业的管理成本

应收账款一旦形成，企业对应收账款的统计、分析、催收等就都需要耗费相应的人力、物力，如果应收账款收回出现问题，发生法律纠纷，企业还将耗费更多的成本。

（2）增加资金成本

从企业的经营来看，应收账款的数据表明了客户所占用的资金，在这些款项实际收回之前，企业是无法有效利用这些资金的。因此，企业自身有资金需求时可能会向银行借款，从而产生借款利息，进而增加资金成本。

（3）影响流动性

应收账款对应货币资金，如果应收账款收回，就会转变为货币资金，而货币资金的流动性要远远强于应收账款，因此应收账款的存在影响了企业资产的流动性。因此，企业一方面要通过赊销来吸引更多的客户，扩大销售量；另一方面又要严格管理应收账款的比例和数量，并且还要时刻关注应收账款的收回情况，看看应收账款是否都按照规定时间收回，如果没有就需要查明原因，及时处理。另外，企业还可以根据每个客户的还款情况来确定其资信额度、欠款时间长短等。

一般而言，应收账款的管理可以采用应收账款账龄分析法。应收账款账龄是指资产负债表中的应收账款从销售实现、产生应收账款之日起，至资产负债表日止所经历的时间。应收账款账龄分析法是按应收账款拖欠时间的长短来分析判断可收回金额和坏账的一种方法。通常而言，应收账款账龄越长，其成为坏账的可能性越大。因此，企业可将应收账款按账龄长短分成若干组，并按组估计坏账损失的可能性，进而计算坏账损失的金额。

2. 应收账款的坏账准备

由于应收账款是商业信用的一种体现，且存在违约风险，因此，一旦客户无法还款，企业的债权也就形成了坏账。按照现行会计准则的要求，在会计核算中，对于形成的应收账款，企业应该根据宏观经济环境、历史经验以及客户的财务状况等信息，定期评估款项收回的金额和可能性，对于预计无法收回的款项，应当计提坏账准备，同时确认信用减值损失，减少企业当期的利润。

在会计核算中，"坏账准备"是"应收账款"的备抵科目，是用来抵减应收账款账面价值的科目。资产负债表中的"应收账款"项目应根据"应收账款"科目的期末余额减去"坏账准备"科目中相关坏账准备期末余额后的金额分析填列。

① 提取坏账准备。如果企业证明某项债权收回的可能性很小或不能收回全部债权，则应对该债权计提坏账准备。计提坏账准备并不影响应收账款的金额，但由于作为应收账款备抵项目的坏账准备有所增加，资产负债表中反映的应收账款金额就会减少。

② 转销坏账。在计提坏账准备后，如果企业确实发生了坏账，则应同时减少应收账款和坏账准备，此时，由于应收账款和坏账准备属于同金额、同方向减少，且两者为备抵项目关系，所以这种情况并不会使资产负债表中反映的应收账款发生变动。

由此可以看出，企业应收账款减少的原因并不一定是收回了相关款项，还可能是企业预估应收账款可能无法收回。

3．"应收账款"项目的解读

在会计实务中，有的企业为了粉饰财务报表，利用应收账款调节利润，因此报表使用者在解读"应收账款"项目时应高度重视该问题。

部分企业可能会通过采用虚假销售的方式来虚增收入，即在没有真实交易的情况下确认应收账款。一般而言，企业为了逃脱监管，会在虚增收入的同时虚构销售合同、出入库记录等。针对这种情况，报表使用者可以将应收账款与营业收入金额进行对比，计算应收账款占收入的比例是否异常，如果应收账款占收比异常升高，则说明该企业很可能通过应收账款科目虚构了收入。

同时，有条件的报表使用者还可以检查企业第四季度的应收账款数量，以分析第四季度应收账款金额是否骤升。一般而言，临近年底是虚增收入的高发期，通过对比第四季度末和第三季度末的应收账款占总应收账款的比例数据，可以发现是否存在此种舞弊行为。

专家点拨

应收票据和应收账款都是企业在经营中为了扩大销售而允许客户延期付款的经营结果，应收账款和应收票据在管理、坏账准备、解读等方面基本类似，但相较而言，应收票据比应收账款的保障程度更高。这是因为企业确认的应收账款凭借的是客户的商业信誉，没有实质的保证要件；而应收票据则不一样，虽然商业汇票也存在到期不能收款的可能性，但其至少持有商业汇票，这就相当于给企业上了一道保险。

（五）其他应收款

其他应收款是指企业除应收账款、预付账款以外的其他各种应收、暂付的款项。资产负债表中的"其他应收款"项目应根据"应收利息""应收股利""其他应收款"科目的期末余额合计数减去"坏账准备"科目中相关坏账准备期末余额后的金额填列，其中的"应收利息"科目仅反映相关金融工具已到期可收取但于资产负债表日尚未收到的利息。

1．其他应收款的内容

资产负债表中的"其他应收款"项目所反映的内容非常丰富，大多数不能在其他项目反映的流动资产通常都在该项目中反映，具体包括以下内容。

① 应收的各种赔款、罚款，如因企业财产等遭受意外损失而应向有关保险公司收取的赔款等。

② 应收的出租包装物租金。

③ 应向职工收取的各种垫付款项，如为职工垫付的水电费，应由职工负担的医药费、房租

费等。

④ 存出保证金，如租入包装物支付的押金等。

⑤ 备用金，如向企业各职能部门、车间拨付的备用金。

2. "其他应收款"项目的解读

"其他应收款"项目金额一般较小，如果发现该项目的期初余额和期末余额变化很大，或者某一期金额异常，那么报表使用者就应当注意。

在一些上市公司中可能存在滥用其他应收款的现象。例如，有的公司控股股东或实际控制人、董事、高管私自挪用公司资产，为了弥补亏空，就将这些已经挪用的资产通过"其他应收款"科目下的一些明细科目（"员工借支款""应收处罚金""存出保证金"等）来列账。所以，报表使用者如果发现该项目存在异常情况，可以通过询问等方式向企业管理者提出疑问，或在允许的情况下查看企业相关账簿。

（六）存货

存货是指企业在日常活动中持有以备出售的产成品或商品、处在生产过程中的在产品、在生产或提供劳务过程中耗用的材料和物资等。对于制造型企业和商业企业而言，存货是其取得收入的直接来源。

1. 存货的内容

资产负债表中的"存货"项目反映的是企业期末在库、在途和在加工中各项存货的可变现净值，包括原材料、商品、在产品、半成品、产成品、发出商品、包装物、低值易耗品和委托加工物资等。

① 原材料。原材料是指企业在生产过程中经加工改变其形态或性质，并构成产品主要实体的各种原料及主要材料、辅助材料和燃料等。

② 在产品。在产品是指企业正在制造尚未完工的产品，包括正在加工的产品、已加工完毕但尚未检验的产品、已检验但尚未办理入库手续的产品。

③ 半成品。半成品是指经过一定生产过程并已检验合格交付半成品仓库保管，但尚未制造完工成为产成品，仍需进一步加工的中间产品。

④ 产成品。产成品是指工业企业已经完成全部生产过程并验收入库，可以按照合同规定的条件送交订货单位或作为商品对外销售的产品。

2. "存货"项目的列示金额

在会计核算中，企业的存货在期末时应按照账面成本与可变现净值孰低的原则进行计量，对于可变现净值低于存货账面成本的差额，企业应计提存货跌价准备。因此，在资产负债表中，"存货"项目应根据"材料采购""原材料""库存商品""委托加工物资""生产成本""发出商品"等科目的期末余额合计减去"存货跌价准备"科目期末余额后的金额填列。材料采用计划成本核算以及库存商品采用计划成本或售价核算的小企业，"存货"项目应按加或减材料成本差异、减商品进销差价后的金额填列。

3. 存货的数量

实际上，存货数量过多、过少都不利于企业的发展。在流动资产中，存货的变现能力较差。存货过多会影响资金的使用，而且对于更新换代速度较快的行业而言，存货过多就可能意味着存在积压。存货过少可能意味着企业的货源、原材料不足，进而影响企业的生产、销售，同样不利于企业的发展。因此，想要提高企业的效益，就有必要根据实际情况确定合理的存货数量。

一般情况下，存货作为制造型企业和商业企业的主要利润来源，其变化趋势尤为重要。企业存货中的产成品或库存商品如果大幅增加，意味着该企业的产品可能面临着竞争者的挑战，使得产品积压，销售压力增大，这时报表使用者需要高度关注该问题。

专家点拨

有些行业的存货风险很高，如新鲜食品或高科技制造业等，一旦过了保质期或者行业发生重大改变，存货价值就可能会归零；而有些行业的存货基本不存在计提存货跌价准备的问题，如高端白酒等。计提的存货跌价准备需计入当期损益，会影响当期利润。在分析企业财务报表时，需要关注企业所属的行业，以分析存货跌价的可能性及跌价的幅度；需要评价存货的价值，以分析企业是否通过不计提跌价准备的方式虚增利润。

4. 存货结构分析

存货结构是指企业各类存货，如原材料、在产品、半成品等占存货总数的比例。比如某企业原材料金额为 50 万元，存货总金额为 200 万元，那么原材料占总存货的比例就是 25%。同一企业、不同类别存货的占比一般保持相对稳定，如果发生异常变动，就需要予以重点关注。例如，A 公司 2019—2021 年存货结构比例如表 2-3 所示。

表 2-3 　　　　　　　A 公司 2019—2121 年存货结构比例

项目	2019 年	2020 年	2021 年
原材料	37.4%	36.8%	23.6%
库存商品	40.5%	40.8%	51.4%
低值易耗品	10.8%	10.7%	9.1%
委托加工物资	11.3%	11.7%	15.9%
存货合计	100.0%	100.0%	100.0%

由表 2-3 可知，2021 年 A 公司存货的结构比例发生了较大变化，原材料占比较 2019 年和 2020 年下降幅度较大，库存商品和委托加工物资占比较 2019 年和 2020 年有所上升。

根据调查了解，在 A 公司所处的行业中，原材料占存货的比例为 38% 左右才能保证企业的正常运转，而 A 公司 2021 年原材料占存货的比例下降至 23.6%，远低于合理水平，说明 A 公司可能投入不足，或者没有足够的远期订单，导致开工不足。而 2021 年库存商品占比急剧上升，说明 A 公司的市场占有率可能有所降低，导致库存商品大量积压。

从原材料占比和库存商品占比的分析都可以得出，A 公司未来存在业务萎缩的可能性，这个结果可以通过分析营业收入的变化予以佐证。

另外，委托加工物资占比的提升，说明 A 公司将更多的加工劳务进行了外包，表明其自身加工能力不足，若进一步发展，则可能表明该公司未掌握核心技术。

（七）固定资产

固定资产是指为生产商品、提供劳务、出租或经营管理而持有的，使用寿命超过一个会计年度的有形资产。固定资产是企业生产经营活动中必不可少的资产，企业持有的房屋、建筑物、机器、设备等均为固定资产。

> **专家点拨**
>
> 固定资产的显著特征就是具有实物形态、单位价值较高、使用年限较长。与存货相比，固定资产是为了使用而长期持有，而存货的持有目的是出售；与低值易耗品相比，虽然两者的使用时间可能都比较长，但固定资产的单位价值高，而低值易耗品的单位价值低；与投资性房地产相比，虽然两者性质相似，但不同的是，投资性房地产的持有目的是对外出租或增值。

1. 固定资产的占比

企业拥有的固定资产并不是越多越好，在评价"固定资产"项目时，需要区分企业是资本密集型企业还是劳动密集型企业。对于资本密集型企业而言，对资本要素的投入要求比较高，因此这类企业资产负债表中"固定资产"项目的金额较大，在总资产中的占比也较大，如航空、电信、电力、石油、铁路、钢铁等基础工业和加工企业；对于劳动密集型企业而言，对劳动要素的投入要求比较多，人工成本相对比较大，而对固定资产的投入相对较少，所以这类企业的资产负债表中"固定资产"项目的占比较小，如批发零售类、餐饮住宿类、家具制造类企业等。

2. 固定资产的折旧

企业应当根据与固定资产有关的经济利益的预期实现方式合理选择固定资产折旧方法。可选用的折旧方法有年限平均法、工作量法、双倍余额递减法和年数总和法等，其中，双倍余额递减法与年数总和法属于加速折旧法。企业常用的固定资产折旧方法是年限平均法，采用年限平均法计算折旧的公式如下。

$$年折旧额 = \frac{原始价值-预计净残值}{预计使用年限} = 原始价值 \times 年折旧率$$

3. "固定资产"项目的列示

资产负债表中的"固定资产"项目反映的是资产负债表日企业固定资产的期末账面价值和企业尚未清理完毕的固定资产清理净损益，该项目应根据"固定资产"科目的期末余额减去"累计折旧""固定资产减值准备""固定资产清理"科目期末余额后的金额填列。

> **专家点拨**
>
> 企业取得固定资产除了采用购买方式外，还可以自己建造。对于处于建造中的固定资产，不在"固定资产"项目中反映，而应在"在建工程"项目中单独反映。另外，企业取得的有些固定资产并不是购入就可以直接使用的，还需要经历安装或调试过程，对于处于安装或调试阶段的固定资产，同样不能直接在"固定资产"项目中反映，也应该通过"在建工程"项目单独反映。

4. 固定资产变动分析

固定资产是企业运营和发展的基础，对企业至关重要。但是企业形成一定的规模后，其固定资产就不会频繁发生大幅度变动，如果企业固定资产发生大幅度变动，就需要予以关注。固定资产大幅度变动可分为固定资产大幅度减少和固定资产大幅度增加两种情况。

（1）固定资产大幅度减少

一般而言，固定资产大幅度减少有以下两个原因。

① 企业业务萎缩。

固定资产是支撑企业运营的基础，尤其是当固定资产作为企业生产资源（比如厂房、机器设备）使用时，固定资产大幅度减少意味着企业生产能力的大幅度降低，表明企业的业务可能出现萎缩，市场份额逐渐减小，而且在可遇见的将来没有转回的可能性。此时，企业开始出售固定资产，以减少固定资产闲置给企业带来的负担。

② 企业资金链出现问题。

固定资产是企业运营的基础，所以企业一般不会将其变卖用于偿还债务。但当企业资金链出现重大问题，又无法从外部筹集资金时，企业只能变卖固定资产，以渡过难关。此种做法虽解决了当前的困难，却导致企业生产能力下降，无法完成正常的运营，可能会造成企业资金短缺的恶性循环。

以上两种固定资产大幅度减少的情况都不是好预兆，遇到类似情况时，报表使用者一定要加以重视。

（2）固定资产大幅度增加

固定资产大幅度增加意味着企业正在投资新项目、翻新厂房、扩大生产线等，此时企业的产能会相应增加，最终会反映到企业的营业收入上。因此，如果一家企业大量投入资金购置固定资产后，营业收入却长期没有增加，那么报表使用者就需要关注固定资产投入的真实性。

（八）无形资产

无形资产是企业拥有或者控制的、没有实物形态的、可辨认的非货币性资产。无形资产通常包括专利权、非专利技术、商标权、著作权与土地使用权等。

1. 无形资产的确认

由于无形资产不具有实物形态，且其价值的确定需要经过专业评估，所以无形资产的确认必须满足两个条件：①与该无形资产有关的经济利益很可能流入企业；②该无形资产的成本能够可靠计量。

2. 无形资产的摊销

无形资产摊销指的是将无形资产原价在其有效期限内进行摊销。无形资产摊销的方法主要有两种，即直线法和产量法。企业可以根据自身情况选择摊销方法，但其选择的无形资产摊销方法应当能反映与该项无形资产有关的经济利益的预期实现方式，无法可靠确定预期实现方式的应当采用直线法。采用直线法计提摊销额的公式如下。

$$无形资产年摊销额 = \frac{无形资产账面余额}{使用年限}$$

专家点拨

商誉与一般无形资产具有很强的相似性，两者都属于"无形的"资产，它们是能在未来期间为企业经营带来超额利润的潜在经济价值，或某企业预期的获利能力超过可辨认资产正常获利能力（如社会平均投资回报率）的资本化价值。商誉与一般无形资产的区别在于商誉

02

具有不可辨认性。通俗地讲，商誉是企业经过长期经营或者成功打造所形成的有关企业或产品的品牌，它可以将企业与其他类似企业区分开来。例如，具有商誉的企业，其销售的商品或提供的服务更能让消费者信赖。

3. 无形资产的分析

报表使用者在分析无形资产时，需结合财务报表附注的内容来分析无形资产的价值是否有大幅度变化，企业的无形资产是否已经被其他新技术代替，或者是否已超过法律保护的年限等。

此外，报表使用者还应关注企业有没有利用无形资产摊销来调整本期利润的行为。因为无形资产应当自取得当月起在预计使用年限内分期摊销，所以报表使用者在阅读企业财务报表的时候需要关注企业是否有随意变更无形资产的摊销金额，以调节当期利润的行为。

三、任务实训

（一）计算"固定资产"项目的列示金额

年限平均法下，固定资产折旧额均匀地分摊到固定资产预计使用寿命内，所以房屋每年应计提的折旧额=500 000÷40=12 500（元）。由于至 2022 年 3 月 31 日办公室应计提 2 个月折旧，所以折旧额=12 500×2/12=2 083.33（元）。至 2022 年 3 月 31 日，机器设备应计提的折旧额=50 000÷10×2/12=833.33（元）。固定资产总共计提折旧金额=2 083.33+833.33=2 916.66（元）。

所以 2022 年 3 月 31 日该公司资产负债表中"固定资产"项目的列示金额=500 000+50 000-2 916.66=547 083.34（元）。

（二）计算"应收账款"项目的列示金额

该公司于 2022 年 1 月对该笔应收账款计提了 10 000 元坏账准备，所以该公司 2022 年 1 月 31 日资产负债表中"应收账款"项目的金额=40 000（应收账款账面价值）-10 000（计提的坏账准备金额）=30 000（元）；该公司于 2022 年 2 月 12 日获知债务人已经破产，最终能获得的偿付款为 20 000 元，因此，该公司应当补充计提坏账准备，其金额=20 000-10 000=10 000（元），所以，2022 年 2 月 28 日资产负债表中"应收账款"项目的金额=40 000（应收账款账面价值）-20 000（计提的坏账准备金额）=20 000（元）。

任务三　详解负债类项目

一、任务引入

情景一：某公司主要从事某机电产品的生产和销售业务，由于该产品市场竞争非常大，基本属于买方市场，且购货单位基本不存在先付款后提货的情况，所以该公司 2021 年 12 月 31 日资产负债表中的"预收款项"项目金额较年初有明显增加。

对于该现象，报表使用者需要特别注意什么？

情景二：某公司每年的销售额在 500 万元左右，根据增值税法律制度规定，增值税小规模纳税人的标准为年应征增值税销售额 500 万元及以下。该公司预计当年的销售额将超过 500 万元，能达到 550 万元左右，由于该公司取得的增值税抵扣发票非常少，为了维持小规模纳税人的身份，享受优惠税率，于是将 80 万元的主营业务收入记在了"其他应付款"科目的贷方。但通过查看该公司往年的资产负债表发现，该公司当年的报表中"其他应付款"项目畸高。

通过该情况可得出什么结论？

二、相关知识

负债实质上是企业承担的能以货币计量、在一定时期之后必须偿还的经济债务。负债按其偿还期的长短可分为流动负债和非流动负债。流动负债是指将在一年内（含一年）或超过一年的一个营业周期内偿还的债务，非流动负债是指偿还期在一年或超过一年的一个营业周期以上的债务。下面介绍资产负债表中的重要负债类项目。

（一）短期借款

短期借款是指企业向银行或其他金融机构等借入的期限在一年以内（含一年）的各种借款。资产负债表中的"短期借款"项目反映的是企业借入但尚未归还的一年以内（含一年）的借款，该项目应根据"短期借款"科目的期末余额填列。

1. 短期借款的特点

相比于长期借款，短期借款有以下 4 个特点。

（1）借款期限较短

短期借款的期限一般在一年以内，也可以根据企业的需要安排，便于灵活使用。

（2）借款利率低

在短期资金能够满足企业需求的情况下，使用短期借款可以节约企业的资金成本。

（3）容易取得

短期借款的偿还期限较短，金融机构的审批相对没有那么严格，因而比较容易取得。

（4）风险大

企业借入的短期借款经常需要在短期内动用足够的资金来偿还本息，如果不能及时偿还，可能会给企业带来巨大的影响，所以风险大。

2. 短期借款变化分析

短期借款发生变化的原因主要是生产经营需要或企业负债筹资政策变化等，具体来说有以下 3 点。

（1）企业有临时资金需求

企业可能通过举借短期借款来满足临时资金需要，比如季节性或临时性生产需要。当这种需要消失时，企业就会偿还这部分短期借款，从而在一定期间内引起短期借款的变动。

（2）企业节约利息成本

短期借款的利率一般低于长期借款的利率，因此企业在某笔长期借款到期偿还后，若发现仍然有资金缺口，为了节约利息成本，可能不再申请长期借款，而是改为持续多次申请短期借款。

（3）企业调整负债结构

企业可以通过增加短期借款来减少对长期负债的需求，从而使企业负债结构发生变化。但相对于长期负债而言，短期借款具有风险大、利率低、使用灵活等特点，负债结构变化的同时可能会引起企业负债成本和财务风险的变化。

3."短期借款"项目的解读

报表使用者在阅读资产负债表时,一般不会将重点放在"短期借款"项目上,这是因为该项目所反映的信息很单一,但仔细观察该项目可发现,它还是有值得分析的地方。资产负债表中列示的"短期借款"项目并不一定都是企业主动向银行等金融机构的借款,可能还包括企业由于签发的商业汇票到期无法支付而被动形成的短期借款。如果这类情况所占的比例较大,那么报表使用者就应当考虑该企业的资金流是否出现了问题,为什么会有如此多的已经签发了商业汇票但不能付款的情况,以判断该企业的业务是否出了问题。

02

> 📚 **专家点拨**
>
> 被动形成的短期借款与签发的商业汇票有关。如果企业采购物资时使用的是银行承兑商业汇票,那么在业务发生时应将该笔款项记入"应付票据"科目;但若票据到期而企业无法支付款项,那么银行将根据规定如期支付票据款项,银行替企业支付的这笔款项就形成了企业的"短期借款",所以这个短期借款其实是"被动"形成的。

(二)应付票据

应付票据是指企业购买材料、商品和接受劳务供应等而开出、承兑的商业汇票,包括商业承兑汇票和银行承兑汇票。资产负债表中的"应付票据"项目反映的是资产负债表日以摊余成本计量的,企业因购买材料、商品和接受服务等开出、承兑商业汇票,该项目应根据"应付票据"科目的期末余额填列。

(三)应付账款

应付账款是指企业因购买材料、商品或接受劳务供应等经营活动应支付的款项。资产负债表中的"应付账款"项目反映的是资产负债表日以摊余成本计量的,企业因购买材料、商品和接受服务等经营活动应支付的款项,该项目应根据"应付账款"和"预付账款"科目所属的相关明细科目期末贷方余额合计数填列。

> 📚 **专家点拨**
>
> 应付票据和应付账款都是企业采购业务(包括采购商品、服务等)形成的应向供应商支付的款项,是企业的债务,这也是企业享受商业信用的一种体现,且这种商业信用产生的利息非常低甚至没有利息。因此,对于一些缺乏资金的企业,可以采取延期付款、按期结算等方式来缓解资金压力。当企业签发的商业汇票到期无法支付,且该汇票由企业自己承兑时,企业应在汇票到期时将应付票据转为应付账款。

(四)预收款项

预收款项是指企业向购货方预收的购货订金或部分货款。在市场经济条件下,交易风险无处不在,企业在与客户进行交易的过程中,如果无法确定客户是否能在收到货物时按时支付款项,或在知道客户信用状况不佳、存在拒付风险的情况下,往往会事先收取一定的货款作为保证,然后发出货物,这种在发货前向购货单位预收的款项即为预收款项。资产负债表中"预收款项"项目反映的是企业按合同规定预收的款项,该项目应根据"预收账款"和"应收账款"科目所属的各明细科目期末贷方余额合计数填列。

📖 **专家点拨**

　　企业在日常经营活动中由于业务交往形成的应收、应付款项以及预收、预付款项统称为往来款项。在资产负债表中，体现往来款项的项目有很多，如应收票据、应收账款、预收款项、应付票据、应付账款、预收款项、其他应收款、其他应付款等。

　　往来款项根据其性质可以分为两类，一类是资产，另一类是负债。资产表现为企业拥有的收款权利。如应收账款，是企业可以取得一定货物、劳务或服务权利的体现；预付款项，是企业存放在供应商处的款项。负债表现为企业负担的债务。如应付账款，是企业需要向客户提供货物、劳务或服务的体现；预收款项，是客户暂存在企业的资金。

　　往来款项中资产的经济本质是客户占用了企业的资金，如果这些款项长时间无法收回，就可能形成坏账。因此，企业对往来款项中的资产进行管理时应尽可能控制其规模与账龄，及时清查并做好归因管理。对于往来款项中的负债，如预收款项，只要企业有足够的生产能力和服务能力，就能够满足客户的要求，一般也不会给企业带来财务负担；而对于应付款项而言，虽然可以将其作为一种短期融资方式，但还是应当合理利用，以免给企业声誉造成不良影响。

1. 预收款项的产生原因

　　预收款项对于卖方来说算是一种短期融资方式，一般情况下，预收货款通常是卖方针对买方在购买紧缺商品时使用的方式，是买方为了取得对货物的要求权而不得不做的一种妥协。此外，如果一些特殊商品的生产周期较长或售价较高，则卖方通常会要求买方预付一部分款项，以缓解卖方资金占用过多的压力。

2. "预收款项"项目的解读

　　预收款项属于企业的一项负债，但其表现形式却与收入有一定的相似之处，即都表现为从客户处取得的货款或劳务、服务款。如果企业没有舞弊或故意隐瞒收入等行为，则就不需要特别关注预收款项。但是，当企业在各期经营状态没有明显变化的情况下，其预收款项的波动很大，那么报表使用者就需要特别注意。预收款项只是企业为实现收入而设置的一个"暂存性"的负债项目，但有的企业在取得货款后为了避税，不确认收入，而是将收到的货款一直挂在"预收款项"项目中，这属于违法行为。

（五）应付职工薪酬

　　应付职工薪酬是指企业根据有关规定应付给职工的各种薪酬，包括职工工资、奖金、津贴和补贴，职工福利费，医疗保险费、养老保险费、失业保险费、工伤保险费和生育保险费等社会保险费，住房公积金，工会经费和职工教育经费，非货币性福利，因解除与职工的劳动关系而给予的补偿以及其他与获得职工提供的服务相关的支出。资产负债表中的"应付职工薪酬"项目反映的是企业应付未付的工资和社会保险费等职工薪酬，该项目应根据"应付职工薪酬"科目的期末贷方余额填列，如"应付职工薪酬"科目期末为借方余额时，以"-"号填列。

1. 应付职工薪酬的涵盖范围

　　资产负债表中的"应付职工薪酬"项目包括职工在职期间和离职后提供给职工的全部货币性薪酬和非货币性福利，企业提供给职工配偶、子女或其他被赡养人的福利等同样属于应付职工薪酬的范围。

从应付职工薪酬的概念可以看出,应付职工薪酬体现了企业的人力成本,即使用各种人力资源时所付出的代价。根据《企业会计准则》规定,应付职工薪酬所包括的项目如图 2-5 所示。

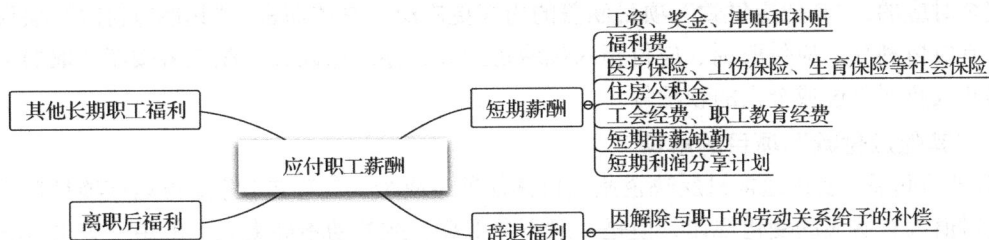

```
                                              工资、奖金、津贴和补贴
                                              福利费
  其他长期职工福利              短期薪酬        医疗保险、工伤保险、生育保险等社会保险
                                              住房公积金
            应付职工薪酬                       工会经费、职工教育经费
                                              短期带薪缺勤
                                              短期利润分享计划
  离职后福利                    辞退福利        因解除与职工的劳动关系给予的补偿
```

图 2-5 应付职工薪酬所包括的项目

2. "应付职工薪酬"项目的解读

资产负债表中的"应付职工薪酬"项目作为一个存量指标,单独来看,并不能说明企业人力资本的利用效率如何,但如果将其与财务报表附注中提供的本期人员资料相结合,则可以分析评估企业人力资源的劳动效率。同时,如果将不同年度该项目的金额进行比较,还可以对企业的经营趋势进行评价,从而为分析企业经营是否存在异常情况提供依据。

(六)应交税费

企业必须按照国家规定履行纳税义务,对其经营过程中的有关行为及经营所得依法缴纳相应税费。这些税费应当按照权责发生制的原则进行确认、计提,对于先计提后缴纳的税种,由于其在缴纳之前暂留在企业中,所以应作为企业的一项负债核算,即"应交税费"。

1. 应交税费包括的税种

我国的税收种类繁多,但不是都在"应交税费"项目中反映。该项目所反映的税种(或费用)主要包括增值税、消费税、企业所得税、资源税、土地增值税、城市维护建设税、房产税、土地使用税、车船税、教育费附加等。

2. "应交税费"项目的解读

企业资产负债表中列示的应交税费比较片面,单独分析这个数据很难看出企业是否存在问题。对于报表使用者来说,需要将该项目与财务报表附注中提供的税费本期发生额和相关税收资料结合起来,从而了解企业更多的信息。例如,企业财务报表附注中没有披露该企业可以享受税收优惠政策,如果该企业本期收入非常高,但其缴纳的税费非常低,那么就可以考虑该企业是否存在逃税的行为。又如,如果企业本期收入不存在大幅波动,但其缴纳的税款却大幅度上升,则应当考虑其是否因为上期存在违反税法规定的行为而在本期补缴了税款,或者该企业所在行业是否对税率进行了相应调整。如果企业所在行业存在相关变化,则报表使用者应当考虑这种变化对企业以后的经营是否产生影响,是否影响报表使用者的相关决策。

(七)其他应付款

其他应付款是指企业除应付票据、应付账款、应付职工薪酬、应交税费等以外的应付、暂收其他单位或个人的款项,这些暂收或应付的款项在实际支付前就形成了企业的负债。资产负债表中的"其他应付款"项目应根据"应付利息""应付股利""其他应付款"科目的期末余额合计数填列，其中"应付利息"科目仅反映相关金融工具已到期应支付但于资产负债表日尚未支付的利息。

1. 其他应付款的内容

资产负债表中的"其他应付款"项目和会计核算中的"其他应付款"科目所反映的内容并不是完全对应的，"其他应付款"项目涵盖的内容更广泛。具体而言，"其他应付款"项目包括的内容有应付利息、应付股利、应付租入包装物押金、存入保证金、职工未按期领取的工资、应付的暂收所属单位或个人的款项等。

2. "其他应付款"项目的解读

"其他应付款"项目通常只反映企业应付其他单位或个人的零星款项，虽然该项目在不同年度的绝对值没有明显的变化规律，但是一般不会太高，或波动不会太大。但由于该项目核算内容多且杂，所以也是企业舞弊行为发生的"重灾区"。报表使用者如果发现某公司"其他应付款"项目突然过高，或者在某些期间波动很大，则需要关注其变动原因。

（八）长期借款

长期借款是指企业向银行或其他金融机构借入的期限在一年（不含一年）或超过一年的一个营业周期以上的各项借款。长期借款是企业的重要融资渠道，主要可用于构建固定资产、改扩建工程等需要资金量大或资金占用时间较长的项目。资产负债表中的"长期借款"项目反映的是企业借入但尚未归还的一年期以上（不含一年）的各期借款，该项目应根据"长期借款"科目的期末余额减去一年内到期部分的金额填列。

1. 长期借款利息

长期借款利息有两种处理方法，一种是在发生时直接确认为当期费用（即费用化），另一种则是于发生时直接计入资产成本（即资本化），其具体做法如下。

为购建固定资产而发生的长期借款利息在固定资产达到预定可使用状态之前所发生的，应计入所建固定资产价值，予以资本化。为购建固定资产而发生的长期借款利息在固定资产达到预定可使用状态之后所发生的，应直接计入当期损益，予以费用化。

属于流动负债性质的借款利息，或者虽然属于长期负债性质但不是用于购建固定资产的借款利息，其应直接计入当期损益。

2. 长期借款变动分析

长期借款作为企业筹集资金的重要渠道之一，每个会计期间内发生的次数虽然不多，但一旦发生，就会改变企业的资本结构和财务风险水平，所以也需要加以关注。引起长期借款变动的因素主要有以下3点。

（1）长期借款利率降低

如果长期借款的利率降低到企业愿意接受的水平，为了避免短期借款的偿还风险，企业可能会考虑用长期借款替代短期借款，从而取得稳定的资金使用权。

（2）企业有长期资金需求

企业可能会用长期借款资金来满足长期资金需求。例如，当企业需要新投资一个盈利水平较好的项目时，企业可能会通过担保、抵押等方式借入长期借款以满足长远发展需求。

（3）调整企业负债结构

如果企业自身的财务风险较高，那么企业可能会考虑提前归还部分长期借款，以降低企业的负债率。

3. "长期借款"项目的解读

对于资产负债表中的"长期借款"项目，报表使用者需要关注企业是否有足够的资金来归还这些借款的利息。通常来讲，长期借款的金额比较大，且利率相对比较高，如果企业没有足够的偿债资金，无法支付到期借款利息或本金，该行为除了会对企业信誉造成严重影响外，还可能会引起企业的财务危机。所以，报表使用者需要关注长期借款总量的变化以及用于偿债的资金的充裕度。

（九）应付债券

应付债券是指企业为筹集资金而对外发行的、期限在一年以上的、具有长期借款性质的书面证明，是以约定在一定期限内还本付息的一种书面承诺。资产负债表中的"应付债券"项目反映的是企业尚未偿还的各种长期债券的本息，是企业为了筹措长期资金而形成的一项非流动负债。所以，该项目可以反映企业的融资渠道，同样也是企业负债规模的体现。该项目应根据"应付债券"科目期末余额填列。

与长期借款类似，企业发行的债券同样应当按照事先约定的时间和金额支付债券利息，所以，报表使用者在分析企业的"应付债券"项目时，应当结合企业的偿债能力来综合分析企业的财务情况。

（十）长期应付款

长期应付款是指企业除长期借款和应付债券以外的其他各种长期应付款，付款期限均在一年以上。资产负债表中的"长期应付款"项目反映的是资产负债表日企业除长期借款和应付债券以外的其他各种长期应付款项的期末账面价值，该项目应根据"长期应付款"科目的期末余额减去相关的"未确认融资费用""专项应付款"科目期末余额后的金额填列。

> **专家点拨**
>
> 企业的负债有流动负债和非流动负债之分，与流动负债相比，非流动负债通常具有金额大、偿还期限长等特点，同时，企业借入非流动负债也有更严格的条件限制，如提供担保等。报表使用者在关注资产负债表中资产和负债的同时，还应当通过财务报表附注和企业公布的其他资料来了解企业使用资金的限制，从而得出更准确的分析结论，为优化决策提供支撑。

三、任务实训

（一）分析"预收款项"项目的变化

由于该公司所销售的商品基本属于买方市场，且基本不存在先付款后提货的情况，所以该公司"预收款项"项目的金额应该非常小，在没有发生特别事件的情况下，"预收款项"项目的波动应该很小。但是，该公司 2021 年 12 月 31 日资产负债表的"预收款项"项目却有明显增加，这对于报表使用者而言，就需要考虑该公司是否将销售货款挂在"预收款项"项目中，而没有及时将其转入营业收入，从而考虑该公司是否有故意隐瞒收入的嫌疑。

（二）分析"其他应付款"项目的变化

该公司将 80 万元的主营业务收入记在了"其他应付款"科目的贷方，这样很可能会让报表使用者理解为该公司预收了对方公司的购货押金等。由于该公司预计当年的销售额会超过 500 万元，因此按照税法规定，其应作为一般纳税人按照 13% 的税率缴纳增值税；但将收入记入"其他应付款"项目后，该公司依然作为小规模纳税人按照 3% 的征收率缴纳增值税。虽然一般纳税人可以抵扣进项税额，但由于该公司可抵扣的进项税额非常少，所以这一违法操作使该公司"节税"不少。报表使用者在阅读相关资料时，应谨防企业为粉饰财务报表所做的违规操作。

任务四　详解所有者权益类项目

一、任务引入

情景一：明希公司在经营了一段时间后已初见成效，并在业界树立了良好的口碑，这时有一个投资者甲打算向该公司注资。协商后双方达成一致意见，约定甲向该公司投入 3 000 000 元，但合同中列明甲将按照 2 500 000 元的资本投入享有该公司的收益。

假设明希公司初始的注册资本为 10 000 000 元，计算该公司经甲注资后的实收资本和资本公积。

情景二：明希公司在 2021 年末编制的资产负债表中列示的未分配利润有 550 000 元。已知该公司 2021 年共实现净利润 860 000 元，且 2020 年没有未弥补的亏损。

假设该公司分别按照净利润的 10% 和 5% 提取法定盈余公积和任意盈余公积，不考虑其他因素。根据这些数据，对明希公司进行相关分析。

二、相关知识

所有者权益是指企业资产扣除负债后的剩余权益，反映的是企业在某一特定日期股东（投资者）拥有的净资产总额。资产负债表中的所有者权益是企业实力的体现，也是企业真正拥有的资本。从所有者权益的形成来源来看，其主要由两方面构成，一方面是股东投入的资本，另一方面是企业在生产经营过程中形成的未分配的收益，这部分收益也被称为留存收益。下面介绍资产负债表中的重要所有者权益类项目。

（一）实收资本（或股本）

实收资本是指投资者投入企业的各种财产，它可以表明投资者对企业的基本产权关系。实收资本的构成比例（即投资者的出资比例）或股东的股份比例是确定所有者在企业所有者权益中份额的基础，也是企业进行利润或股利分配的主要依据。资产负债表中的"实收资本（或股本）"项目反映的是企业各投资者实际投入的资本总额，该项目应根据"实收资本（或股本）"科目的期末余额填列。报表使用者关注"实收资本（或股本）"项目的主要目的是评价企业的整体实力。

（二）其他权益工具

其他权益工具是指企业发行的除普通股以外的归类为权益工具的各种金融工具。其他权益工具按发行金融工具的种类主要可分为优先股和永续债。资产负债表中的"其他权益工具"项目反映的是资产负债表日企业发行在外的除普通股以外归类为权益工具的金融工具的期末账面价值。对于资产负债表日企业发行的金融工具，分类为金融负债的，应在"应付债券"项目填列，若为优先股或永续债，还应在"应付债券"项目下的"优先股"项目和"永续债"项目分别填列；分类为权益工具的，应在"其他权益工具"项目填列，若为优先股或永续债，还应在"其他权益工具"项目下的"优先股"项目和"永续债"项目分别填列。

（三）资本公积

资本公积是指投资者或者他人投入企业、所有权归属于投资者且投入金额超过法定资本部分的资本。资本公积又可细分为资本溢价（或股本溢价）和其他资本公积。资产负债表中的"资本公积"项目反映的是企业资本公积的期末余额，该项目应根据"资本公积"科目的期末余额填列，其中"库存股"按"库存股"科目余额填列。

> **专家点拨**
>
> 对于有限责任公司，如果投资者投入的金额超过法定资本金额，则超过部分应作为资本公积——资本溢价来反映，体现在资产负债表的"资本公积"项目中。对于股份有限公司，其发行股票的票面价值一般为每张 1 元，这部分也叫作股本。股票发行价格通常会超过票面金额，股份有限公司实际收到的发行收入超出股本的部分，应作为资本公积——股本溢价来反映，体现在资产负债表的"资本公积"项目中。

资本公积属于企业的"准资本"，其用途比较受限，只能转增资本，不得作为投资利润或股利进行分配。企业将资本公积转增资本时，必须严格依照法定程序。使用资本公积转增资本虽然不能导致所有者权益增加，但可以调整企业的资本结构。该行为一方面可以体现企业稳健、持续发展的潜力；另一方面，对股份有限公司而言，股东所持有的股份会随之增加，从而增加公司股票的流通量，进而激活股价，提高股票的交易量和资本的流动性。此外，实收资本（或股本）是企业所有者权益本质的体现，债权人在对企业进行评估时，会重点考虑投资风险因素，而实收资本充裕则表明企业的实力较强，进而影响债权人的信贷决策。

（四）专项储备

专项储备主要存在于高危行业企业，例如煤矿企业。由于高危行业具有特殊性，因此需要花费大笔保障安全生产的支出，如果这些支出在实际发生时直接计入当期费用，就会造成会计利润的失真。基于此，出现了"专项储备"这个科目。按照财政部 2009 年 6 月发布的《企业会计准则解释第 3 号》的规定，高危行业企业按照国家规定提取的安全生产费，应当计入相关产品的成本或当期损益，同时记入"专项储备"科目。可以这样理解：专项储备类似于"存钱罐"，先把钱放在里面，以后需要时再拿出来用。

资产负债表中的"专项储备"项目反映的是高危行业企业按国家规定提取安全生产费的期末账面价值。资产负债表中的"专项储备"项目应根据"专项储备"科目的期末余额填列。

（五）盈余公积

盈余公积是指企业按照有关规定从净利润中提取的积累资金，盈余公积属于企业的留存收益，即从历年实现的利润中提取或形成的留存于企业内部的积累资金。

1. 盈余公积的种类

公司制企业的盈余公积包括法定盈余公积和任意盈余公积。

① 法定盈余公积。法定盈余公积是指按照企业净利润和法定比例计提的盈余公积。法定盈余公积一般按照净利润的10%提取，当法定盈余公积累计金额达到企业注册资本的50%以上时，可以不再提取。

② 任意盈余公积。任意盈余公积是指根据公司章程及股东会的决议，从公司盈余中提取的公积金。任意盈余公积的提取与否及提取比例由股东会根据公司发展的需要和盈余情况决定，法律不做强制规定。

2. 盈余公积的用途

企业提取的盈余公积可用于弥补亏损、扩大生产经营、转增资本或派送新股等。一般来说，企业在使用盈余公积时，会先使用任意盈余公积，当任意盈余公积用完后，再按规定使用法定盈余公积。需要注意的是，企业使用法定盈余公积后，其余额不得低于注册资本的25%，即企业的法定盈余公积只有超过注册资本的25%时才能用于弥补亏损等用途。

3. "盈余公积"项目的解读

报表使用者通过查看资产负债表中的"盈余公积"项目可以变相了解企业的累积盈利情况。根据《中华人民共和国公司法》（以下简称《公司法》）规定，税后的净利润应先提取10%的法定盈余公积，然后才可以向股东分配。所以报表使用者通过"盈余公积"项目可以变相了解企业的盈利情况。

（六）其他综合收益

其他综合收益是指企业根据《企业会计准则》规定，未在损益中确认的各项利得和损失扣除所得税影响后的金额。资产负债表中的"其他综合收益"项目主要反映以下5项内容。

① 以公允价值计量且其变动计入其他综合收益的金融资产的公允价值变动。

② 采用权益法核算长期股权投资时，因被投资单位其他综合收益变动而享有的其他综合收益的增加或减少。

③ 存货或自用房地产转换为采用公允价值模式计量的投资性房地产时，房地产的公允价值大于其账面价值的差额。

④ 境外经营外币报表折算差额的增加或减少。

⑤ 与计入"其他综合收益"项目相关的所得税影响。

专家点拨

以公允价值计量且其变动计入其他综合收益的金融资产，其公允价值变化可以表现为为企业带来收益的能力提升或减弱，而该价值的增减并没有实际的现金流入或流出，只体现在资本市场上的价格波动。若因此确认损益，就会导致利润的虚增或虚减。例如，某企业持有一个公司的股票，买入价为每股15元，而当前市价是每股30元，看似每股赚了15元，但实际上这笔收益只有在实际出售后才能成为企业真正的收入。所以，"其他综合收益"项目相当于一个暂时体现未来获利情况的项目。

（七）未分配利润

未分配利润是指企业取得的净利润经过提取盈余公积、分配给投资者后，剩余的、留待以后年度分配的利润。资产负债表中的"未分配利润"项目反映的是企业累积的可用于分配的利润总额，该项目应根据"本年利润"科目和"利润分配"科目的期末余额计算填列，如为未弥补的亏损，则在该项目内以"-"号填列。

1. 未分配利润的形成

企业资产负债表中列示的未分配利润包括两部分，一是期初留存的未分配利润，二是本期实现的净利润减去提取盈余公积和分配股利（或利润）后的余额。

2. "未分配利润"项目的解读

报表使用者通过企业资产负债表中的"未分配利润"项目可以了解该企业留存的、可供分配的利润数额。但未分配利润并非越多越好。若企业未分配利润过多，则一方面可能是由于没有足够的现金；另一方面也可能是企业出于长远发展的考虑，需要留有足够的资金，因而暂时不进行利润分配。对于第一种情况，如果企业长期留有的未分配利润数额较大，但不向投资者（或股东）分配，报表使用者就需要注意该企业是否存在现金严重短缺的情况，或者是否有粉饰利润之嫌。

三、任务实训

（一）计算实收资本和资本公积

甲向明希公司投入 3 000 000 元，且甲按照 2 500 000 元的资本投入享有该公司的收益。因此明希公司经甲注资后，其注册资本=10 000 000+2 500 000=12 500 000（元），甲所享有该公司的股权比例=2 500 000÷12 500 000×100%=20%，则甲投入的款项减去所享有该公司份额后的金额=3 000 000-2 500 000=500 000（元），应计入资本公积。因此，甲注资后，明希公司的实收资本为 12 500 000 元，资本公积为 500 000 元。

（二）解读未分配利润

根据信息可知，2021 年年度资产负债表中列示的未分配利润有 550 000 元，共实现净利润 860 000 元，且 2020 年不存在未弥补的亏损。该公司分别按照净利润的 10% 和 5% 提取法定盈余公积和任意盈余公积，提取的法定盈余公积=860 000×10%=86 000（元），提取的任意盈余公积=860 000×5%=43 000（元），提取盈余公积后，剩余的未分配利润=860 000-86 000-43 000=731 000（元），大于 2021 年资产负债表中列示的未分配利润 550 000 元。由此可得出，该公司 2021 年向股东分配了利润，但分配的具体金额多少还需要结合 2020 年资产负债表中"未分配利润"项目的金额进行分析。

拓展阅读——存货的计价方法

企业应当根据各类存货的实物流转方式、企业管理的要求、存货的性质等实际情况来合理地确定发出存货的计价方法，以及当期发出存货的成本。性质和用途相同的存货应当采用相同的成本计算方法来确定发出存货的成本。

会计实务中，企业发出的存货可以按实际成本核算，也可以按计划成本核算。如采用计划成本核算，会计期末应调整为实际成本。在实际成本核算方式下，企业可以采用的发出存货计价方法包括个别计价法、先进先出法、月末一次加权平均法和移动加权平均法。

1. 个别计价法

个别计价法，也称"个别认定法""具体辨认法""分批实际法"。该方法假设存货的成本流转与实物流转相一致，按照各种存货逐一辨认各批发出存货和期末存货所属的购进批别或生产批别，分别按其购入或生产时所确定的单位成本计算各批发出存货和期末存货成本。在该方法下，企业应把每一种存货的实际成本作为计算发出存货成本和期末存货成本的基础。其具体计算公式如下。

发出存货的实际成本=各批（次）存货发出数量×该批（次）存货实际进货单价

利用个别计价法计算的成本比较合理、准确，也符合实际情况；但在存货收发频繁的情况下，其工作量较大。因此，这种方法适用于容易识别、品种数量不多、单位成本较高的存货计价，如珠宝、名画等贵重物品。

2. 先进先出法

先进先出法是指以先购入的存货先发出（销售或耗用）这样的存货实物流动假设为前提，对发出存货进行计价的一种方法。

采用这种方法时，应将先购入的存货成本在后购入存货成本之前转出，据此来确定发出存货和期末存货的成本。其具体做法是：收入存货时，逐笔登记存货的数量、单价和金额；发出存货时，按先进先出原则逐笔登记存货的发出成本和结存金额。

利用先进先出法可以随时结转存货的发出成本；但该方法较为烦琐，当存货收发业务较多且存货单价不稳定时，其工作量较大。

3. 月末一次加权平均法

月末一次加权平均法是指以本月全部进货数量加上月初存货数量为权数，除本月全部进货成本加上月初存货成本，计算出存货的加权平均单位成本，以此为基础，计算本月发出存货成本和期末存货成本的一种方法。其具体计算公式如下。

存货单位成本=[月初库存存货成本+∑（本月各批进货的实际单位成本×本月各批进货的数量）]
÷（月初库存存货的数量+本月各批进货数量之和）

本月发出存货的成本=本月发出存货的数量×存货单位成本

本月月末库存存货成本=月末库存存货的数量×存货单位成本

或者：

本月月末库存存货成本=月初库存存货的实际成本+本月收入存货的实际成本-
本月发出存货的实际成本

采用月末一次加权平均法时只需在月末一次计算加权平均单价，该方法比较简单，且有利于简化成本计算工作；但由于平时无法从账上获得发出和结存存货的单价及金额，因此该方法不利于对存货成本的日常管理与控制。

4. 移动加权平均法

移动加权平均法是指以本次进货的成本加上原有库存存货的成本，除以本次进货数量与原有库存存货数量的合计数，据此来计算加权平均单位成本，作为在下次进货前计算各次发出存货成本依据的一种方法。其具体计算公式如下。

存货单位成本=（原有库存存货的实际成本+本次进货的实际成本）÷（原有库存存货数量+
本次进货数量）

本次发出存货的成本=本次发出存货数量×本次发货前存货的单位成本

本月月末库存存货成本=月末库存存货的数量×本月月末存货单位成本

移动加权平均法有助于企业管理层及时了解存货的结存情况，并且该方法计算出来的商品成本也比较准确；但由于每次收货时都要计算一次平均单位成本，计算工作量较大。该方法一般适用于经营品种不多，或者前后购进商品的单价相差较大的商品流通类企业，不适用于收发货较频繁的企业。

巩固练习

一、单选题

1. 下列不应填入资产负债表中"货币资金"项目的是（　　）。

　　A. 库存现金

　　B. 银行存款

　　C. 其他货币资金

　　D. 以公允价值计量且其变动计入当期损益的金融资产

2. 甲企业 2019 年 4 月 1 日从银行借入期限为 3 年的长期借款 1 000 万元，编制 2022 年 1 月 31 日的资产负债表时，此项借款应填入的报表项目是（　　）。

　　A. 长期借款　　　　　　　　　B. 短期借款

　　C. 其他长期负债　　　　　　　D. 一年内到期的非流动负债

3. 甲企业期末"原材料"科目余额为 150 万元，"生产成本"科目余额为 80 万元，"材料成本差异"科目借方余额为 10 万元，"库存商品"科目余额为 200 万元，"工程物资"科目余额为 220 万元，"发出商品"科目余额为 150 万元，则甲企业期末资产负债表中"存货"项目的金额为（　　）万元。

　　A. 440　　　　　　B. 570　　　　　　C. 590　　　　　　D. 810

4. 2021 年 12 月 31 日，甲企业"预收账款"总账科目贷方余额为 15 万元，其明细科目余额如下："预收账款——乙企业"科目贷方余额为 25 万元、"预收账款——丙企业"科目借方余额为 10 万元。假设不考虑其他因素，则甲企业年末资产负债表中"预收款项"项目的期末余额为（　　）万元。

　　A. 10　　　　　　B. 15　　　　　　C. 5　　　　　　D. 25

5. 下列各项中，可以根据总账科目余额直接填列的是（　　）。

　　A. 无形资产　　B. 短期借款　　C. 投资性房地产　　D. 固定资产

6. 下列各项中，关于资产负债表中"预收款项"项目填列方法表述正确的是（　　）。

　　A. 根据"预收账款"科目的期末余额填列

　　B. 根据"预收账款"和"应收账款"科目所属各明细科目的期末贷方余额合计数填列

　　C. 根据"预收账款"和"预付账款"科目所属各明细科目的期末借方余额合计数填列

　　D. 根据"预收账款"和"应付账款"科目所属各明细科目的期末贷方余额合计数填列

7. 某企业期末"工程物资"科目的余额为 100 万元，"发出商品"科目的余额为 50 万元，"原材料"科目的余额为 60 万元，"材料成本差异"科目的贷方余额为 5 万元。假设不考虑其他因素，则该企业资产负债表中"存货"项目金额为（　　）万元。

　　A. 105　　　　　　B. 115　　　　　　C. 205　　　　　　D. 215

8. 2022 年 1 月 31 日，某企业"材料采购"总账科目借方余额为 20 万元，"原材料"总账科目借方余额为 25 万元，"材料成本差异"总账科目贷方余额为 3 万元。假设不考虑其他因素，则该企业资产负债表中"存货"项目的期末余额为（　　　　）万元。

    A. 42　　　　　　　B. 48　　　　　　　C. 22　　　　　　　D. 45

9. 下列各资产负债表项目中，应根据有关科目余额减去其备抵科目余额后的净额填列的项目是（　　　　）。

    A. 预收款项　　　　B. 应付债券　　　　C. 货币资金　　　　D. 固定资产

10. 下列各项中，应列入资产负债表中"其他应付款"项目的是（　　　　）。

    A. 应付租入包装物租金　　　　　　　　B. 应支付的员工工资

    C. 结转到期无力支付的应付票据　　　　D. 应付由企业负担的职工社会保险费

11. 甲企业 2022 年 4 月 30 日"固定资产"科目余额为 5 000 万元，"累计折旧"科目余额为 2 000 万元，"固定资产减值准备"科目余额为 250 万元，"工程物资"科目余额为 500 万元。该企业 2022 年 4 月 30 日资产负债表中固定资产项目的金额为（　　　　）万元。

    A. 3 000　　　　　　B. 2 750　　　　　　C. 2 450　　　　　　D. 5 500

二、多选题

1. 资产负债表中"货币资金"项目反映的内容包括（　　　　）。

    A. 库存现金　　　　B. 银行存款　　　　C. 外埠存款　　　　D. 空白支票

2. 在资产负债表中，"应付票据"项目反映的是资产负债表日以摊余成本计量的，企业因购买材料、商品和接受服务等开出、承兑的（　　　　）。

    A. 银行承兑汇票　　B. 银行本票　　　　C. 商业承兑汇票　　D. 转账支票

3. 应付职工薪酬是指企业根据有关规定应付给职工的各种薪酬，包括（　　　　）。

    A. 职工福利费

    B. 职工工资、奖金、津贴和补贴

    C. 医疗保险费、养老保险费、失业保险费、工伤保险费和生育保险费等社会保险费

    D. 住房公积金

4. "应交税费"项目反映的税种（或费用）主要包括（　　　　）。

    A. 增值税　　　　　　　　　　　　　　B. 消费税

    C. 城市维护建设税　　　　　　　　　　D. 土地增值税

5. 下列各资产负债表项目中，属于流动资产的有（　　　　）。

    A. 无形资产　　　　B. 固定资产　　　　C. 其他应收款　　　　D. 预付款项

6. 可以通过资产负债表反映的内容有（　　　　）。

    A. 某一时点的财务状况　　　　　　　　B. 某一时点的偿债能力

    C. 某一期间的获利能力　　　　　　　　D. 某一期间的经营成果

7. 下列选项中，属于资产负债表中"非流动资产"的有（　　　　）。

    A. 研发活动中符合资本化条件的支出　　B. 销售产品收到的汇票

    C. 购买原材料预付的货款　　　　　　　D. 购入生产经营用的设备

8. 下列各资产负债表项目中，应根据有关科目余额减去备抵科目余额后的金额填列的项目有（　　　　）。

    A. 存货　　　　　　B. 无形资产　　　　C. 应收账款　　　　D. 长期股权投资

三、判断题

1. 资产负债表中"交易性金融资产"项目反映的是资产负债表日企业分类为以公允价值计量且其变动计入当期损益的金融资产的期末账面价值。（　　）

2. 长期借款是指企业向银行或其他金融机构借入的期限在 3 年以上的各项借款。（　　）

3. 按照规定，将于一年内到期的应付债券应在资产负债表中作为流动负债反映。（　　）

四、计算分析题

北京嘉信有限公司（以下简称"嘉信公司"）在 2022 年 3 月发生了以下业务。

（1）从银行提取 30 000 元现金作为备用金使用。

（2）为了保证公司有足够的材料来源，各股东协商后决定投资一家电子元件生产商——创达公司。经过谈判，双方签订了投资协议，协议中约定嘉信公司出资 500 000 元，创达公司生产的电子元件应优先保证嘉信公司的需要，且每年年底还可按照创达公司净利润的 2%进行分红。双方协商于 2022 年 5 月底支付该笔投资款。

（3）嘉信公司与汇商公司签订了一份采购智能手表的合同，其价值为 150 000 元，公司当即签发了一张商业承兑汇票，于汇票到期后支付款项。

（4）嘉信公司向客户销售了 3 个软件系统，价值分别为 60 000 元、30 000 元和 100 000 元，其中 8 000 元收取现金，142 000 元通过银行转账收取，另外 40 000 元尚未收到。（假设不考虑成本结转）

（5）计提固定资产折旧 17 500 元，计提无形资产摊销 12 000 元。

（6）计提短期借款利息 2 000 元。

会计人员根据上述业务编制了该公司 2022 年 3 月 31 日的资产负债表，试分析上述业务对该公司资产负债表中各项目的影响。

项目三

拆解利润表

知识目标 ↓

- 了解利润表的结构。
- 掌握收入类项目的相关知识。
- 掌握成本、费用类项目的相关知识。
- 掌握利润类项目的相关知识。

能力目标 ↓

- 能够解读收入类、成本及费用类、利润类项目。
- 能够计算利润表中重要项目的列示金额。

素质目标 ↓

- 认真分析利润表，谨慎评价企业的经营状况。
- 如实编制利润表，遵守相关会计法规。

任务一　了解利润表

一、任务引入

情景一： 某公司 2021 年 2 月共实现营业收入 5 050 000 元，发生营业成本 3 030 000 元、税金及附加 432 750 元、销售费用 189 000 元、管理费用 342 900 元、研发费用 298 350 元、财务费用 34 000 元、资产减值损失 2 000 元、信用减值损失 5 000 元，实现其他收益 25 000 元、投资收益 50 000 元，发生公允价值变动损失 18 000 元、资产处置损失 26 000 元，实现营业外收入 3 600 元，发生营业外支出 3 900 元，发生所得税费用 186 675 元。

根据上述资料计算该公司的营业利润、利润总额和净利润。

情景二： 东华公司为增值税一般纳税人，2022 年 3 月与利润表项目有关的账户的本期发生额如表 3-1 所示。已知本月资产负债表中"未分配利润"项目的"本期金额"为 51 400 元。

账户名称	本期发生额	账户名称	本期发生额
主营业务收入	550 500	管理费用	37 500
其他业务收入	8 900	财务费用	8 200
主营业务成本	385 000	投资收益	1 200
其他业务成本	6 900	营业外收入	400
税金及附加	27 500	营业外支出	600
销售费用	18 200	所得税费用	25 700

表 3-1　　　　　　　　　　2022 年 3 月损益类账户本期发生额　　　　　　　　　单位：元

根据上述资料，编制该公司 2022 年 3 月的利润表。

二、相关知识

利润表又称损益表，是反映企业在一定会计期间经营成果的财务报表。利润表可以反映企业在一定会计期间收入、费用、利润（或亏损）的金额和其构成情况，以帮助财务报表使用者全面了解企业的经营成果，分析企业的盈利能力及盈利增长趋势，从而为其做出经济决策提供依据。

（一）利润的构成

利润是指企业在一定会计期间的经营成果。利润包括收入减去费用后的金额、直接计入当期利润的利得和损失等。利得是指由企业非日常活动所形成的、会导致所有者权益增加的、与所有者投入资本无关的经济利益的流入，损失是指由企业非日常活动所形成的、会导致所有者权益减少的、与向所有者分配利润无关的经济利益的流出。

利润按其构成的层次不同可划分为营业利润、利润总额和净利润，营业利润、利润总额、净利润的计算步骤如图 3-1 所示。

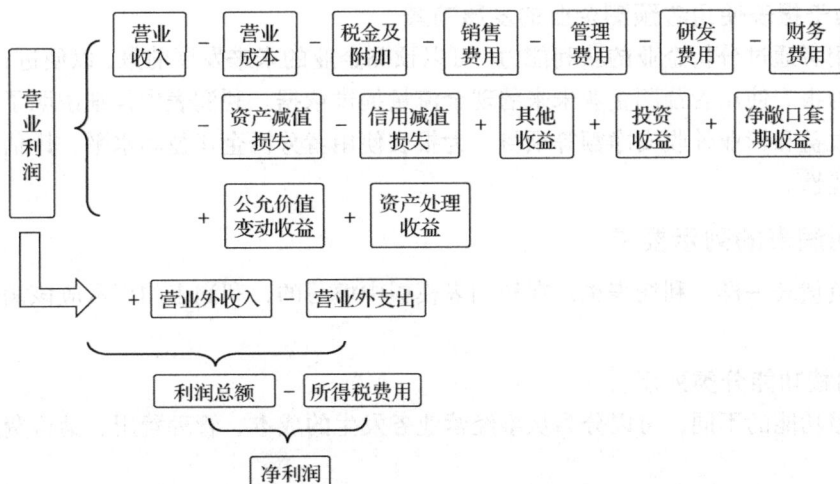

图 3-1　营业利润、利润总额、净利润的计算步骤

1. 营业利润

营业利润的计算公式如下。

营业利润=营业收入-营业成本-税金及附加-销售费用-管理费用-研发费用-财务费用+其他收益

+投资收益（-投资损失）+净敞口套期收益（-净敞口套期损失）+公允价值变动收益

（-公允价值变动损失）-信用减值损失-资产减值损失+资产处置收益（-资产处置损失）

营业收入=主营业务收入+其他业务收入

营业成本=主营业务成本+其他业务成本

2. 利润总额

利润总额的计算公式如下。

利润总额=营业利润+营业外收入-营业外支出

3. 净利润

净利润的计算公式如下。

净利润=利润总额-所得税费用

（二）利润表的作用

利润表通过对企业经营成果的反映，向报表使用者提供相关信息，让其对投资的价值和报酬进行评估。利润表主要有以下 3 个方面的作用。

1. 提供经营成果的分配依据

利润表可以提供一定会计期间内收入的实现情况以及费用耗费情况等信息，反映企业一定会计期间的营业收入、营业成本、税金、期间费用及营业外收支等信息，以及会计期间内企业的利润，作为企业分配经营成果的依据。

2. 综合反映生产经营的各个方面

报表使用者通过对企业各个会计期间利润表的纵向对比和与外部企业利润表的横向对比，可以考核企业管理层的工作业绩；还可以通过对利润表中所反映的收入、成本费用、利润等项目与企业生产经营预算进行对比，考核企业生产计划的完成情况。

3. 有助于报表使用者预测企业的发展前景

报表使用者通过分析企业的获利能力，可以预测企业的未来发展前景，以便进行投资决策。利润表也可为报表使用者预测企业未来的现金流量提供依据。利润表中详细说明了企业经营利润、投资净收益和营业外收支净额等项目，为报表使用者分析企业盈利水平、评估企业获利能力提供了可能性。

（三）利润表的列示要求

同资产负债表一样，利润表也是在利润表模板中填写的，利润表的列示应该满足以下 4 个要求。

1. 费用按功能分类列示

费用按照功能的不同，可以分为从事经营业务发生的成本、管理费用、销售费用和财务费用等。

2. 应当单独列示的项目

利润表应当单独列示营业收入、营业成本、税金及附加、管理费用、销售费用、研发费用、财务费用、资产减值损失、信用减值损失、其他收益、投资收益、净敞口套期收益、公允价值变动收益、所得税费用、净利润、综合收益总额等项目。

3．"其他综合收益"项目的列示

"其他综合收益"项目应根据相关会计准则的规定分为"不能重分类进损益的其他综合收益"项目和"将重分类进损益的其他综合收益"项目两类列报。

4．合并利润表的列示

在合并利润表中，企业应在净利润项目之下单独列示归属于母公司所有者的损益和归属于少数股东的损益，在综合收益总额项目之下单独列示归属于母公司所有者的综合收益总额和归属于少数股东的综合收益总额。

（四）利润表的结构

利润表的结构包括单步式和多步式两种。单步式利润表是将当期所有的收入列在一起，所有的费用列在一起，然后将两者相减得出当期净损益；多步式利润表通过对当期收入、费用、支出项目按性质加以归类，按利润形成的性质列示一些中间性指标，分步计算当期净损益，以便报表使用者理解企业经营成果的不同来源。我国企业采用的是多步式利润表。

无论是单步式利润表还是多步式利润表，其一般都由表头、表体两部分组成。表头部分用于列明报表名称、编制单位名称、编制日期、计量单位等。表体部分是利润表的主体，用于列示形成经营结果的各个项目和计算过程。

企业在编制利润表时，为了使报表使用者通过比较不同时期的利润实现情况来判断企业经营的未来发展趋势，一般需要提供比较利润表。因此，企业还需要将利润表各项目分为"本期金额"和"上期金额"两栏，分别填列。根据《关于修订印发 2019 年度一般企业财务报表格式的通知》规定，我国一般企业利润表的格式如表 3-2 所示。

表 3-2　　　　　　　　　　　　　　利润表格式

会企 02 表

编制单位：　　　　　　　　　年　　月　　　　　　　　　　　　单位：元

项目	本期金额	上期金额
一、营业收入		
减：营业成本		
税金及附加		
销售费用		
管理费用		
研发费用		
财务费用		
其中：利息费用		
利息收入		
加：其他收益		
投资收益（损失以"－"号填列）		
其中：对联营企业和合营企业的投资收益		
以摊余成本计量的金融资产终止确认收益（损失以"－"号填列）		
净敞口套期收益（损失以"－"号填列）		

项目	本期金额	上期金额
公允价值变动收益（损失以"-"号填列）		
信用减值损失（损失以"-"号填列）		
资产减值损失（损失以"-"号填列）		
资产处置收益（损失以"-"号填列）		
二、营业利润（亏损以"-"号填列）		
加：营业外收入		
减：营业外支出		
三、利润总额（亏损总额以"-"号填列）		
减：所得税费用		
四、净利润（净亏损以"-"号填列）		
（一）持续经营净利润（净亏损以"-"号填列）		
（二）终止经营净利润（净亏损以"-"号填列）		
五、其他综合收益的税后净额		
（一）不能重分类进损益的其他综合收益		
1. 重新计量设定受益计划变动额		
2. 权益法下不能转损益的其他综合收益		
3. 其他权益工具投资公允价值变动		
4. 企业自身信用风险公允价值变动		
……		
（二）将重分类进损益的其他综合收益		
1. 权益法下可转损益的其他综合收益		
2. 其他债权投资公允价值变动		
3. 金融资产重分类计入其他综合收益的金额		
4. 其他债权投资信用减值准备		
5. 现金流量套期准备		
6. 外币财务报表折算差额		
……		
六、综合收益总额		
七、每股收益		
（一）基本每股收益		
（二）稀释每股收益		

📚 **专家点拨**

在表 3-2 所示的利润表结构中，至"四、净利润"项目为止已经将不同层次的利润列示出来了，所以大多数企业的数据也填列至此。但如果利润表仅仅反映企业不同层次的利润，可能无法满足一些报表使用者更高层次的需要，也就不能提供企业更全面的经营情况。所以，部分企业还会列报利润表中的"五、其他综合收益的税后净额"至"七、每股收益"项目，从而更加全面地反映企业的经营情况。

（五）利润表的编制方法

编制利润表相对于编制资产负债表而言更简单。利润表中"上期金额"栏应根据上年该期利润表"本期金额"栏内所列数字填列，如果上年该期利润表规定的各个项目名称和内容同本期不一致，则应对上年该期利润表各项目名称和数字按本期的规定进行调整，填入利润表"上期金额"栏内。

利润表中的"本期金额"栏应依据各损益类科目的本期实际发生额填列，如"管理费用""销售费用"项目就可以直接根据"管理费用""销售费用"科目的本期实际发生额填列。

此外，为了保证利润表各项目计算的正确性，对于利润表中计算较为复杂的项目，还应根据其项目的相关性按照以下5个步骤填列：第一步，计算营业利润；第二步，计算利润总额；第三步，计算净利润；第四步，计算每股收益；第五步，以净利润（或净亏损）和其他综合收益为基础，计算综合收益总额。

三、任务实训

（一）计算公司利润

该公司营业利润、利润总额和净利润的计算过程如下。

① 营业利润=营业收入-营业成本-税金及附加-销售费用-管理费用-研发费用-财务费用-资产减值损失-信用减值损失+其他收益+投资收益-公允价值变动损失-资产处置损失=5 050 000-3 030 000-432 750-189 000-342 900-298 350-34 000-2 000-5 000+25 000+50 000-18 000-26 000=747 000（元）。

② 利润总额=营业利润+营业外收入-营业外支出=747 000+3 600-3 900=746 700（元）。

③ 净利润=利润总额-所得税费用=746 700-186 675=560 025（元）。

（二）编制利润表

编制利润表时，首先应计算各项目的"本期金额"，然后再填入利润表并进行核对。东华公司利润表所涉及各项目"本期金额"的计算如下。

① "营业收入"项目本期金额="主营业务收入"账户本期发生额+"其他业务收入"账户本期发生额=550 500+8 900=559 400（元）。

② "营业成本"项目本期金额="主营业务成本"账户本期发生额+"其他业务成本"账户本期发生额=385 000+6 900=391 900（元）。

③ "税金及附加"项目本期金额为27 500元。

④ "销售费用"项目本期金额为18 200元。

⑤ "管理费用"项目本期金额为37 500元。

⑥ "财务费用"项目本期金额为8 200元。

⑦ "投资收益"项目本期金额为1 200元。

⑧ "营业外收入"项目本期金额为400元。

⑨ "营业外支出"项目本期金额为600元。

⑩ "所得税费用"项目本期金额为25 700元。

⑪ "营业利润"项目本期金额="营业收入"项目本期金额-"营业成本"项目本期金额-

"税金及附加"项目本期金额-"销售费用"项目本期金额-"管理费用"项目本期金额-"财务费用"项目本期金额+"投资收益"项目本期金额=559 400-391 900-27 500-18 200-37 500-8 200+1 200 =77 300（元）。

⑫"利润总额"项目本期金额="营业利润"项目本期金额+"营业外收入"项目本期金额-"营业外支出"项目本期金额= 77 300 + 400-600 = 77 100（元）。

⑬"净利润"项目本期金额="利润总额"项目本期金额-"所得税费用"项目本期金额=77 100-25 700 = 51 400（元）。

⑭"综合收益总额"项目本期金额="净利润"项目本期金额+"其他综合收益的税后净额"项目本期金额=51 400+0=51 400（元）。

将上述计算出的各项目"本期金额"填入利润表中，并核对本月利润表中"净利润"的"本期金额"与资产负债表中"未分配利润"的"本期金额"是否一致，如果两者不一致，还应检查是否记账有误。已知东华公司本月资产负债表中"未分配利润"项目的"本期金额"为 51 400 元，与利润表中"净利润"项目的"本期金额"一致，表明编制的利润表正确。

任务二 详解收入类项目

一、任务引入

2022 年 1 月甲公司发生的有关业务如下。

① 6 日，向乙公司销售 M 商品一批，增值税专用发票注明的价款为 150 万元，增值税税额为 19.5 万元，为乙公司代垫运杂费 2 万元，全部款项已办妥托收手续。该批商品成本为 100 万元，商品已经发出。

② 15 日，向丙公司销售 H 商品一批，增值税专用发票注明的价款为 30 万元，增值税税额为 3.9 万元，该批商品成本为 25 万元。合同规定的现金折扣条件为 2/10，1/20，N/30。23 日，收到丙公司扣除享受现金折扣后的全部款项并将其存入银行（计算现金折扣不考虑增值税）。

③ 21 日，收到政府补助 5 万元。

④ 22 日，正常处置旧设备，获得不含税收入 50 万元。

⑤ 23 日，出售原材料，获取不含税收入 20 万元。

⑥ 31 日，公司持有的 5 万股股票每股股价为 10 元，已知其上月月底每股股价为 8 元。

假设甲公司去年 11 月、12 月销售商品收入分别为 280 万元、220 万元，不考虑其他因素。

① 计算甲公司 1 月利润表中收入类项目的列示金额。

② 简单分析该公司的各收入项目。

二、相关知识

收入是指企业在日常活动中形成的、会导致所有者权益增加的、与所有者投入资本无关的经济利益的总流入。下面介绍利润表中的重要收入类项目。

（一）营业收入

营业收入就是企业经营业务产生的收入，如商业企业销售商品取得的收入、生产加工企业销售产品取得的收入、服务型企业提供服务取得的收入等。随着经营范围的扩大，企业在经营主营业务的同时，可能还兼营其他业务，这些业务取得的收入也属于营业收入的范畴。

1. 主营业务收入与其他业务收入

利润表中的"营业收入"项目反映的是企业日常经营活动所确认的收入总额，该项目根据"主营业务收入"和"其他业务收入"科目的本期发生额计算填列。

（1）主营业务收入

主营业务收入是指企业经常性的、主要业务所产生的基本收入，如生产加工企业提供工业性劳务作业而获得的收入、商业企业销售商品获得的收入、旅游景点因销售门票和提供餐饮等而取得的收入。

（2）其他业务收入

其他业务收入是相较于主营业务收入而言的，也就是除主营业务以外，企业其他营业活动取得的收入。例如，建筑企业的主要业务应当是提供建筑服务，但如果企业销售不需要的工程材料销售而取得的收入，则构成了企业的其他业务收入。由此可见，其他业务收入的特点是不常发生，并且也不构成企业的主要收入来源。

2. 影响营业收入的因素

在企业的实际经营中，经济交往十分复杂，其中还会涉及很多的商业规则和商业关系。利润表中"营业收入"项目的最终数据是在考虑了这些商业规则和商业关系的影响后计算得出的，具体包括商业折扣、现金折扣、销售折让和销售退回等因素。

（1）商业折扣

商业折扣是指企业为促进商品销售而给予的价格扣除。商业折扣通常用百分数来表示，如企业为鼓励客户多买商品，可能规定购买5件以上商品的客户可享受10%的折扣。一般情况下，商业折扣在销售时即已发生，并不构成最终成交价格的一部分。企业销售商品涉及商业折扣的，应当按照扣除商业折扣后的金额确定销售商品收入金额。

（2）现金折扣

现金折扣是指债权人为鼓励债务人在规定期限内付款而向债务人提供的债务扣除。现金折扣一般用符号"折扣率/付款期限"表示。例如，"2/10、1/20、N/30"表示：销货方允许客户最长的付款期限为30天；若客户在10天内付款，销货方就可按商品售价给予客户2%的折扣；若客户在第10~20天付款，销货方就可按商品售价给予客户1%的折扣；若客户在第21~30天付款，将不能享受现金折扣。

现金折扣发生在企业销售商品之后，企业销售商品后，现金折扣是否发生以及发生多少要视客户的付款情况而定，企业在确认销售商品收入时不能确定现金折扣金额。因此，企业销售商品涉及现金折扣的，应当按扣除现金折扣前的金额来确定销售商品收入金额。现金折扣实际上是企业为了回笼资金而发生的理财费用。

（3）销售折让

销售折让是指企业因售出商品的质量不符合要求等原因而在价格上给予的减让。企业出售商品后，若买方发现商品在质量、规格等方面不符合要求，就可能要求卖方在价格上给予一定减让。销售折让若发生在确认销售收入之前，则企业应在确认销售商品收入时直接按扣除销售折让后的金额确认；若企业已经确认销售收入的售出商品发生销售折让，且不属于资产负债表日后事项，则应在发生时冲减当期销售商品收入，若按规定允许扣减增值税税额，还应冲减已经确认的应交增值税销项税额。

（4）销售退回

销售退回是指企业销售出的商品由于质量、到货时间、品种等不符合客户要求而发生的退货。企业在销售商品时并不能确定所售商品是否会被客户退回，所以在销售商品时不影响营业收入的确认；但当企业售出的商品被退回时，企业就应该根据该商品的原销售价格冲减营业收入。因此，如果企业发生了销售退回，则利润表中"营业收入"项目的金额是考虑了销售退回后的金额。

专家点拨

营业收入是企业补偿生产经营耗费的资金来源，也是企业能否正常运行的关键。从企业的持续经营来看，营业收入是改善企业现金流量的保障。这是因为，企业在经营活动中可以不断地获取营业收入，以促进企业不断有现金流入，当现金流入有了保障，才能补充现金流出。另一方面，企业为了获取营业收入，必定需要相应的资金支出，为了保证企业营业收入的合理性，企业就需要控制投资，避免盲目投资与盲目生产。

3. 企业收入造假识别

收入造假是财务造假常见的现象之一，掌握企业收入造假的原因、造假的手段以及识别收入造假的方法将有助于报表使用者合理使用财务报表。

（1）企业收入造假的主要原因

首先，企业可能为了申请上市、配股及避免股票被摘牌而进行收入造假。根据有关法律法规规定，企业申请上市及配股都有严格的条件限制及较为严厉的政策约束，所以一些业绩达不到要求的企业会通过财务造假获得上市资格、满足配股要求。

其次，企业还可能为了提升融资能力而进行收入造假。企业在生产经营中不可避免地需要对外融资，如果企业的收入情况不容乐观，则会影响企业的融资能力，所以很多企业为了筹集到其所需的资金而进行收入造假。

最后，部分企业还可能为了偷税、漏税而采取各种手段进行收入造假。

（2）企业收入造假的主要手段

企业收入造假的主要手段包括虚构交易、提前确认收入及通过个人银行账户收款隐藏收入3种。

① 虚构交易。

虚构交易主要表现为伪造收入，在增加销售收入的同时虚增资产，这是性质较为恶劣、欺骗性较强的一种财务造假的手段。如某企业在未取得土地使用权的情况下，通过与关联公司及他人签订的未经国家有关部门批准的合作建房、权益转让等无效合同虚增了 5.66 亿元的虚假收入。

② 提前确认收入。

部分企业为了粉饰当期财务报表而提前确认收入，把还没有实现销售的产品也计算到当期的收入中。如企业把本来是存货的产品、还在生产线上的产品、根本还没有的产品提前一次性卖给某一家关联企业，以提前确认收入。

③ 通过个人银行账户收款隐藏收入。

部分企业为了逃避缴税而与客户达成协议，通过将销售收入直接汇入个人银行账户的方式隐藏收入。

（3）识别企业收入造假的方法

报表使用者可以通过分析收入增长率、耗费与产出比率来识别企业是否存在收入造假。

① 分析收入增长率。

报表使用者可以计算企业的收入增长率，并将其与历史数据、同行业数据进行对比，如果当年的收入增长率与历史数据或同行业数据相比有较大差异，那么就需要引起重视。例如，企业的收入增长率是22%，而行业平均收入增长率是12%，那么企业就有虚构收入的嫌疑，报表使用者需要结合企业的发展战略、发展规模以及发展方向等进行进一步的分析。

② 分析耗费与产出比率。

这里说的耗费主要是指原材料、水电费、运输费等的耗费，产出是指收入金额或者产量数据。如果企业的原材料、水电等耗能数据与收入金额不匹配，那就有可能隐藏产出或者虚构产出。

（二）其他收益

"其他收益"项目反映的是计入其他收益的政府补助，以及其他与日常活动相关且计入其他收益的项目，该项目应根据"其他收益"科目的发生额分析填列。企业作为个人所得税的扣缴义务人，应将根据《中华人民共和国个人所得税法》收到的扣缴税款手续费作为其他与日常活动相关的收益在该项目中填列。

> **专家点拨**
>
> 　　根据规定，在总额法下，企业取得的与日常活动相关的政府补助应计入其他收益核算，取得的与非日常活动相关的政府补助应计入营业外收入核算。从这个规定中可以看出，由于计入其他收益的政府补助是与日常活动相关的，所以其他收益具有"收入"所具有的"日常活动形成的"特征，因此，"其他收益"项目具有收入的性质。

通过分析利润表中的"其他收益"项目，报表使用者可以了解企业由于日常活动而取得的政府补助。这也可以给报表使用者传达一个信息，即该企业所属行业可能属于政府扶持的行业或享受政府的某些优惠，从而可以进一步判断该企业可能具有较好的发展前景。当然，仅仅通过这一个项目还不能得出确切的结论，报表使用者还需要结合其他信息进行综合分析，如利润表中的其他项目（如净利润等）和财务报表附注中的相关信息。

（三）投资收益

投资收益，顾名思义，就是企业对外投资而取得的收益，具体包括企业对外投资取得的股利收入、债券利息收入以及与其他单位联营所分得的利润等。在利润表中，投资收益是一个净额概念，即企业所有对外投资取得的收益和发生亏损相抵后的净额。如果相抵后是净收益，那么可直接在"投资收益"项目中列示；如果相抵后是净损失，则用负号表示。如果投资收益为负数，那么在计算利润时就应将其作为营业收入的一个抵减项。

随着金融市场的不断发展与壮大，企业对外投资的种类也越来越多，所以投资收益所反映的投资结果是一个综合性的指标。报表使用者在分析该项目时，可以结合资产负债表中的交易性金融资产、交易性金融负债、衍生金融资产、衍生金融负债、债权投资、其他债权投资等项目进行分析。通过资产负债表可以了解这些投资的规模，通过利润表可以了解这些投资的结果，将二者结合，便可了解投资的效率，从而评价企业的投资决策能力。

（四）公允价值变动收益

公允价值变动收益是指企业资产或负债因公允价值变动所形成的收益。存在公允价值变动收益的原因是企业持有以公允价值计价的资产或负债，包括交易性金融资产、以公允价值计价的投资性房地产等资产，以及交易性金融负债、衍生金融负债等。

> **专家点拨**
>
> 企业产生公允价值变动收益的原因是企业的资产或负债采用了公允价值这个会计计量属性。公允价值也称为公允市价或公允价格，是熟悉市场情况的交易双方自愿进行资产交换或者债务清偿的金额。

利润表中的"公允价值变动收益"项目反映的是企业发生的、应计入当期损益的资产或负债的公允价值变动收益。该项目根据"公允价值变动损益"科目的本期发生额分析填列；如为净损失，则该项目应以"-"号填列。

需要注意的是，虽然利润表中的"公允价值变动收益"项目是计算营业利润的基础，但这个项目对利润的贡献存在一定"水分"。这是因为，公允价值并不能完全确认为企业实际获得的现金流入，它只是为了核算有关资产或负债在一段时间价值量变化的中间指标。这个中间指标实际能否转化为企业的资金流入具有不确定性，需要以后期间卖出相关资产或偿还相关负债后才能确定。

（五）营业外收入

营业外收入是指企业因从事与生产经营活动没有直接关系的活动而取得的收入，是构成利润的一部分内容。

1. "营业外收入"项目的内容

利润表中的"营业外支出"项目反映的是企业发生的除营业利润以外的支出，主要包括债务重组损失、公益性捐赠支出、非常损失、盘亏损失、非流动资产毁损报废损失等，该项目应根据"营业外支出"科目的发生额分析填列。

2. "营业外收入"项目的解读

报表使用者可以通过利润表中的"营业外收入"项目了解企业非日常活动的收益情况。虽然营业外收入可以增加企业利润总额，但并不意味着该项目金额越大越好。报表使用者需要将营业外收入金额与营业支出金额、利润总额金额综合起来进行分析，如果营业外收入占利润总额的比例较高，那么就需要考虑该企业是否没有将精力投入主营业务上。同时，报表使用者还需要结合财务报表附注等资料看看企业是否因为当年获取了政府的某项补助而造成该项目金额偏高。

（六）资产处置收益

利润表中的"资产处置收益"项目反映的是企业出售划分为持有待售的非流动资产（金融工具、长期股权投资和投资性房地产除外）或处置组（子公司和业务除外）时确认的处置利得或损失，以及处置未划分为持有待售的固定资产、在建工程、生产性生物资产及无形资产而产生的处置利得或损失。债务重组中因处置非流动资产（金融工具、长期股权投资和投资性房地产除外）产生的利得或损失和非货币性资产交换中换出非流动资产（金融工具、长期股权投资和投资性房地产除外）产生的利得或损失也包括在本项目内。该项目应根据"资产处置损益"

科目的发生额分析填列；如为处置损失，则以"-"号填列。

虽然"资产处置收益"项目反映了企业处置各类资产而产生的净损益，但是这个项目并不完全包括企业处置资产而产生的损益，如由于固定资产报废而产生的净损益等就应在"营业外收入"或"营业外支出"项目中反映。所以，报表使用者在分析"资产处置收益"项目时，需要结合其他报表项目以及财务报表附注中的相关说明进行综合分析，才能准确把握企业处置资产的详细信息，以便于对企业的经营情况进行准确的分析。

> **专家点拨**
>
> "资产处置收益"项目与"营业外收入""营业外支出"项目都能反映资产处置净损益，但两者的主要区别在于处置资产的动机。如果企业处置资产是主动的，即企业出于业务需要或经营管理等目的而主动处置相关资产，那么其产生的净损益应通过"资产处置收益"项目反映；如果企业处置资产是被动的，即企业拥有的资产由于无法使用或无法为企业带来利益、报废或者毁损而不得不终止使用，则由此产生的处置净损益应在"营业外收入"或"营业外支出"项目中反映。

三、任务实训

（一）计算收入类项目金额

① 主营业务收入=150（业务1）+30（业务2）=180（万元），其他业务收入（业务5）=20（万元），营业收入=主营业务收入+其他业务收入=180+20=200（万元），因此"营业收入"项目金额为200万元。

② "其他收益"项目金额=5（万元）（业务3）。

③ "公允价值变动损益"项目金额=5×（10-8）=10（万元）（业务6）。

④ "资产处置收益"项目金额=50（万元）（业务4）。

（二）分析收入类项目

甲公司1月主营业务收入为180万元，其他业务收入为20万元，营业外收入为50万元，其他收益为5万元，公允价值变动损益为10万元。从这些数据可以看出，甲公司的主营业务收入相较于去年11月、12月有明显下跌，说明甲公司的经营状况不佳。此外，甲公司的营业外收入占比较高，再结合甲公司同时出售了20万元的原材料，说明甲公司有可能在进行生产管理方面的调整，或现金流紧张，报表使用者应加以重视，并结合财务报表附注等资料进一步分析。

同时，甲公司获得了5万元政府补助，说明其可能在从事政府所鼓励行业，报表使用者可结合财务报表附注等资料了解该政府补助的详细情况，如是否附带条件等，以综合评价甲公司的发展前景。

任务三　详解成本、费用类项目

一、任务引入

情景一：某公司2022年3月研发出一款新的软件，当月共销售5套，实现营业收入500 000

元。公司为研发这款软件共发生相关材料费 80 000 元、人员工资 125 000 元、使用的软件累计摊销 1 800 元。

假设不考虑其他因素，计算该公司 2022 年 3 月因开发这款软件而发生的成本。

情景二： 某公司 2022 年 3 月发生了以下支出或收入。

① 购买办公用品支出 2 500 元。

② 制作广告支出 20 000 元。

③ 计提办公室折旧费 8 750 元。

④ 支付本月短期借款利息 2 000 元。

⑤ 支付研发人员工资 50 000 元。

⑥ 使用转账支票支付采购款，发生手续费 5 元。

⑦ 支付管理人员工资 30 000 元。

⑧ 银行存款利息收入 150 元。

计算该公司 2022 年 3 月利润表中"销售费用""管理费用""财务费用"项目的列示金额。

二、相关知识

在利润表中，企业发生的费用按照是否与生产产品、提供劳务或服务相关，可以分为两类：一类是与生产产品或提供劳务或服务等直接相关的费用，体现为营业成本、税金及附加、资产减值损失和信用减值损失等；另一类是与生产产品或提供劳务或服务等不直接相关、与一段时间相关的费用，这部分费用统称为期间费用，包括销售费用、管理费用和财务费用。下面介绍利润表中的重要成本、费用类项目。

（一）营业成本

营业成本是指企业为生产产品、提供劳务等发生的可归属于产品成本、劳务成本等的费用，应当在确认销售商品收入、提供劳务收入等时将已售商品、已提供劳务的成本等计入当期损益。营业成本包括主营业务成本和其他业务成本。

1. 主营业务成本与其他业务成本

利润表中的"营业成本"项目由主营业务成本和其他业务成本构成，其金额按"主营业务成本"科目和"其他业务成本"科目的发生额合计数填列。

① 主营业务成本。主营业务成本是指企业生产和销售与主营业务有关的产品或服务时必须投入的直接成本，主要包括销售商品的成本、人工成本（如工资）、材料成本等。主营业务成本一般应与主营业务收入相配比。

② 其他业务成本。其他业务成本是指企业确认的除主营业务活动以外的其他经营活动所产生的成本，包括销售材料的成本、出租固定资产的折旧额、出租无形资产的摊销额以及出租包装物的成本或摊销额等。采用成本模式计量投资性房地产的，投资性房地产计提的折旧额或摊销额也构成其他业务成本。其他业务成本一般与其他业务收入相配比。

2. 营业成本与营业收入的关系

报表使用者在阅读利润表时，通常会将营业收入与营业成本结合起来分析，一方面可以了解企业主要业务活动的盈利能力，另一方面也可以从中看出企业的经营规模和市场地位。营业收入是利润的主要来源，企业要想获得一定规模的利润，就必定会有相应的营业收入规模，而营业成本同样是影响利润的主要因素，将二者简单相减，就可以初步推断出企业的大致利润，从而对企业的经营规模有所了解。

3. "营业成本"项目的解读

利润表中的"营业成本"项目可以在一定程度上反映企业的销售情况。例如，如果企业销售的产品不容易被替代、在市场中具有较强的竞争优势，那么企业可以采取高价策略，相较于高营业收入而言，其营业成本可能相对较低，可以获取高额的利润。而如果企业销售的产品容易被替代、价格弹性比较大，那么为了扩大收入，就需要扩大销量，从而实现"薄利多销"，这种情况下，企业的营业成本也可能与营业收入成一定比例增长。因此，通过比较不同期间企业营业收入和营业成本的增长幅度，可以了解企业所生产的产品在市场的销售情况以及产品在市场中的地位。

（二）税金及附加

税金及附加是指企业在生产经营过程中应负担的相关税金及附加费用。利润表中"税金及附加"项目是对企业缴纳的部分税费的归集。

1. 税金及附加涵盖的税费

利润表中"税金及附加"项目是根据"税金及附加"科目本期发生额填列的。"税金及附加"科目用于核算企业经营活动中发生的消费税、城市维护建设税、资源税、土地增值税、房产税、车船税、印花税、教育费附加等。

2. "税金及附加"项目的解读

目前，企业应缴纳的各税种中，占比较大的是增值税和企业所得税。由于"税金及附加"项目并不反映企业负担的增值税和企业所得税，所以该项目并不能准确反映企业的税收负担情况。因此，很多报表使用者只将该项目所提供的数据作为辅助参考。但是，由于该项目会反映城市维护建设税、教育费附加等，所以它对企业税负的承担情况也有一定的提醒作用。因为城市维护建设税和教育费附加以企业实际缴纳的增值税和消费税税额为计税依据，所以通过这两项税费的缴纳情况也可推断企业增值税和消费税的缴纳情况，因此，该项目也有一定的借鉴作用。

"税金及附加"项目可以反映企业房产税、城镇土地使用税、资源税的税收负担情况，尤其是对于房地产、建筑施工等特殊行业的企业而言，这个项目的价值不可忽视。因为这些企业所从事业务类型的特点，其房产税、城镇土地使用税、资源税以及土地增值税的税收负担较重，所以报表使用者可以通过该项目以及财务报表附注中的详细资料了解这类企业的经营情况。例如，报表使用者可以通过比较不同时期该项目数据的变化了解企业的盈利情况，一般而言，收入越多，所应负担的税费也越多。

（三）销售费用

销售费用是指企业在销售商品和材料、提供劳务或服务的过程中发生的各种费用。销售费用属于企业的期间费用，其发生并不能直接归属于某个具体的商品或劳务对象。

1. 销售费用的范围

利润表中的"销售费用"项目根据"销售费用"科目的本期发生额填列，"销售费用"科目用于核算企业在销售商品、提供劳务或服务过程中发生的各种费用，其核算的主要内容有以下

3项。

① 企业在销售商品过程中发生的保险费、包装费、展览费、广告费、商品维修费、预计产品质量保证损失、运输费、装卸费等。

② 为销售本企业商品而专设的销售机构（含销售网点、售后服务网点等）的职工薪酬、业务费、折旧费等经营费用。

③ 企业发生的与专设销售机构相关的固定资产修理费用等后续支出。

专家点拨

销售费用与营业成本都是企业在销售活动（或经营活动）中发生的耗费，但二者却有本质的区别。营业成本主要是与营业收入相配比的耗费，通常表现为购进商品等发生的成本；而销售费用不与营业收入相配比，它是一段期间的耗费，通常表现为销售商品过程中发生的耗费。

2. "销售费用"项目的解读

会计实务中，销售费用的耗费并不一定与营业收入的取得成正比例变化，这是因为在企业经营中很可能发生较多不必要的销售费用。站在财务专业的角度来看，判断一项投入是否有价值时，需要考虑其投入产出比，因此企业一般会尽力避免高投入、低产出的支出。所以，通过将"销售费用"项目与"营业收入"项目结合起来分析，报表使用者可以了解企业是否存在不必要的销售费用支出。如果企业某期利润表中"销售费用"项目的金额较往期有大幅度提升，而"营业收入"项目却波动不大，那么就需要考虑该企业生产经营活动中是否存在不必要的开销，相关的广告费是否投入过多、广告的宣传效果是否不好等。

（四）管理费用

管理费用是指企业为组织和管理企业生产经营所发生的费用。管理费用属于期间费用，发生相关费用支出或抵减项时可直接对当期管理费用进行确认或冲减。

1. 管理费用的范围

利润表中的"管理费用"项目根据"管理费用"科目的本期发生额填列，"管理费用"科目用于核算企业生产经营过程中发生的辅助性费用，其核算的主要内容有以下5项。

① 企业在筹建期间内发生的开办费。

② 行政管理部门负担的工会经费、董事会费。

③ 聘请中介机构费、咨询费（含顾问费）、业务招待费以及研究费用等。

④ 企业生产车间（部门）和行政管理部门发生的固定资产修理费用等后续支出。

⑤ 董事会和行政管理部门在企业经营管理中发生的，或者应由企业统一负担的经费（包括行政管理部门的职工工资及福利费、低值易耗品的摊销、办公费和差旅费等）。

专家点拨

企业中不同职工的薪酬属于不同的费用。以制造型企业为例，生产车间工人的薪酬应计入产品成本，车间管理人员的薪酬应计入制造费用，这两项费用最终体现在利润表的"营业成本"项目中。

企业为建造固定资产而发生的职工薪酬应计入在建工程，在建工程完工后转入固定资产；

企业的固定资产通过计提折旧而计入成本费用,根据固定资产的使用情况,其折旧费最终可能计入管理费用、销售费用等,所以这类职工薪酬可能体现在"管理费用"和"销售费用"等项目中。

企业为研发无形资产而发生的职工薪酬应先计入研发支出,期末满足资本化条件的,由研发支出转入无形资产,不满足资本化条件的,由研发支出转入管理费用;而企业的无形资产通过计提摊销计入成本费用,根据无形资产的使用情况,摊销额大多数计入管理费用,因此,这类费用通常在"管理费用"项目中反映。

企业管理人员的职工薪酬应计入管理费用,在"管理费用"项目中反映;销售人员的薪酬应计入销售费用,在"销售费用"项目中反映。

2. 管理费用的分析

报表使用者通常可以通过对管理费用的分析来判断企业的管理效率和管理者的经营管理水平。管理费用分析主要有以下 3 种方法。

（1）与预算数据和历史数据进行比较

报表使用者可以按费用项目的不同,将管理费用的实际发生数与管理费用的预算数据和历史数据进行对比,以揭示企业管理费用的预算执行情况及发展变化的趋势。由于企业的管理费用项目较多,所以报表使用者在进行分析时,可先对管理费用按其性质进行分类,然后分析哪些费用的发生对生产发展是必要的,哪些是不正常的,最后据此找出产生不正常费用的原因。

（2）计算管理费用率

报表使用者可以计算管理费用与收入的比率,即管理费用率。管理费用率在一定程度上反映了企业管理的有效性,但它并没有一个合理的区间,报表使用者可以将管理费用率与企业的历史水平或者行业的平均数进行比较,以分析企业的管理能力。管理费用率越低,说明企业的管理效率越高;相反,这个比率越高,则说明企业的管理效率需要提高。

（3）不同费用对比分析

不同费用对比分析是指在财务报表附注中找到管理费用中各项费用的金额,然后将管理费用中有关联、有相关性的项目放到一起进行合理性分析,通过不同费用的对比以发现可能存在的问题。

例如,某公司 2020 年和 2021 年办公费、业务招待费和会议费 3 项费用的发生情况如表 3-3 所示。

表 3-3　　　　　　　　某公司 2020 年和 2021 年 3 项费用情况　　　　　　　　单位：元

项目	2020 年	2021 年	增长率
办公费	678 489.09	1 988 207.01	193.0%
业务招待费	1 831 012.87	569 987.24	−68.9%
会议费	243 225.54	175 109.50	−28.0%
三费合计	2 752 727.50	2 733 303.75	−0.7%

从表 3-3 中可以看出,该公司 2021 年的办公费、业务招待费和会议费 3 项费用都有异常变动趋势,但 3 项费用总和变化幅度很小,该公司可能存在以下问题。

首先,业务招待费涉及企业所得税纳税调整:企业发生的与生产经营活动有关的业务招待费支出,按照发生额的 60% 扣除,但最高不得超过当年销售（营业）收入的 5‰。2021 年业务招待费金额下降了 68.9%，有可能是该公司为了多进行税前抵扣而将业务招待费的开支挪到了其他费用上面。

其次，该公司可能对业务招待费和会议费有严格的管控，为了达成考核要求，该公司将严格控制这两项费用。

最后，该公司 2021 年办公费相对于 2020 年来说有大幅度增加，属于异常变动，报表使用者需要关注财务报表附注中是否对此异常变动做了合理的解释。

> **专家点拨**
>
> 管理费用和销售费用都与企业的日常经营活动相关，且都属于为使企业达到经营目标而在经营期间发生的有关耗费；但是，二者的区别也很明显，主要体现在提供服务的性质以及提供服务的主体上。管理费用主要是企业行政管理部门发生的，其目的是开展企业的日常经营管理，所以其范围更大；而销售费用主要是企业销售部门或与之相关的销售业务发生的，其目的是将商品销售出去，所以其范围相对较小。

（五）财务费用

财务费用是指企业在生产经营过程中由于资金筹集需要而发生的各项费用，因此，财务费用也可理解为筹资费用。

1. 财务费用的范围

利润表中的"财务费用"项目反映的是企业因筹集生产经营所需资金等而发生的筹资费用，该项目应根据"财务费用"科目的发生额分析填列。"财务费用"科目的核算范围比较集中，主要可概括为与银行等金融机构发生的费用，如扣除利息收入后的利息支出、汇兑净损失、金融机构手续费以及因筹资发生的其他财务费用（如融资租入固定资产发生的融资租赁费用等）。

"财务费用"项目下："利息费用"项目反映的是企业为筹集生产经营所需资金等而发生的应予费用化的利息支出，该项目应根据"财务费用"科目相关明细科目的发生额分析填列；"利息收入"项目反映的是企业确认的利息收入，该项目应根据"财务费用"科目相关明细科目的发生额分析填列。

2. "财务费用"项目的解读

报表使用者可以通过对"财务费用"项目的分析来考察企业的债务承担情况。一般情况下，如果企业没有大量举借新债的行为，那么其财务费用的波动就不会太大；如果企业利润表中"财务费用"项目的波动很大，那么企业本期很可能大规模借入了借款，由此可猜测该企业是否实施新的计划，是否部署新的业务，是否发展新的领域。另外，企业大规模借入借款，也有可能预示其现金的缺乏，如无法偿还旧债，企业就需要通过举借新债来偿还旧债。所以，报表使用者在对"财务费用"项目加以分析时，不应片面地下结论，而是需要阅读参考企业的财务报表附注等资料，综合考虑有关信息。

> **专家点拨**
>
> 企业的利息支出并不一定都在"财务费用"项目中反映。企业在生产经营过程中，对于不同环节或不同项目中涉及的利息支出应分以下情况反映：筹建期间的利息支出通过

"管理费用"项目反映；与构建固定资产或无形资产相关的利息支出在尚未交付使用或已交付使用但尚未办理竣工决算之前，通过"在建工程"项目反映，交付使用或完成竣工决算后，通过"财务费用"项目反映；一般经营生产形成的利息支出应通过"财务费用"项目反映。

（六）资产减值损失

资产减值损失是指因资产的账面价值高于其可收回金额而造成的损失，即资产实际价值小于其账面记录的差额。

1．资产减值损失的内涵

利润表中的"资产减值损失"项目反映企业特定资产发生的减值损失，该项目应根据"资产减值损失"科目的发生额分析填列。这些特定资产包括固定资产、无形资产、生产性生物资产、存货、采用成本模式进行后续计量的投资性房地产等。

在会计处理中，企业如果发现上述资产发生减值，在证据确凿的情况下，可以计提减值准备（或跌价准备），同时确认资产减值损失，在"资产减值损失"科目中核算，最终将其体现在利润表"资产减值损失"项目中。

专家点拨

不同资产确认减值损失存在区别：确认固定资产的减值损失，应借记"资产减值损失"科目，贷记"固定资产减值准备"科目；确认无形资产的减值损失，应借记"资产减值损失"科目，贷记"无形资产减值准备"科目；确认存货的减值损失，应借记"资产减值损失"科目，贷记"存货跌价准备"科目；确认长期股权投资减值损失，应借记"资产减值损失"科目，贷记"长期股权投资减值准备"科目；确认投资性房地产减值损失，应借记"资产减值损失"科目，贷记"投资性房地产减值准备"科目。

2．资产减值损失的转回规定

为了限制一些企业通过计提减值准备来调节利润，《企业会计准则第8号——资产减值》规定：固定资产、无形资产以及商誉等资产发生减值后，其确认的资产减值损失不得转回；存货等资产确认的资产减值损失，如果以后期间导致资产减值的因素消失、资产价值上升，可以在原计提的资产减值损失范围内转回。

准则进行上述规定，一方面是由于在市场环境中，企业的固定资产、无形资产等资产发生减值大多是毁损、过时等造成的，以后期间价值恢复的可能性很小；另一方面，存货类资产受市场环境、经济状况等因素的影响比较大，其价值下降后上升的可能性是实际存在的，所以为了会计核算的准确性，规定这类资产减值损失在满足条件时可以转回。

3．"资产减值损失"项目的解读

报表使用者通过利润表中"资产减值损失"项目可以了解企业资产的质量、企业对资产的运用效率，以及企业所处的经营环境。该项目反映了固定资产、无形资产等非流动资产因宏观经济大环境不景气、企业自身管理水平低下、竞争对手的威胁加大等发生的减值，因此，报表使用者可将该项目作为判断企业经营状况的"指示器"，一旦该项目的波动比较明显，就应当关注企业的经营状况是否出现了不利因素。

（七）信用减值损失

信用减值损失是企业按照《企业会计准则第 22 号——金融工具确认和计量》（2017 年修订）的要求计提各项金融工具减值准备时所形成的预期信用损失，该项目应根据"信用减值损失"科目的发生额分析填列。

> **专家点拨**
>
> 发生减值损失并计入信用减值损失的金融资产在计提减值准备时，其会计处理方法与确认资产减值损失的处理方法类似。在发生信用损失时，应借记"信用减值损失"科目，根据金融工具种类不同，货记"贷款损失准备""债权投资减值准备""坏账准备""合同资产减值准备""租赁应收款减值准备""预计负债"（用于贷款承诺及财务担保合同）或"其他综合收益"（用于以公允价值计量且其变动计入其他综合收益的债权类资产）科目。

信用减值损失与资产减值损失的核算内容十分类似，两者都是对资产发生损失时进行的计量，但它们核算的资产类别不同。信用减值损失用于核算金融资产，如应收款项、债权投资、合同资产、租赁应收款、以公允价值计量且其变动计入其他综合收益的债权类资产等。

信用减值损失和资产减值损失属于同一类项目，只是两者所反映的种类不一样。因此，报表使用者将这两个项目结合起来可以了解到企业资产整体的价值情况。

（八）所得税费用

企业的所得税费用包括当期所得税和递延所得税两个部分，其中，当期所得税是指当期应交所得税，递延所得税具体可细分为递延所得税资产和递延所得税负债。递延所得税资产是指以未来期间很可能取得用来抵扣可抵扣暂时性差异的应纳税所得额为限确认的一项资产，递延所得税负债是指根据应纳税暂时性差异计算的未来期间应付所得税的金额。

1. 所得税费用的计算

企业在每期期末计算所得税费用时，共涉及 3 个项目的计算，即当期所得税、递延所得税和所得税费用。

① 当期所得税。当期所得税（即当期应交所得税）是指企业按照税法计算应缴纳的所得税。如果相关交易或事项的会计处理方法与税收处理方法不同，则企业应在会计利润的基础上进行纳税调整，从而得出当期应纳税所得额，进而确定当期应交所得税。当期应纳税所得额与应交所得税的计算公式如下。

$$应纳税所得额=税前会计利润+纳税调整增加额-纳税调整减少额$$
$$应交所得税=应纳税所得额×所得税税率$$

> **专家点拨**
>
> 我国企业所得税实行比例税率，有基本税率和优惠税率两种，基本税率为 25%，优惠税率包括 20%、15%、10% 三类。

② 递延所得税。递延所得税是指递延所得税资产和递延所得税负债的当期发生额（期末余额减去期初余额），其计算公式如下。

$$递延所得税=（递延所得税负债的期末余额-递延所得税负债的期初余额）-（递延所得税资产的期末余额-递延所得税资产的期初余额）$$

③ 所得税费用。确定了当期应交所得税及递延所得税费用（或收益）后，将两者加总即为利润表中应予以确认的所得税费用，其计算公式如下。

$$所得税费用=应交所得税+递延所得税$$

2. "所得税费用"项目的解读

所得税费用是企业纳税义务的体现，与一般的费用有所不同，该费用很难通过改善管理流程、增强成本节约意识而加以控制。通过分析该项目，报表使用者可以了解企业的所得税税负情况。该项目是一个综合性较强的项目，报表使用者不能仅从该项目金额的大小来评价企业的经营情况，还需要结合企业的实际经营内容以及所处的环境进行综合评价。

三、任务实训

（一）计算营业成本

该公司的主营业务是软件的研发以及有关电子产品的销售，所以其销售软件属于主营业务，因此取得的销售收入属于主营业务收入。该公司由于研发这款软件所发生的费用属于为取得主营业务收入而发生的必要耗费，所以这些费用构成了该公司的营业成本，属于主营业务成本。其中，相关材料费属于材料成本，人员工资属于人工成本，使用软件累计摊销属于其他可以直接归属于成本的其他耗费。所以，该公司 2022 年 3 月因开发这款软件而发生的成本=80 000+125 000+1 800=206 800（元）。

（二）计算费用类项目的列示金额

该公司 2022 年 3 月发生的支出或收入中，其归属分别如下：购买办公用品支出 2 500 元——管理费用；制作广告支出 20 000 元——销售费用；计提办公室折旧费 8 750 元——管理费用；短期借款利息支出 2 000 元——财务费用；支付研发人员工资 50 000 元——研发费用；手续费 5 元——财务费用；支付管理人员工资 30 000 元——管理费用；银行存款利息收入 150 元——财务费用。

综上，该公司 2022 年 3 月利润表中"销售费用"项目应反映的金额=20 000（元）；"管理费用"项目应反映的金额=2 500+8 750+30 000=41 250（元）；"财务费用"项目应反映的金额=2 000+5-150=1 855（元）。

任务四　详解利润类项目

一、任务引入

情景一：现有 A 公司、B 公司和 C 公司 3 家公司：A 公司 2021 年共实现营业利润 5 000万元，其中有 28.5%来自投资性房地产的增值；B 公司 2021 年共实现营业利润 8 000 万元，其中有 68%来自处置土地收益；C 公司 2021 年共实现营业利润 3 000 万元，其中有 90%来自主要产品的销售。

根据上述资料，分析这 3 家公司的营业利润质量。

情景二：某公司 2021 年利润表（简表）如表 3-4 所示，2021 年末货币资金情况如表 3-5

所示，2021年销售商品、提供劳务收到的现金情况如表3-6所示。

表3-4　　　　　　　　　　　　某公司2021年利润表（简表）　　　　　　　　　　　　　单位：元

项目	本期数	上年同期数
一、营业收入	4 790 532 382.65	4 193 360 304.42
减：营业成本	3 322 407 478.92	2 877 545 719.36
销售费用	549 832 705.92	462 167 477.23
管理费用	349 112 963.56	319 248 319.44
财务费用	57 921 315.22	120 587 961.47
资产减值损失	19 120 069.46	18 120 069.46
加：公允价值变动收益（损失以"-"号填列）		71 458.00
投资收益（损失以"-"号填列）	3 414 225.38	22 198 538.65
二、营业利润（亏损以"-"号填列）	495 552 074.95	417 960 754.11
加：营业外收入	52 000 277.90	44 889 210.98
减：营业外支出	4 393 381.78	2 400 769.36
三、利润总额（亏损总额以"-"号填列）	543 158 971.07	460 449 195.73
减：所得税费用	67 934 056.22	57 958 522.39
四、净利润（净亏损以"-"号填列）	475 224 914.85	402 490 673.34

表3-5　　　　　　　　　　　　某公司2021年末货币资金情况　　　　　　　　　　　　　单位：元

项目	期末	期初
货币资金	2 514 235.26	12 665 223.12
货币资金÷营业收入×100%	0.05%	0.30%

表3-6　　　　　　　　　　某公司2021年销售商品、提供劳务收到的现金情况　　　　　　　　　单位：元

项目	期末	期初
销售商品、提供劳务收到的现金	1 437 159 714.80	1 887 012 136.99
销售商品、提供劳务收到的现金÷营业收入×100%	30%	45%

根据上述资料，分析该公司的利润情况。

二、相关知识

利润是企业一定时期经营成果的综合反映。在利润表中，利润类项目包括"营业利润""利润总额""净利润"，分别对应企业不同层次的利润。下面介绍利润表中的重要利润类项目。

（一）营业利润

营业利润是指企业从事生产经营活动取得的利润，是企业利润的主要来源。营业利润是企业第一个层次的利润，也是企业基本经营活动的成果，直接反映了企业的经营业绩。因此，报表使用者通过了解营业利润在企业净利润中所占的比重可以判断企业的盈利情况。健康的企业通常应通过经常性业务活动来创造利润，如果企业过于依赖非经常性活动贡献的利润，那么该企业的盈利就会缺乏稳定来源，其盈利质量也相对较差。

（二）利润总额

利润总额是营业利润加上营业外收入减去营业外支出后实现的总利润。

1. 利润总额的作用

利润总额是企业第二个层次的利润，是考虑了企业非日常性活动的经营成果。与营业利润相比，利润总额能够更加全面地反映企业的经营概况，可以为报表使用者提供更多样的信息。但由于营业外收入与营业外支出具有不稳定性，所以利润总额较营业利润而言更具有随意性、波动性。

2. "利润总额" 项目的解读

将利润总额与营业利润相减，得到的是营业外收入与营业外支出之差，即非日常经营活动所产生的 "营业外利润"。因此，报表使用者可以通过利润总额指标来了解企业非日常经营活动的盈利情况。如果某企业利润总额远远超过营业利润，则表明该企业的 "营业外利润" 很高，此时，报表使用者应当谨慎评价其盈利能力，结合该企业的财务报表附注分析产生这种现象的原因，以做进一步的了解。

（三）净利润

净利润是指利润总额中按规定缴纳了所得税以后企业的利润留存，一般也称为税后利润，这是企业真正能自由分配的利润。

对于企业来讲，净利润是预计的未来现金流量，也是企业持续发展的支撑，所以利润表中的 "净利润" 项目所反映的信息至关重要。报表使用者在评价企业的净利润时，不能单就该项目金额的大小来判断，还应结合前面的收入类项目、费用类项目和财务报表附注来进行全面分析。

在对 "净利润" 项目展开分析时，可从收入类项目、费用类项目两方面入手，即先就企业的实际情况提炼主要收入类项目，如营业收入、投资收益和营业外收入等，以及主要费用类项目，如营业成本、期间费用、营业外支出、所得税费用等。

营业收入属于企业的可控收入，是企业收入的第一来源，主要受企业产品的竞争力、定价策略、营销策略以及客户需求变化等因素的影响；而投资收益和营业外收入属于企业的不可控收入，是企业收入的间接、偶然来源，具有收益不稳定的特点，企业所处的宏观经济环境、市场风险、投资对象等因素都会影响这类收入。

营业成本和期间费用属于企业的可控费用，是企业费用的主要组成部分，企业可以在产品设计、生产工艺、组织生产、管理水平、经营决策效率等方面加以控制；而营业外收入与所得税费用属于企业的不可控费用，其中，营业外支出具有非经常性、偶然性和不可预见性的特点，而所得税费用又常受税收政策的制约。

三、任务实训

（一）分析营业利润质量

根据任务引入资料可知：A 公司营业利润为 5 000 万元，其中有 28.5% 来自投资性房地产的增值；B 公司营业利润为 8 000 万元，其中有 68% 来自处置土地收益；C 公司营业利润为 3 000万元，其中有 90% 来自主要产品的销售。仅从营业利润的绝对值上看，3 家公司中 B 公司的盈利情况最好，A 公司次之，C 公司最差。

但需要注意的是，对于营业利润最高的 B 公司而言，其利润中有 68%来自处置土地收益，而处置土地在一般企业的经营活动中应该是十分罕见的，即使是房地产行业，也不能将土地的处置作为经常性活动，所以由此可以看出，B 公司的盈利质量不值得被看好。

对于 A 公司而言，其营业利润的 28.5%来自投资性房地产的增值，如果是一般的企业，投资性房地产增值收益应该属于非日常活动取得的收益，如果其营业利润中有接近 1/3 的部分来源于非日常性活动，那么该企业的盈利质量是不大好的，或者说质量并不高。

对于 C 公司而言，虽然其营业利润相对最低，但是通过观察可以发现，其利润有 90%来自主要产品的销售，所以由此可以看出，C 公司专注于主营业务。

综上，通过对这 3 家公司营业利润绝对金额和营业利润构成情况的比较可以发现：A 公司和 B 公司的非日常性活动对营业利润的贡献很大，尤其是 A 公司，这说明这两家公司的盈利缺乏稳定性和持续性，所以其盈利质量并不高；而 C 公司营业利润中的绝大部分是由主营业务活动贡献的，所以其盈利质量最高。

（二）分析利润情况

从表 3-4 可以看出，该公司 2021 年营业收入增长 14.24%，利润总额增长 17.96%，仅从这两个数据来看，该公司的经营业绩和利润都呈现出了比较好的发展趋势，实现了较高的增长。

但从表 3-5 可以看出，该公司 2020 年和 2021 年货币资金占营业收入的比例都非常低，从 2020 年的 0.30%下降到了 2021 年的 0.05%，货币资金数量过少会影响企业的资金周转和偿债能力，报表使用者需进一步分析该公司货币资金过少的原因。

从表 3-6 可以看出，该公司销售商品、提供劳务收到的现金占营业收入的比率较低，从 2020 年的 45%下降到了 2021 年的 30%，说明该公司的收款形势不容乐观，并且有进一步恶化的趋势。

同时，报表使用者还可以进一步分析该公司收款形势差的原因。乐观地看，如果利润数据是真实的，则该公司的业务增长可能是放宽了信用政策，但新客户信用较差，导致实现的收入无法转变为现金。当然，也有可能该公司利润数本身就是假的，收入是虚构的。

拓展阅读——利润表中的其他项目

利润表中的"净利润"项目后还列示了"其他综合收益的税后净额""综合收益总额""每股收益"项目，列示上述项目主要是为了提供对企业经营情况有重要影响的一些项目的变动情况，下面对这些项目做简单介绍。

1. 其他综合收益

其他综合收益是指企业根据《企业会计准则》规定，未在损益中确认的各项利得和损失扣除所得税影响后的净额。其他综合收益在利润表中的"其他综合收益的税后净额"项目中列示。根据确认的其他综合收益是否能在以后期间重分类进损益，利润表中对其他综合收益的列示分为"不能重分类进损益的其他综合收益"和"将重分类进损益的其他综合收益"两类，且在这两类项目下又分别列示了一些细目，这些细目就是上述两个子项的具体核算内容。

2．综合收益总额

综合收益总额项目反映了企业净利润与其他综合收益的合计金额。在利润表中，"综合收益总额"和"营业利润""利润总额""净利润"项目一样，都是通过对报表中其他项目的加减运算得到的，而不是根据会计科目的核算内容填列的。

3．每股收益

每股收益又称每股税后利润、每股盈余，是指税后利润与股本总数的比率。

我国股份有限公司的利润表中会披露每股收益指标，用以表示每一普通股应该享有的净利润或需要承担的净亏损。报表使用者可以通过"每股收益"项目进一步了解企业的经营成果，衡量企业普通股的获利水平及投资风险，从而评价企业的盈利能力、预测企业的成长潜力，进而做出相应的经济决策。按照计算口径的不同，每股收益又可分为基本每股收益与稀释每股收益。

① 基本每股收益。基本每股收益是指按照属于普通股股东的当期净利润除以发行在外普通股的加权平均数计算出的每股收益。基本每股收益的计算公式如下。

基本每股收益=归属于普通股股东的当期净利润÷当期发行在外普通股的加权平均数

② 稀释每股收益。稀释每股收益又称"冲淡每股收益"，引入这个概念主要是为了评价"潜在普通股"对每股收益的影响，以避免该指标虚增可能带来的信息误导。稀释每股收益是以基本每股收益为基础，假设企业所有发行在外的稀释性潜在普通股均已转换为普通股，从而分别调整归属于普通股股东的当期净利润以及发行在外普通股的加权平均数计算得出的每股收益。

利润表中稀释每股收益的具体金额可在基本每股收益的基础上调整分子与分母获得。具体而言，需要对基本每股收益中的分子、分母进行以下调整。

a．调整分子。

调整分子，应当根据以下事项对归属于普通股股东的当期净利润进行调整：当期已确认为费用的稀释性潜在普通股的利息、稀释性潜在普通股转换时将产生的收益或费用。

b．调整分母。

调整分母，即将发行在外的普通股加权平均数转换为考虑了假定稀释性潜在普通股转换为已发行普通股的股数。换句话说，分母应等于计算基本每股收益时普通股的加权平均数加上假定稀释性潜在普通股转换为已发行普通股而增加的普通股股数的加权平均数。

巩固练习

一、单选题

1. 下列各项中，不影响利润表中"营业利润"的是（　　　）。
   A．企业销售商品时发生的现金折扣　　B．行政管理部门的办公费
   C．出售无形资产的净收益　　D．出售原材料的成本

2. 下列各项中，应列入利润表中"营业收入"项目的是（　　　）。
   A．销售材料取得的收入　　B．接受捐赠收到的现金
   C．出售专利权取得的净收益　　D．出售自用房产取得的净收益

3. 2022 年 6 月，某企业发生以下交易或事项：支付诉讼费用 10 万元，非流动资产毁损报废损失 8 万元，对外公益性捐赠支出 5 万元，支付税收滞纳金 1 万元。该企业 2022 年 6 月利润

表中"营业外支出"项目的本期金额为（　　　）万元。

   A. 14　　　　　　B. 16　　　　　　C. 19　　　　　　D. 24

4. 下列各项中，不应列入利润表中"营业成本"项目的是（　　　）。

   A. 已销商品的实际成本　　　　　　B. 在建工程领用产品的成本

   C. 对外提供劳务结转的成本　　　　D. 投资性房地产计提的折旧额

5. 2022 年 3 月，某企业销售应税消费品时确认应交增值税 20 万元、消费税 30 万元、城市维护建设税 3.5 万元。假设不考虑其他因素，则该企业 2022 年 3 月利润表中"税金及附加"项目的本期金额为（　　　）万元。

   A. 33.5　　　　　B. 53.5　　　　　C. 50　　　　　　D. 23.5

6. 2021 年某企业实现利润总额 960 万元，当年应纳税所得额为 800 万元，适用的所得税税率为 25%。若当年影响所得税费用的递延所得税负债增加 50 万元，则该企业 2021 年利润表中"所得税费用"项目的本期金额为（　　　）万元。

   A. 250　　　　　B. 240　　　　　C. 150　　　　　D. 200

7. 报表使用者可以通过对"财务费用"项目的分析来考察企业的（　　　）。

   A. 债务承担情况　B. 流动资金多少　C. 盈利能力　　D. 资产数量

二、多选题

1. 下列选项中，属于利润表格式的有（　　　）。

   A. 单步式　　　　B. 多步式　　　　C. 单页式　　　　D. 多页式

2. 下列各项中，应列入利润表中"税金及附加"项目的有（　　　）。

   A. 销售应税矿产品应交的资源税　　B. 销售商品应交的增值税

   C. 委托加工应税消费品应交的消费税　D. 应交的教育费附加

3. 下列选项中，会影响营业利润的经济业务有（　　　）。

   A. 出售原材料损失　　　　　　　　B. 出售交易性金融资产损失

   C. 计提无形资产减值准备　　　　　D. 公益性捐赠支出

4. 下列各项中，应列入利润表中"营业成本"项目的有（　　　）。

   A. 销售材料成本　　　　　　　　　B. 无形资产处置净损失

   C. 非流动资产毁损报废净损失　　　D. 经营出租固定资产折旧费

5. 利润表中的期间费用是指（　　　）。

   A. 制造费用　　　B. 财务费用　　　C. 销售费用　　　D. 管理费用

6. 某企业 2021 年发生的营业收入为 2 000 万元，营业成本为 1 200 万元，销售费用为 40 万元，管理费用为 100 万元，财务费用为 20 万元，投资收益为 80 万元，资产减值损失为 140 万元（损失），公允价值变动损益为 160 万元（收益），营业外收入为 50 万元，营业外支出为 30 万元，则该企业 2021 年的营业利润和利润总额分别为（　　　）万元。

   A. 740　　　　　B. 580　　　　　C. 760　　　　　D. 500

7. 下列项目中，应列入利润表中"营业成本"项目的有（　　　）。

   A. 主营业务成本　B. 其他业务成本　C. 税金及附加　　D. 销售费用

8. 下列各项中，应列入利润表中"资产减值损失"项目的有（　　　）。

   A. 原材料盘亏损失　　　　　　　　B. 固定资产减值损失

   C. 应收账款减值损失　　　　　　　D. 无形资产处置净损失

9. 报表使用者通过利润表中的"资产减值损失"项目可以了解的信息包括（　　）。
   A. 企业资产的质量
   B. 企业对资产的运用效率
   C. 企业所处的经营环境
   D. 企业的利润

10. 信用减值损失可以核算（　　）的减值损失。
    A. 应收款项
    B. 债权投资
    C. 租赁应收款
    D. 以公允价值计量且其变动计入其他综合收益的债权类资产

11. 下列各项中，影响利润表中"所得税费用"项目金额的有（　　）。
    A. 当期应交所得税
    B. 递延所得税收益
    C. 递延所得税费用
    D. 代扣代缴的个人所得税

12. 下列各项中，应列入利润表中"税金及附加"项目的有（　　）。
    A. 增值税
    B. 城市维护建设税
    C. 教育费附加
    D. 矿产资源补偿费

13. 下列交易或事项中，会影响企业综合收益总额的有（　　）。
    A. 销售商品收入
    B. 税收罚款
    C. 以公允价值计量且其变动计入其他综合收益的金融资产期末公允价值上升
    D. 合同违约金

三、判断题

1. 企业利润表中的"综合收益总额"项目应根据企业当年"净利润"和"其他综合收益"科目税后净额合计数计算填列。（　　）

2. 利润表中的"税金及附加"项目不包括增值税。（　　）

3. 利润表中的"营业收入"项目应根据主营业务收入本年发生额和其他业务收入本年发生额的合计数填列。（　　）

4. 通过分析利润表中的"其他收益"项目，报表使用者可以了解企业由于日常活动而取得的政府补助。（　　）

5. 报表使用者在分析"投资收益"项目时，可以结合资产负债表中的交易性金融资产、交易性金融负债、衍生金融资产、衍生金融负债、债权投资、其他债权投资等项目进行分析，以综合评价企业的投资决策能力。（　　）

6. 利润表中"所得税费用"项目的本期金额等于当期所得税，可以不考虑递延所得税。（　　）

7. 企业出售固定资产形成的净收益，应列入利润表中的"营业外收入"项目。（　　）

8. 利润表是反映企业某一时点经营成果的财务报表。（　　）

四、计算分析题

1. A 公司于 2022 年 3 月 1 日购入 B 公司股票 100 000 股，作为交易性金融资产核算。购入该股票当日 B 公司股票的市场价格为 5 元/股，2022 年 3 月 31 日，B 公司股票市价为 6.5 元/股。2022 年 4 月 24 日，A 公司将持有的股票出售，价格为 7 元/股，当日收到出售款。

假设 A 公司于每月月末对交易性金融资产公允价值进行重新计量，请计算 A 公司因持有 B 公司股票而对其损益产生的影响。

2. 某公司在 2021 年 12 月发生了以下经济业务。

（1）本月销售商品一批，增值税专用发票上注明的售价为 300 万元，增值税税额为 39 万元，款项尚未收到。另外，该批商品的实际成本为 240 万元。

（2）本月销售原材料一批，销售价格 50 万元（不含税），增值税税额为 6.5 万元，该批材料成本 7.2 万元，款项已经收到。

（3）本月收到增值税返还 15 万元。

（4）12 月 31 日，某项交易性金融资产公允价值上升 12 万元。

（5）12 月 31 日，计提坏账准备 0.5 万元，计提存货跌价准备 1 万元。

（6）本月计提职工工资 125.5 万元，其中，生产工人工资 80 万元，车间管理人员工资 10 万元，行政管理人员工资 9 万元，销售人员工资 25 万元，财务人员工资 1.5 万元。

（7）本月应交城市维护建设税 1.5 万元、教育费附加 0.7 万元。

（8）该公司适用的所得税税率为 25%。假设不考虑递延所得税，按年确定所得税费用。

要求：

（1）计算该公司 2021 年 12 月利润表中"营业收入""营业成本"项目的列示金额。

（2）计算该公司 2021 年 12 月的营业利润和利润总额。

（3）计算该公司 2021 年 12 月利润表中的"所得税费用"项目列示金额。

项目四

拆解现金流量表

知识目标 ↓

- 了解现金流量表的格式。
- 了解经营活动、投资活动和筹资活动中的现金流量。
- 掌握三大财务报表间的关联关系。

能力目标 ↓

- 能够解读现金流量表中的重要项目。
- 能够计算现金流量表中重要项目的列示金额。

素质目标 ↓

- 如实反映企业的现金流量情况，不粉饰财务报表。
- 认真解读现金流量表中的相关信息，并与其他财务报表相结合，做到融会贯通，提升自身的分析能力。

任务一　了解现金流量表

一、任务引入

情景一：某公司 2022 年 1 月使用现金支付了以下费用。

① 购买电子元件 150 000 元，涉及的增值税进项税额为 19 500 元。

② 员工软件培训费 5 000 元。

③ 支付前欠 A 公司货款 13 000 元。

④ 支付与职工相关的费用共 70 300 元，其中，差旅费 4 800 元、基本工资 50 000 元、"五险一金" 7 500 元、退休人员的退休金 8 000 元。

⑤ 缴纳城市维护建设税和教育费附加 1 950 元。

⑥ 由于上月销售商品被退回，向对方支付货款及相关增值税共 6 780 元。

请将上述费用对应的现金流量填写到现金流量表的相关项目中。

情景二：某公司 2022 年 3 月现金流量表中有关投资活动的部分如表 4-1 所示。

表 4-1　　　　　　　　某公司现金流量表（投资活动部分）

2022 年 3 月　　　　　　　　　　　　　　　　　　单位：万元

项目	本期金额	上期金额
二、投资活动产生的现金流量：		
收回投资收到的现金	24.56	
取得投资收益收到的现金	8.64	63.47
处置固定资产、无形资产和其他长期资产收回的现金净额	12.55	14.36
处置子公司及其他营业单位收到的现金净额		
收到其他与投资活动有关的现金		
投资活动现金流入小计	45.75	77.83
购建固定资产、无形资产和其他长期资产支付的现金	239.48	15.83
投资支付的现金	35.00	83.91
取得子公司及其他营业单位支付的现金净额		
支付其他与投资活动有关的现金	57.34	26.85
投资活动现金流出小计	331.82	126.59
投资活动产生的现金流量净额	-286.07	-48.76

根据上表，试分析该公司 2022 年 3 月投资活动中的现金流量。

情景三：某公司 2021 年筹资活动部分的现金流量如表 4-2 所示。

表 4-2　　　　　　　　某公司现金流量表（筹资活动部分）

2021 年　　　　　　　　　　　　　　　　　　单位：万元

项目	本期金额	上期金额
三、筹资活动产生的现金流量：		
吸收投资收到的现金	859.64	
取得借款收到的现金	505.00	
收到其他与筹资活动有关的现金	75.97	132.54
筹资活动现金流入小计	1 440.61	132.54
偿还债务支付的现金		461.82
分配股利、利润或偿付利息支付的现金	295.73	389.27
支付其他与筹资活动有关的现金	89.51	55.99
筹资活动现金流出小计	385.24	907.08
筹资活动产生的现金流量净额	1 055.37	-774.54

根据上表，试分析该公司 2022 年筹资活动中的现金流量。

二、相关知识

现金流量表是反映企业在一定会计期间内现金和现金等价物流入和流出的财务报表。其中：现金是指库存现金以及可以随时用于支付的存款（如银

现金等价物

行存款和其他货币资金）；现金等价物是指企业持有的期限比较短、容易转换成确定金额的投资，如以公允价值计量且其变动计入当期损益的金融资产。

> **专家点拨**
>
> 　　现金流量表中将现金和现金等价物作为一个整体来看待，这是因为企业现金形式的转换不会产生现金的流入和流出。例如，从银行提取现金是现金与现金之间的转换，现金并未流出企业，所以不构成现金流量；又如，用现金购买 3 个月到期的国库券是现金与现金等价物的转换，由于现金和现金等价物可以作为一个整体，所以这样的转换也不会产生现金流量。

（一）现金流量表的作用

　　现金流量表能够反映企业在一定期间内由经营活动、投资活动和筹资活动产生的现金流入与流出情况，它能够为企业提供在特定期间内现金收入和现金支出的信息，以及该期间内有关投资活动和理财活动的信息。

　　现金流量表对投资者、企业的管理者以及其他报表使用者都具有十分重要的作用，其主要体现在以下 4 个方面。

　　① 帮助报表使用者了解企业当期实际收入的现金、实际支出的现金，以及现金流入、流出相抵后的净额，分析利润表中本期净利润与现金流量之间的差异，从而正确评价企业的经营成果。

　　② 帮助报表使用者分析企业的偿债能力、支付股利的能力；评判企业的财务状况；了解企业与现金收付无关，但是对企业有重要影响的投资和筹资活动。

　　③ 帮助潜在的投资者分析企业未来产生现金流量的能力，以做出正确的投资决策。

　　④ 帮助报表使用者分析净收益与现金流量之间的差异，据此来查找差异产生的原因，并采取有效的措施，以增加现金流入，保持现金流入与流出的均衡。

（二）现金流量表的格式

　　现金流量表是对企业各类活动现金流入和流出情况的综合反映。为了体现各类活动中现金流入和流出的具体情况，现金流量表也根据企业日常活动的性质不同，将其划分为经营活动、投资活动和筹资活动，并分门别类地列出各类活动的现金流入和流出量，然后计算出各小类的合计数。根据《关于修订印发 2019 年度一般企业财务报表格式的通知》规定，一般企业的现金流量表格式如表 4-3 所示。

表 4-3　　　　　　　　　　　　　　　现金流量表

会企 03 表

编制单位：　　　　　　　　　　　年　　月　　　　　　　　　　　　单位：元

项目	本期金额	上期金额
一、经营活动产生的现金流量：		
销售商品、提供劳务收到的现金		
收到的税费返还		
收到其他与经营活动有关的现金		
经营活动现金流入小计		
购买商品、接受劳务支付的现金		

续表

项目	本期金额	上期金额
支付给职工以及为职工支付的现金		
支付的各项税费		
支付其他与经营活动有关的现金		
经营活动现金流出小计		
经营活动产生的现金流量净额		
二、投资活动产生的现金流量：		
收回投资收到的现金		
取得投资收益收到的现金		
处置固定资产、无形资产和其他长期资产收回的现金净额		
处置子公司及其他营业单位收到的现金净额		
收到其他与投资活动有关的现金		
投资活动现金流入小计		
购建固定资产、无形资产和其他长期资产支付的现金		
投资支付的现金		
取得子公司及其他营业单位支付的现金净额		
支付其他与投资活动有关的现金		
投资活动现金流出小计		
投资活动产生的现金流量净额		
三、筹资活动产生的现金流量：		
吸收投资收到的现金		
取得借款收到的现金		
收到其他与筹资活动有关的现金		
筹资活动现金流入小计		
偿还债务支付的现金		
分配股利、利润或偿付利息支付的现金		
支付其他与筹资活动有关的现金		
筹资活动现金流出小计		
筹资活动产生的现金流量净额		
四、汇率变动对现金及现金等价物的影响		
五、现金及现金等价物净增加额		
加：期初现金及现金等价物余额		
六、期末现金及现金等价物余额		

（三）编制现金流量表的方法

编制现金流量表的方法包括间接法和直接法。

1. 间接法

间接法是指以净利润为起点来调整有关项目，将以权责发生制为基础计算的净利润调整为以收付实现制为基础计算的经营活动现金流量净值的一种方法。使用间接法编制经营活动的现金流量时，企业需要对净利润进行以下调整，从而得到经营活动现金流量净额。

（1）扣除非经营活动的损益

净利润扣除非经营活动的损益后得到经营活动的损益。非经营活动的损益主要有筹资活动和投资活动产生的损益，具体包括处置固定资产、无形资产等长期资产的损益，财务费用以及投资损益等。

（2）加上不支付现金资产的费用

由于不支付现金资产的费用在计算净利润时已经扣除，但在本期不需要支付现金，所以不会对经营活动产生的现金流量造成影响，因此在这里需要加上。不支付现金的费用主要有计提的固定资产折旧、计提的无形资产摊销、计提的长期待摊费用摊销等。

（3）加上（或减去）非现金流动资产的减少（或增加）

由于非现金资产的增加或减少会体现在净利润中，但这些项目金额的增加或减少并不会影响现金的收付，所以不会对经营活动产生的现金流量造成影响，因此在这里需要剔除。非现金流动资产的减少（或增加）包括存货的减少（或增加）、应收票据的减少（或增加）、应收账款的减少（或增加）、其他应收款的减少（或增加）等。

（4）加上（或减去）非现金应付项目的增加（或减少）

由于非现金应付项目的增减或减少会体现在净利润中，但这些项目金额的增加或减少并不会影响现金的收支，所以不会对经营活动产生的现金流量造成影响，因此在这里需要剔除。非现金应付项目的增加（或减少）包括应付票据的增加（或减少）、应付账款的增加（或减少）、应付职工薪酬的增加（或减少）、应交税费的增加（或减少）等。

> **专家点拨**
>
> 采用间接法编制的现金流量表并没有真正反映企业本期经营活动中货币资金的变动情况，只是对资产负债表和利润表项目的简单调整，没有反映企业的真实现金变化。所以，采用间接法编制的现金流量表仅属于会计报表附注列示内容，其作用是与采用直接法编制的现金流量表相互验证。

2. 直接法

直接法是指通过现金收入和现金支出的主要类别来列示企业经营活动现金流量的一种方法。采用直接法编制经营活动的现金流量时，一般以利润表中的营业收入为起算点来调整与经营活动有关项目的增减变动，然后计算出经营活动的现金流量。在直接法下，统计出的现金流量可以有效地揭示企业经营活动现金流量的来源和用途，有助于预测企业未来的现金流量。通过这种方法，可以直接根据经营活动现金流入与经营活动现金流出差额计算出经营活动现金流量净额。根据相关法规的规定，企业应采用直接法报告经营活动现金流量，本项目后续内容也均以直接法为依据。

在直接法下，现金流量表的编制还可以分为工作底稿法和 T 型账户法。

（1）工作底稿法

工作底稿法是指以工作底稿为手段，根据资产负债表和利润表中的数据来对每一个项目进行分析并编制调整分录，从而编制现金流量表的一种方法。采用工作底稿法时，一般可以按照以下程序来编制现金流量表。

① 将资产负债表中的期初数和期末数过入工作底稿中的期初数栏和期末数栏。

② 对当期业务进行分析并编制调整分录。在编制调整分录时，要以利润表项目为基础，从"营业收入"开始，结合资产负债表项目逐一分析。

③ 将调整分录过入工作底稿中的相应部分。

④ 核对调整分录，使借方、贷方合计数相等，同时，资产负债表项目期初数加减调整分录中借贷金额后的数值也等于期末数。

⑤ 根据工作底稿中的现金流量表项目部分编制正式的现金流量表。

（2）T型账户法

T型账户法同样是根据资产负债表和利润表中的数据来对每一个项目进行分析并编制调整分录，从而编制现金流量表的方法。采用T型账户法时，一般可以按照以下程序来编制现金流量表。

① 为所有的非现金项目（包括资产负债表项目和利润表项目）分别开设T型账户，并将各自的期末期初变动数过入各T型账户中。如果项目的期末数大于期初数，则将差额过入和项目余额相同的方向；反之，则过入和项目余额相反的方向。

② 开设一个大的"现金及现金等价物"T型账户，并在左右两边分别将其分为经营活动、投资活动和筹资活动3个部分，左边记现金流入，右边记现金流出，该账户与其他账户一样，需要在其中过入期末、期初变动数。

③ 以利润表项目为基础，结合资产负债表项目分析每一个非现金项目的增减变动情况，并据此编制调整分录。

④ 将调整分录过入各T型账户中并进行核对，各账户借贷相抵后的余额与原先过入的期末、期初变动数应当一致。

⑤ 根据大的"现金及现金等价物"T型账户编制正式的现金流量表。

3. 间接法与直接法的联系

直接法与间接法虽然在编制原理和编制步骤方面存在较大差别，但它们的最终目标是一样的，即向报表使用者提供有用的决策信息，二者之间的联系主要体现在以下3个方面。

① 二者都反映了企业经营活动产生现金流量的报告方式，且二者的报告结果是一致的。

② 二者所依据的资料一样，即都需要依据资产负债表、利润表以及非流动资产科目的增减变动资料。

③ 二者都需要把权责发生制转换为收付实现制，这是因为企业以权责发生制为基础进行核算，而无论采用什么样的方法来编制现金流量表，其反映的现金流量都要以收付实现制为基础。

专家点拨

直接法和间接法只针对企业经营活动产生的现金流量。

（四）经营活动中的现金流量

经营活动是指企业除投资活动、筹资活动以外的所有活动。经营活动中的现金流量包括两类：一类是经营活动产生的现金流入，另一类是经营活动产生的现金流出。

经营活动产生的现金流入包括企业销售商品、提供劳务或服务、获得政府补贴等一切与企业经营管理有关的活动收到的现金，而经营活动产生的现金流出则包括购进商品或材料、发放职工工资、缴纳税费等一切与企业经营管理有关的活动支出的现金。企业经营活动现金流入量减去现金流出量就是经营活动现金流量净额。

1. 经营活动产生的现金流入

企业开展经营活动时，先将现金转换为产品，然后再将销售出去的产品转换为更多的现金。因此，经营活动产生的现金流入对企业尤为重要。

（1）销售商品、提供劳务收到的现金

该项目反映的是企业因销售商品、提供劳务等经营活动收取的现金，如制造业企业销售产品收取的现金、商业企业销售商品收取的现金、房地产企业销售房屋收到的现金、教育咨询行业提供咨询服务收到的现金等。企业销售商品、提供劳务等收取现金的同时，其负担的增值税销项税额也在本项目中反映，该项目的具体金额通过以下公式计算。

销售商品、提供劳务收到的现金=营业收入+本期收到的增值税销项税额+应收账款减少额（期初余额-期末余额）+应收票据减少额（期初余额-期末余额）+预收款项增加额（期末余额-期初余额）

例如，某公司本月与"销售商品、提供劳务收到的现金"项目相关的事项如下：收到销售产品款项 80 000 元，收回应收账款 5 000 元，预收下个月销售款项 20 000 元，本期发生销售退回 10 000 元，则该公司本月"销售商品、提供劳务收到的现金"项目金额=80 000+5 000+20 000-10 000=95 000（元）。

专家点拨

企业发生销售退回而支付的现金应从销售商品、提供劳务收到的现金中扣除，所以在现金流量表中，"销售商品、提供劳务收到的现金"项目的金额是考虑了销售退回情况后的全额。因此，该项目可以反映企业以下活动收到的现金：本期销售商品和提供劳务在本期收到的现金、前期销售商品和提供劳务（含应收账款和应收票据）在本期收到的现金、本期预收的商品款和劳务款等、本期发生销货退回而支付的现金（作为抵减项扣除）。

对于大多数正常企业而言，销售商品、提供劳务收到的现金是其生存的根本。如果企业销售商品、提供劳务收到的现金能够维持正常的规模，即使企业由于扩张等活动产生现金流出，也可以通过筹资获得一定的资金支持。如果企业销售商品不能获得现金，那么就会加大企业的现金压力，此时的企业只能通过向银行借款等来获得生产经营所需的现金。由于借款需要支付高额的利息，所以企业为了回笼资金就会在商品的销售价格上做出让步，而商品价格下跌会导致利润率下降，最终造成企业盈利下降。

另外，如果企业销售商品时不能顺利回款，那么企业的应收账款就会增加。此时就需要警惕应收账款的回款风险，如果赊销客户发生财务危机，企业的应收账款就可能发生坏账损失，甚至会导致企业损失惨重。因此，现金流量表中的"销售商品、提供劳务收到的现金"项目可以从侧面反映企业的经营状况。

（2）收到的税费返还

该项目反映的是企业收到政府按照国家有关规定采取先征后返（退）、即征即退等办法向企业返还的税款。该项目的具体金额可通过会计核算中的其他应收款项目（应收补贴款）、营业外收入项目（政府补助）或其他收益项目（政府补助）获取明细信息。

例如，某公司本期收到出口商品增值税退税 10 500 元，收到教育费附加返还款 13 000 元，则该公司本期"收到的税费返还"项目金额=10 500+13 000=23 500（元）。

（3）收到其他与经营活动有关的现金

该项目反映的是企业经营活动中收到的除上述两个项目之外，其他与经营性活动有关的现金，主要包括企业收取的保证金、押金、赔偿款、代收款、代垫款、手续费等款项。该项目应根据现金科目的借方数额与"营业外收入""其他应收款"等科目的贷方数额分析填列。

例如，某公司本期收回其他应收款 10 000 元，收到保险赔款 50 000 元，收到员工损坏公司资产赔款 2 000 元，则该公司本期"收到其他与经营活动有关的现金"项目金额=10 000+50 000+2 000=62 000（元）。

该项目是对销售商品、提供劳务收到的现金的补充，一般数额较小。如果某企业该项目的金额较大，则可以猜测该企业是否存在大量的往来款项，如果确实存在，则需要进一步验证企业是否存在不法行为。因为现金流量表反映的是期间数，所以报表使用者可以用它推断企业在某个期间的现金流量，还可以发现作为静态数据反映的资产负债表中不能反映的内容。

例如，某企业资产负债表中列示的"其他应收款"项目年初数为 0，但在 1 月 1 日该企业就把大量资金（假设为 500 万元）划到其他公司，而在年底又将该笔资金划回本企业。因此，在该企业当年的资产负债表中，"其他应收款"项目的年初数和年末数均为 0，没有发生变化，但从现金流量表来看，其列示的"收到其他与经营活动有关的现金"项目就会因该笔非正常交易产生 500 万元的流量。

因此，报表使用者通过阅读现金流量表可以看出资产负债表中隐藏的风险，以及洞悉企业经营的隐秘操作。如果发现有大量不正常的现金流，就可以推测该企业有频繁的资金划转情况，甚至存在大股东侵占企业资金的行为。

2. 经营活动产生的现金流出

企业在经营活动中，为了获取现金收入，就必定会伴随着现金支出。一般情况下，只有当现金收入大于现金支出，即现金净流量大于零时，企业才能持续地发展。

（1）购买商品、接受劳务支付的现金

该项目反映的是企业因购买商品、接受劳务等经营活动而支付的现金，如制造业企业采购材料物资、支付广告费、支付设备维修费等付出的资金，商业企业采购包装物、支付运输费等付出的资金，房地产企业支付工程设计费、工程咨询费、监测勘察费等付出的现金。企业购买商品、接受劳务等支付现金的同时，其负担的增值税进项税额也在本项目中反映，该项目的具体金额通过以下公式计算。

购买商品、接受劳务支付的现金=营业成本+存货增加额（期末余额-期初余额）+本期支付的
增值税进项税额+应付账款减少额（期初余额-期末余额）+
应付票据减少额（期初余额-期末余额）+预付款项增加额
（期末余额-期初余额）

专家点拨

"购买商品、接受劳务支付的现金"项目与"销售商品、提供劳务收到的现金"项目互相对应，报表使用者可将二者结合起来综合分析。该项目主要反映了企业以下活动形成的现金支出：本期购买商品和接受劳务在本期支付的现金、前期购买商品和接受劳务在本期支付的现金、本期预付的商品款和劳务款、本期发生销售退回而收到的现金（作为抵减项扣除）。

（2）支付给职工以及为职工支付的现金

该项目反映的是企业实际支付给职工的现金以及为职工支付的现金，包括本期实际支付给职工的工资、奖金、各种津贴和补贴等，以及为职工支付的其他费用。企业的职工类型较多，为职工支付的现金形式也多种多样，但并不是企业支付的所有与职工相关的现金都在该项目中反映，以下是不在本项目中反映的内容。

① 支付给离退休人员的各项费用，包括支付的统筹退休金以及未参加统筹的退休人员费用，在"支付其他与经营活动有关的现金"项目中反映。

② 支付给在建工程人员的工资，在"购建固定资产、无形资产和其他长期资产支付的现金"项目中反映。

③ 为职工支付的"五险一金"，以及支付给职工或为职工支付的其他福利费用等，应根据职工的工作性质和服务对象分别在"购建固定资产、无形资产和其他长期资产支付的现金"和"支付给职工以及为职工支付的现金"项目中反映。

五险一金

例如，某公司 2021 年应付职工薪酬相关资料如表 4-4 所示，已知本期用银行存款支付离退休人员工资 60 万元。假设应付职工薪酬本期减少额均以银行存款支付，应付职工薪酬期初和期末均为贷方余额，应付职工薪酬期初余额、本期计提额、期末余额均不包含离退休人员工资，不考虑其他事项。

表 4-4　　　　　　　　　某公司 2021 年应付职工薪酬相关资料　　　　　　　　　　单位：元

项目	年初余额	本期计提金额	期末余额
经营成本对应的应付职工薪酬	120 000	1 200 000	100 000
销售费用对应的应付职工薪酬	50 000	600 000	45 000
管理费用对应的应付职工薪酬	70 000	800 000	56 000
在建工程对应的应付职工薪酬	40 000	500 000	32 000

该公司本期"支付给职工以及为职工支付的现金"项目金额=（120 000+50 000+ 70 000）+（1 200 000+600 000+800 000）-（100 000+45 000+56 000）=2 639 000（元），不包括支付给离退休人员的各项费用和支付给在建工程人员的工资等。

本期"支付其他与经营活动有关的现金"项目金额为支付给离退休人员的工资 60 万元。

本期"构建固定资产、无形资产和其他长期资产支付的现金"项目金额=40 000+500 000-32 000=508 000（元）。

专家点拨

除了以现金方式支付职工薪酬外，公司还可能以非现金方式支付职工薪酬，如提供股权激励。股权激励是指通过使职工获得公司股权的形式来给予职工经济权利，以鼓励其勤勉地为公司长期发展贡献力量。股权激励基本针对的是公司高管或核心员工，且可能还需要设置条件，如达到一定的经营业绩等。

（3）支付的各项税费

该项目反映的是企业按规定支付的各项税费，包括本期发生并支付的税费，以及本期支付以前各期发生的税费和预交的税金，如支付的消费税、教育费附加、印花税、房产税、土地增值税、车船税等。企业采购商品等支付的增值税已在"购买商品、接受劳务支付的现金"项目中反映，所以该笔费用不通过该项目反映。

> **专家点拨**
>
> 企业采购商品时，所涉及的增值税在相关活动发生时一并支付，所以该笔费用应和商品款一起计入相关项目；但是，若有企业按照"销项税额-进项税额"或有关规定补缴的增值税，应在"支付的各项税费"中反映。

（4）支付其他与经营活动有关的现金

该项目反映的是企业支付的与投资活动和筹资活动无关的支出，如发生的现金捐赠支出、罚款支出、差旅费支出、业务招待费支出和保险费支出等。

企业支付的其他与经营活动有关的现金在一定程度上可以体现企业的管理水平。企业管理费用中除支付职工薪酬、支付税金和未支付现金费用外的费用，销售费用中除支付职工薪酬和未支付现金费用外的费用，以及财务费用中支付的结算手续费等都应在该项目中反映。所以，报表使用者通过该项目可以了解企业部分期间费用的支付情况，将该项目与利润表相关项目相结合，还可以推算出有关期间费用的构成情况，从而为企业如何开源节流提供依据。

经营活动产生的现金流量是企业持续发展的重要保障。企业生产的目的是获取盈利，如果企业所处的行业情况恶化或盈利下降甚至亏损，而企业仍然能够保证现金不出现亏损，那么企业才能够持续经营。当企业的产品价格不低于企业的现金成本时，企业的继续生产经营才有意义。这是因为，企业除现金支出外，还存在大量的固定成本，这些成本并不会因为企业的停产而停止支出。如果产品的价格已经低于现金成本，则企业生产得越多，亏损也就越多，企业也只能通过其他渠道（额外筹资）来维持生产。因此，经营活动的开展影响和制约着其他活动的开展。

（五）投资活动中的现金流量

企业的投资活动可分为两个方面：一方面是对外投资，如购买其他单位的股权、债券，投资兴办子公司等；另一方面是对内投资，如构建厂房、购进设备等。因此，投资活动中的现金流量都是围绕构建或处置活动而展开的。

投资活动产生的现金流入包括取得投资收益收到的现金、处置相关投资收回的现金等；而投资活动产生的现金流出则包括对外或对内投资支出的现金。企业投资活动现金流入量减去现金流出量就是投资活动现金流量净额，其计算公式如下。

投资活动产生的现金流量净额=当期投资活动产生的现金流入-当期投资活动产生的现金流出

1. 投资活动产生的现金流入

投资活动产生的现金流入主要来自两方面：一是收回投资收到的现金，二是取得投资收益收到的现金。

（1）收回投资收到的现金

该项目反映的是企业出售、转让或到期收回除现金等价物以外的短期投资、长期股权投资等而收到的现金，以及收回长期债权投资本金而收到的现金，不包括长期债权投资收回的利息，以及收回的非现金资产。

例如，某公司某项权益性投资本金为 6 000 000 元，该公司本月出售该投资，收回的全部投资金额为 4 600 000 元；某项债权性投资本金为 3 600 000 元，该公司本月出售该投资，收回的全部投资金额为 4 100 000 元，其中，500 000 元是债券利息。则该公司本月"收回投资收到的现金"项目金额=收回权益性投资金额+收回债权性投资本金=4 600 000+3 600 000=8 200 000（元）。

（2）取得投资收益收到的现金

该项目反映的是企业由于对外投资而收取的投资收益，包括因股票投资取得的现金股利、因债权投资取得的债券利息等。

如果企业在收回投资时，收到的现金既包括投资本金，又包括部分或全部本金产生的收益，那么收回的现金应分为两个部分分别在现金流量表中反映，即收回的本金应在"收回投资收到的现金"项目中反映，投资收益应在"取得投资收益收到的现金"项目中反映。

例如，某公司长期股权投资余额为 20 000 000 元，其中，投资 A 企业 15 000 000 元，占 A 企业股份的 75%，投资 B 企业 2 000 000 元，占 B 企业股份的 10%，投资 C 企业 3 000 000 元，占 C 企业股份的 15%。当年 A 企业盈利 20 000 000 元，分配现金股利 8 000 000 元，B 企业亏损没有分配股利，C 企业盈利 6 000 000 元，分配现金股利 2 000 000 元。该公司已如数收到现金股利，则该公司本期"取得投资收益收到的现金"项目金额=取得 A 企业实际分回的投资收益+取得 B 企业实际分回的投资收益+取得 C 企业实际分回的投资收益=8 000 000×75%+0+2 000 000×15%=6 300 000（元）。

（3）处置固定资产、无形资产和其他长期资产收回的现金净额

该项目反映的是企业出售固定资产、无形资产和其他长期资产所取得的现金减去为处置这些资产而支付有关费用后的净额。处置固定资产、无形资产和其他长期资产收到的现金与处置活动支付的现金在时间上比较接近，净额更能反映处置活动对现金流量的影响，故以净额反映。自然灾害等原因造成的固定资产等长期资产的报废、毁损而收到的保险赔偿收入也在本项目中反映。

固定资产报废、毁损的变卖收益以及遭受灾害而收到的保险赔偿收入等也在该项目中反映；如果处置固定资产、无形资产和其他长期资产收回的现金净额为负数，则应将其作为投资活动产生的现金流量在"支付其他与投资活动有关的现金"项目中反映。

例如，某公司出售一台不常使用的设备，收到价款 25 000 元。该设备原价 35 000 元，已提折旧 15 000 元，支付该设备拆卸费用 2 100 元、运输费用 900 元，则该公司本期出售该设备产生的"处置固定资产、无形资产和其他长期资产收回的现金净额"项目金额=本期出售固定资产收到的现金−支付出售固定资产的清理费用=25 000−（2 100+900）=22 000（元）。

（4）处置子公司及其他营业单位收到的现金净额

该项目反映的是企业由于买卖子公司及其他营业单位而产生的净现金流量。同样地，企业在处置子公司及其他营业单位的过程中，一方面会收到处置价款，另一方面也会发生处置费用，所以该项目反映的是处置现金收入减去现金支出后的净额。

（5）收到其他与投资活动有关的现金

该项目反映的是企业投资活动中收到的除上述项目以外，其他项目产生的现金流入。例如，企业在购买股票时支付的已宣告但尚未发放的现金股利，以后收回时应记入该项目；又如，企业在购买债券时支付的已到期但尚未领取的债券利息，以后收到时也应记入该项目。

2. 投资活动产生的现金流出

投资活动产生的现金流出主要体现为企业进行投资时支出的现金，并根据各具体活动在投

资活动中的作用不同分项列示。

专家点拨

一般来说，企业进行投资活动的目的是获得未来的现金流入，因此在企业的扩张过程中，其投资活动产生的现金流入量非常小。这是因为，企业在扩大规模或寻找新利润点的过程中，需要建造厂房、构建设备等，而这些活动都需要大量的现金投入，但是，企业只有在出售固定资产、获得投资收益或投资本金时才能产生其他的现金流入。因此，对于正处于加速发展中的企业而言，其投资活动产生的现金流入量不会很大。

待企业步入稳定期后，其前期投入已见成效，投资收益也会随之增加。企业资金充足后，便可以发展多样化投资战略，收回某些盈利小的投资而投入某些盈利多的投资。由于收回部分投资，所以产生的现金流入会增多，在这一阶段，企业投资活动产生的现金流入量可能会显著增加。

（1）购建固定资产、无形资产和其他长期资产支付的现金

该项目反映的是企业购买、建造固定资产，以及取得无形资产和其他长期资产支付的现金。需要注意的是，下列项目产生的现金不在本项目中反映。

① 购建固定资产而发生借款利息资本化的部分。

② 采用融资租赁方式租入固定资产支付的租赁费。

③ 采用分期付款方式购入固定资产后，各期支付的现金。

例如，某公司本期购入办公楼一幢，总价 8 500 000 元，现金支付 8 100 000 元，其他部分用公司产品抵偿。同时为在建厂房购进建筑材料一批，金额 1 500 000 元，已通过银行转账支付。则该公司本期"购建固定资产、无形资产和其他长期资产支付的现金"项目金额=购买办公楼支付的现金+为在建工程购买材料支付的现金=8 100 000+1 500 000=9 600 000（元）。

（2）投资支付的现金

该项目反映的是企业进行权益性投资和债权性投资支付的现金，包括企业取得除现金等价物以外的短期股票投资、长期股权投资支付的现金，以及支付的佣金、手续费等附加费用。需要注意的是，下列项目产生的现金不在本项目中反映。

① 购买股票和债券时，实际支付价款中包含的已宣告但尚未领取的现金股利，或已到付息期但尚未领取的债券利息。

② 收回购买股票和债券时支付的已宣告但尚未领取的现金股利，或已到付息期但尚未领取的债券利息。

例如，某公司本期以现金 20 000 000 元进行投资，其中，投资 A 企业 15 000 000 元，占比 75%，投资 B 企业 2 000 000 元，占比 10%，投资 C 企业 3 000 000 元，占比 15%。购买面值总额为 2 000 000 元的金融债券，其票面利率为 8%，实际支付金额为 2 050 000 元。则该公司本期"投资支付的现金"项目金额=投资 A 企业的现金总额+投资 B 企业的现金总额+投资 C 企业的现金总额+投资金融债券的现金总额=15 000 000+2 000 000+3 000 000+2 050 000=22 050 000（元）。

（3）取得子公司及其他营业单位支付的现金净额

该项目反映的是企业因购买子公司或其他营业单位而支付的现金净额。在实际操作中，该项目与"投资支付的现金"项目容易混淆，且二者都属于企业的对外投资。但是，"投资支付的

现金"项目主要反映的是企业的一般投资，即企业不能控制被投资单位或不能影响这些单位的投资决策；而本项目反映的是企业能对被投资单位产生影响的投资额，即企业能控制被投资单位（子公司）或能影响被投资单位的投资决策（其他营业单位）。

（4）支付其他与投资活动有关的现金

该项目反映的是企业除上述各项以外，支付其他与投资活动有关的现金。其中，如果有数额较大的现金流出，则应将其在单列项目中反映。上述"投资支付的现金"项目中列举的两类不能记入的项目应在本项目中反映。

（六）筹资活动中的现金流量

企业的筹资活动可分为两类：一类是寻找股东，这种筹资方式不会造成企业的负担，但是股东会分享企业的利润；另一类是寻找债主，即向外举债，这种方式需要企业付出代价，如支付利息。

企业筹资活动中的现金流量是指会导致企业资本及债务的规模和构成发生变化的现金流量，包括现金流入和现金流出。现金流入主要是指通过不同筹资渠道筹集的现金收入，现金流出主要是指偿还资金和支付利息等的现金支出，现金流入量减去现金流出量就是筹资活动现金流量净额，其计算公式如下。

筹资活动产生的现金流量净额=当期筹资活动产生的现金流入-当期筹资活动产生的现金流出

1. 筹资活动产生的现金流入

企业的筹资渠道主要有两个，所以筹资活动产生的现金流入也可按照这两个渠道来区分，即股东投资收到的现金和举债收到的现金。

（1）吸收投资收到的现金

该项目反映的是企业收到投资者投入的现金，包括通过发行股票筹集的资金、发行债券筹集的资金等。前者属于所有者权益，代表了企业外延式扩大再生产；而后者属于负债，在一定程度上代表了企业商业信用的高低。企业通过发行股票、债券方式筹集的资金应当以发行收入减去支付的佣金等发行费用后的净额在本项目反映；筹集资金过程中由企业直接支付的审计、咨询等费用，以及发行债券支付的发行费用等不在本项目中反映，而应在"支付其他与筹资活动有关的现金"项目中反映。

例如，大风公司本期对外公开募集股份 1 000 000 股，每股股票票面金额为 1 元，每股股票发行价为 5 元，代理发行的证券公司为其支付的各种费用共计 65 000 元。同时，大风公司本期为建设一个新项目发行了 300 000 元的长期债券，发行手续费为发行总额的 2.5%，宣传及印刷费由证券公司代为支付，并从发行总额中扣除。大风公司直接支付咨询费、公证费等 8 200 元，证券公司代为支付的宣传及印刷费等各种费用为 115 100 元，且证券公司已按协议将筹集的款项支付到大风公司的银行账户。则大风公司本期"吸收投资收到的现金"项目金额=发行股票取得的现金+发行债券取得的现金=（1 000 000×5-65 000）+（300 000-300 000×2.5%-115 100）= 5 112 400（元），而大风公司直接支付的咨询费、公证费等 8 200 元应在"支付其他与筹资活动有关的现金"项目中反映。

（2）取得借款收到的现金

该项目反映的是企业举借各种短期借款、长期借款而收到的现金。其中，短期借款主要用于企业日常经营活动，长期借款主要用于企业扩大再生产。

例如，某公司本期向工商银行贷款 5 000 000 元，期限为 3 年，年利率为 12%，向建设银行贷款 6 000 000 元，期限为 1 年，年利率为 6.47%，贷款均已发放到该公司银行账户。则该公司本期"取得借款收到的现金"项目金额=取得长期借款收到的现金+取得短期借款收到的现金= 5 000 000+6 000 000=11 000 000（元）。

> **专家点拨**
>
> 　　虽然长期借款和应付债券都属于企业的长期负债，但是它们在现金流量表中所反映的项目不一样，这主要是二者在性质上的区别造成的，它们的主要区别表现在以下 3 个方面。
>
> 　　① 筹资范围不同：长期借款的筹资范围仅限于银行或其他金融机构；而应付债券的筹资范围可以是单位或个人，所以其筹资范围更广。
>
> 　　② 债权人对债务人的了解程度不同：由于长期借款的债权人一般是银行或其他金融机构，所以其对企业的偿债能力一般较为了解；而应付债券的债权人多为单位或个人，其对企业的偿债能力了解程度较低。
>
> 　　③ 流动性不同：应付债券作为一种有价证券，具有较强的流动性；而长期借款只是证明债权债务关系的契约，一般不能自由流通。
>
> 　　从长期借款和应付债券的上述特征可以看出，应付债券是企业吸收投资的一种表现，与企业发行的股份类似，而长期借款就是企业取得的一般借款。所以应付债券应在"吸收投资收到的现金"项目中反映，长期借款应在"取得借款收到的现金"项目中反映。

　　通过分析以上两个项目，报表使用者不仅可以了解企业通过不同筹资渠道取得的现金收入，还可以初步分析企业主要的筹资来源，了解企业的信用情况。

　　如果吸收投资收到的现金明显多于取得借款收到的现金，那么可以反映出企业的资本主要来自所有者的投入，从而可以推测该企业可能在加大融资；如果取得借款收到的现金明显多于吸收投资收到的现金，那么可以反映出企业正在大规模举债经营，可以推测该企业信用条件较好，现阶段可能在开发新的项目。

　　（3）收到其他与筹资活动有关的现金

　　该项目反映的是除上述两个项目外，企业收到其他与筹资活动有关的现金流入，如接受现金捐赠等。该项目的金额通常较小，如果某个会计期间本项目金额突然增大，则报表使用者应当注意该异常情况，需要对其加以关注并做进一步的分析。

2. 筹资活动产生的现金流出

　　无论是通过所有者筹资还是通过债权人筹资，企业筹资均需要成本。筹资活动产生的现金支出主要包括两类：一类是归还债务本金的现金支出；另一类是债务成本的现金支出，即分配股利（或利润）、偿还利息的现金支出。

　　（1）偿还债务支付的现金

　　该项目反映的是企业以现金偿还债务的本金，包括偿还金融企业的借款本金、偿还债券的本金等。企业偿还的借款利息、债券利息等不在本项目中反映，而应在"分配股利、利润或偿付利息支付的现金"项目中反映。

　　（2）分配股利、利润或偿付利息支付的现金

　　该项目反映的是企业实际支付的现金股利、支付给其他投资单位的利润、支付的借款利息

和债券利息等。

该项目与"偿还债务支付的现金"项目联系比较紧密，虽然二者在数据上并不存在依存关系，但就实际意义而言，二者却存在因果关系。一般情况下，"偿还债务支付的现金"项目的发生频率较低，但其一旦发生，数额就会比较大；而"分配股利、利润或偿付利息支付的现金"项目的发生频率虽然比较高，但其每期数额相对较小。

报表使用者通过将二者进行比较，可以了解企业所处的状态，了解企业当期的负债偿付负担，以及是否存在较大的现金支出压力等，从而判断企业未来的现金流量情况。

（3）支付其他与筹资活动有关的现金

该项目反映的是除上述两个项目以外，支付的其他与筹资活动有关的现金，如捐赠现金支出、融资租入固定资产支付的租赁费等。该项目的金额通常较小，若该项目数额较大，则应将其单独列项反映。

报表使用者在阅读现金流量表时，如果发现企业在某一会计期间该项目的金额异常变大，那么就需要特别关注其变化的原因，以及对企业未来经营的影响。例如，企业因归还投资或缩减经营规模而减少注册资本时，就需要支付大量现金，在这种情况下，该项目的金额就会发生较大的变化。此时，报表使用者就需要对企业的整体经营情况加以分析。

（七）现金流量表中的其他列示项目

在现金流量表中，有关经营活动、投资活动和筹资活动项目的列示是主要内容，但还包括一些其他的项目，虽然这些项目不能直接反映企业的各项活动，但对报表使用者来说也十分重要，它们可以使报表使用者更为全面地了解企业的现金流量信息。

1. 汇率变动对现金及现金等价物的影响

汇率变动对现金及现金等价物的影响主要由于企业存在以外币核算的经济业务引起。

（1）汇率与财务报表列报的要求

汇率又称外汇利率、外汇汇率或外汇行市，是指两种货币之间的兑换比率，也可视为一个国家的货币对另一种货币的价值。当企业有对外收支业务时，就可能涉及汇率的运用。《企业会计准则第19号——外币折算》要求，企业通常应选择人民币作为记账本位币；业务收支以人民币以外的货币为主的企业，可以按照本准则第五条规定选定其中一种货币作为记账本位币，但是编报的财务报表应当折算为人民币。因此，企业需要在现金流量表中将汇率变动对现金及现金等价物的影响加以反映。

（2）汇率变动对现金及现金等价物的影响

如果企业有外币核算业务，那么在进行会计核算时，通常要以业务发生当日或资产负债表日的外汇汇率为依据来确认应当记录的人民币金额；但在编制财务报表时，报表所反映的项目应当以资产负债表日的即期汇率进行核算，这就可能存在两个日期之间的汇率差，由此就产生了汇率折算差额。

汇率折算差额既不是经营活动引起的，也不是投资活动引起的，更不是筹资活动引起的，却对企业的现金流量造成了影响，为了将其反映在现金流量表中，就需要设置"汇率变动对现金及现金等价物的影响"项目。

2. 现金及现金等价物净增加额

现金及现金等价物净增加额是指在现金流量表的经营活动、投资活动和筹资活动中广义的现金增加额。现金流量表的主体部分是三大类活动现金流入、流出的具体情况，是对企业日常运营中现金收支的分类反映，可向报表使用者提供企业在某一会计期间现金收支的过程。但由于这些项目都是分类列示的，如果报表使用者想了解这些具体项目的总体情况，还需要自行计算合计数。因此，为了方便报表使用者的使用，现金流量表中就专设了一项"现金及现金等价物净增加额"项目。

在实际操作中，只有少部分企业持有现金等价物，所以现金及现金等价物近似等于企业的货币资金。因此，现金及现金等价物的数额可通过资产负债表中的相关项目获取，相关计算公式如下。

现金的期初余额=资产负债表中"货币资金"项目的期初余额

现金的期末余额=资产负债表中"货币资金"项目的期末余额

现金流量表中的"现金及现金等价物的净增加额"=现金的期末余额-现金的期初余额

因此，报表使用者在阅读财务报表时，可以将资产负债表中的"货币资金"项目与现金流量表中的"现金及现金等价物净增加额"项目进行对比，通过两者的勾稽关系来检查相关项目的列示是否有误。

3. 期末现金及现金等价物余额

现金及现金等价物净增加额反映了企业当期日常活动对现金及现金等价物的影响，将本期数据加上期初现金及现金等价物余额就可以得到期末现金及现金等价物余额。该项目可以反映企业实际拥有的现金及现金等价物数量，即企业最终可动用的现金。

报表使用者可以将"汇率变动对现金及现金等价物的影响""现金及现金等价物净增加额""期末现金及现金等价物余额"项目与经营活动、投资活动、筹资活动产生的现金流量结合起来分析，以全面了解企业的现金流入、流出情况。

如果报表使用者想要了解各类活动具体的现金收支情况，则可以详细分析现金流量表中的前3个项目；如果报表使用者想要了解企业整体的现金收支水平，则可以通过第5、第6个项目获取资料；如果报表使用者想要特别关注汇率变动对现金及现金等价物的影响，则可以通过第4个项目获取资料。

总之，通过分析现金流量表，报表使用者可以有区别地分析现金来源和现金支出，也可以从整体层面了解企业经营对现金流量的影响以及现金的存量情况。

三、任务实训

（一）计算现金流量表中相关项目的列示金额

某公司2022年1月使用现金支付的各项费用中，购买电子元件支付的现金以及涉及的增值税进项税额应在"购买商品、接受劳务支付的现金"项目中反映；员工软件培训费应在"支付其他与经营活动有关的现金"项目中反映；支付前欠A公司货款应在"购买商品、接受劳务支付的现金"项目中反映；在支付与职工相关的费用中，差旅费应在"支付其他与经营活动有关的现金"项目中反映，基本工资与"五险一金"应在"支付给职工以及为职工支付的现金"项目中反映，退休人员的退休金应在"支付其他与经营活动有关的现金"项目中反映；缴纳的城市维护建设税和教育费附加应在"支付的各项税费"项目中反映；支付的销售退回款应在经营活动产生的现金流入项目中列示，即将其作为抵减项列示于"销售商品、提供劳务收到的现金"

项目中。

综上所述，该公司 2022 年 1 月现金流量表中，"购买商品、接受劳务支付的现金"项目的列示金额=150 000+19 500+13 000=182 500（元）；"支付给职工以及为职工支付的现金"项目的列示金额=50 000+7 500=57 500（元）；"支付的各项税费"项目的列示金额为 1 950 元；"支付其他与经营活动有关的现金"项目的列示金额=5 000+4 800+8 000=17 800（元）；"销售商品、提供劳务收到的现金"项目的列示金额为-6 780 元。

（二）分析投资活动中的现金流量

从表 4-1 可以看出，该公司两期投资活动产生的现金流量净额都为负值，所以可以初步判断该公司可能正在成长期或发展阶段。

通过"本期金额"栏可以看出，该公司当月现金流出的主要原因是构建固定资产、无形资产等支付的现金，占当月现金流出量的 72.17%（239.48÷331.82×100%）；而在"上期金额"中，其构建固定资产、无形资产等所支付的现金占当月现金流出量的比重为 12.5%（15.83÷126.59×100%）。由此可以发现，该公司可能在当月投入了大量资金用于改善固定资产、无形资产或其他长期资产。

但是，仅从表 4-1 中的数据还无法直接判断该公司投资活动现金流量的好坏，不能因为公司加大了固定资产等长期资产的投入就判断其发展势头良好。报表使用者还需要观察该公司的这种投入能否在日后带来相应的经济效益，这可能会影响以后期间经营活动产生的现金流量，甚至还会影响编制的利润表和资产负债表。

（三）分析筹资活动中的现金流量

首先，对比该公司 2020 年和 2021 年"筹资活动产生的现金流量净额"的绝对数据，可以看出 2021 年该公司的整体筹资情况较 2020 年有了明显提升。

其次，比较 2021 年的有关数据。该公司 2021 年筹资活动的现金流入量主要包括从股市中筹集的资金和通过借款筹集的资金，二者在当年现金流入量的占比分别为 59.67%和 35.05%，合计数达到了 94.72%。从中可以看出该公司在股市中具有较强的筹资能力，且在银行或其他金融机构中的商业信用也较好。

再次，对比两年的整体情况。2020 年的"吸收投资收到的现金"与"取得借款收到的现金"项目中均没有数据，说明当年没有举借大规模债务，企业处于稳定发展状态；而 2021 年筹资活动的现金流入量主要来源于上述两个项目，则说明该公司 2021 年进行了大量筹资，由此可猜测该公司可能在 2021 年部署了大的战略计划。

最后，进行总结评价。从上述的报表数据中可以看出该公司 2021 年筹资活动产生的现金流量净额较 2020 年增加了 1 829.91 万元，但是增加额是否合理、所筹集的资金是否有效利用，应考虑筹资活动对公司日后的发展是否有利。

任务二　掌握三大财务报表间的关联关系

一、任务引入

上海程华商贸有限公司（以下简称"程华公司"）2021 年资产负债表（简表）、现金流量表（经营活动部分）、利润表（简表）分别如表 4-5、表 4-6 和表 4-7 所示。

表 4-5　　　　　　　　程华公司资产负债表（简表）

编制单位：程华公司　　　　　　　2021 年 12 月 31 日　　　　　　　　单位：万元

资产	期末余额	负债和所有者权益（或股东权益）	期末余额
流动资产：		流动负债：	
货币资金	114.53	短期借款	100.00
应收账款	132.67	应付账款	176.52
预付款项	45.74	应交税费	35.93
其他应收款	11.59	其他应付款	32.20
存货	273.72	流动负债合计	344.65
流动资产合计	578.25	非流动负债：	
非流动资产：		长期借款	160.00
长期股权投资	184.69	非流动负债合计	160.00
固定资产	326.62	负债合计	504.65
长期待摊费用	154.75	所有者权益（或股东权益）：	
非流动资产合计	666.06	实收资本（或股本）	500.00
		资本公积	48.92
		未分配利润	190.74
		所有者权益合计	739.66
资产总计	1 244.31	负债和所有者权益（或股东权益）总计	1 244.31

表 4-6　　　　　　　程华公司现金流量表（经营活动部分）

编制单位：程华公司　　　　　　　　2021 年　　　　　　　　　　单位：万元

项目	本期金额
一、经营活动产生的现金流量：	
销售商品、提供劳务收到的现金	147.82
收到的税费返还	
收到其他与经营活动有关的现金	34.75
经营活动现金流入小计	182.57
购买商品、接受劳务支付的现金	201.36
支付给职工以及为职工支付的现金	47.55
支付的各项税费	32.19
支付其他与经营活动有关的现金	12.43
经营活动现金流出小计	293.53
经营活动产生的现金流量净额	-110.96
………	
六、期末现金及现金等价物余额	269.73

表 4-7 程华公司利润表（简表）

编制单位：程华公司　　　　　　　　　　　　2021 年　　　　　　　　　　　　单位：万元

项目	本期金额	上期金额
一、营业收入	396.43	
减：营业成本	173.78	
税金及附加	22.64	
销售费用	35.87	
管理费用	28.05	
财务费用	15.68	
加：其他收益	8.93	
投资收益	5.65	
二、营业利润（亏损以"-"号填列）	134.99	
加：营业外收入	16.96	
减：营业外支出	3.84	
三、利润总额（亏损总额以"-"号填列）	148.11	
减：所得税费用	20.52	
四、净利润（净亏损以"-"号填列）	127.59	

结合程华公司的三大财务报表，对程华公司 2021 年的财务状况进行简要分析。

二、相关知识

在企业的财务报表体系中，资产负债表、利润表、现金流量表可被合称为企业的"三大财务报表"。这三张财务报表综合反映了企业的财务状况、经营成果和现金流量，为报表使用者做出决策提供了有力依据。同时，现金流量表与资产负债表、利润表之间也有一定的联系。

（一）现金流量表与资产负债表、利润表的比较

随着我国财务报告体系逐渐向国际财务报告体系接轨，为了顺应国际经济交流的需要，财政部在 2006 年 2 月发布的会计准则中正式定义了现金流量，明确规定了现金流量表的编制方法，从而奠定了现金流量表在企业财务报告体系中的重要地位。

1. 现金流量表与资产负债表、利润表的关系

现金流量表将企业的日常活动分为经营活动、投资活动、筹资活动，从不同角度反映了企业的现金收支情况。在现金流量表的填列中，各项活动的具体收支与资产负债表、利润表项目有紧密的联系。

（1）经营活动现金流量与资产负债表项目、利润表项目的关系

经营活动产生的现金流量通常与资产负债表、利润表的联系较为紧密。资产负债表中大部分流动资产与流动负债项目的变化，如"存货""应收账款""应付账款""预收款项""预付款项""应付职工薪酬""应交税费"等项目，均会影响经营活动现金流量的列示，而现金流量表中大部分经营活动现金收支都由利润表的收入、费用项目中以现金收支形式表现的部

分形成。

　　但利润表与资产负债表中下列项目不影响经营活动现金流量：属于融资活动的项目，如"财务费用"项目中的利息支出，资产负债表中的"短期借款""应付利息""应付股利"等项目的变化；属于投资活动的项目，如"投资收益""应收利息""应收股利"等项目的变化；不涉及现金流量的项目，如"资产减值损失""公允价值变动收益"等。

　　（2）投资活动现金流量与资产负债表项目、利润表项目的关系

　　投资活动产生的现金流量与资产负债表中的"长期股权投资""固定资产""在建工程""无形资产"等项目，以及利润表中的"投资收益"等项目存在一定的对应关系。

　　（3）筹资活动现金流量与资产负债表项目、利润表项目的关系

　　筹资活动产生的现金流量与资产负债表中的"短期借款""长期借款""应付债券""应付利息""股本""资本公积"等项目，以及利润表中的"财务费用"等项目存在一定的对应关系。

2. 现金流量表与资产负债表、利润表的比较分析

　　现金流量表是企业财务报表的重要组成部分，也是企业现金及现金等价物增减变动情况的反映，它能够从"现金流"的角度表达企业资产负债表和利润表所不能表达的信息。

　　（1）现金流量表与资产负债表的比较分析

　　报表使用者通过资产负债表可以了解企业资产、负债和所有者权益在期末的状况，但无法对资产的流动性等进行客观评价。而结合现金流量表进行综合分析，报表使用者就可以将现金流量表中的有关数据与资产负债表中的有关数据进行比较，从而客观地评价企业的偿债能力、盈利能力和现金支付能力。

　　例如，报表使用者通过资产负债表可以了解企业的资产状况，包括流动资产和非流动资产的构成及其相应关系；但对于许多流动性不强的项目（如滞销的存货、发生坏账的应收款项、可能收不到相应商品的预收账款等），它们虽然属于流动资产，但是转变为现金的能力较弱，所以它们可能并不具有实际的偿债能力。结合现金流量表进行综合分析，报表使用者可以观察关于经营活动现金流量净额的数据，将其与资产负债表中的有关指标进行对比，从而更能客观评价企业的偿债能力。

　　因此，现金流量表与资产负债表的结合分析可以作为企业资产流动性分析、偿债能力分析的补充。

　　（2）现金流量表与利润表的比较分析

　　报表使用者通过利润表可以了解企业一定会计期间的经营成果，知晓企业利润的计量过程和形成过程。但是，利润作为衡量企业盈利能力的重要指标也存在一定的缺陷。

　　利润是收入减去费用后的差额，而收入与费用的计量以权责发生制为基础，在会计核算中会广泛运用收入、费用的配比原则，而且其中还包含很多会计估计。虽然会计核算受会计准则的约束，但其中涉及太多的主观判断，所以按照收入与费用配比原则计算出的利润并没有考虑是否实际收到或支付了现金，因此计算出的利润和企业实际的盈利水平存在一定的偏差。

　　但是，依照收付实现制原则编制的现金流量表能够真实反映资金的实际流入、流出情况，因此，报表使用者要想真实地了解企业的经营成果，就需要利用现金流量表（尤其是其中经营活动产生的现金流量）提供的现金流量信息，将其与利润表中的相关信息结合分析，从而更客

观地评价企业的经营效率。

（二）三大财务报表间勾稽关系在项目中的反映

通过对报表项目的学习可以发现，这三张财务报表并不是孤立存在的，它们的存在以企业发生的经济活动为依托，并通过一些报表项目发生联系，这种联系就称为三大财务报表的勾稽关系。具体来讲，三大财务报表间的勾稽关系体现在以下两方面。

1. 资产负债表与利润表的勾稽关系

资产负债表是一个时点报表，表中某个项目的期末数减去期初数就是这个项目在本期的变化数；利润表是一个时期报表，表中某个项目的本期数就是这段时期的变化数。在资产负债表中，未分配利润在期初和期末的差额就是这段时期企业实现的净利润；而在利润表中，企业在某段时期形成的净利润也有专门的项目反映。

综上，资产负债表与利润表的联系主要通过未分配利润实现，资产负债表中"未分配利润"项目的期末数减期初数应该等于同一期间利润表中"净利润"项目的本期金额。

2. 资产负债表与现金流量表的勾稽关系

在资产负债表中，货币资金在期初和期末的差额就是这段时期企业货币资金的变化数；对于一般企业来讲，通常没有现金等价物，所以企业资产负债表中"货币资金"项目的期末数减期初数就可以看作这段时期企业的现金流量。

现金流量表作为一个时期报表，报表中某个项目的本期数就是这段时期的变化数；在现金流量表中，"现金及现金等价物净增加额"项目可以反映这段时期企业总的现金流量变化情况。

综上，资产负债表和现金流量表的联系主要通过货币资金实现，即资产负债表中"货币资金"项目的期末数减去期初数应该等于同一期间现金流量表中"现金及现金等价物净增加额"项目的本期金额。

三大财务报表间的勾稽关系如图 4-1 所示。

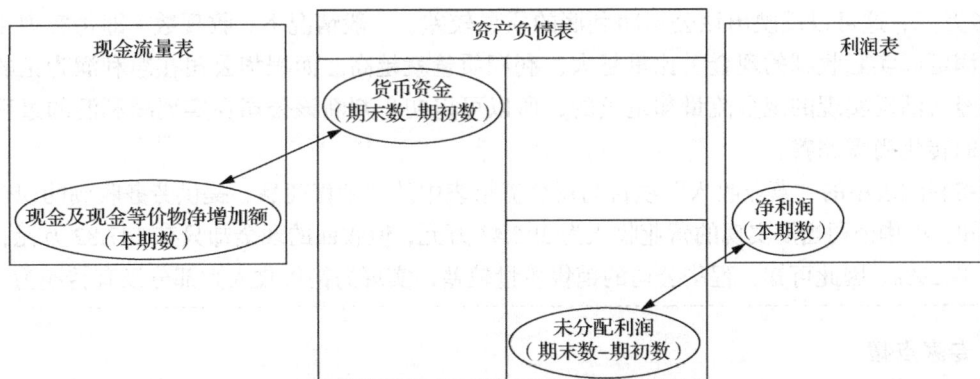

图 4-1　三大财务报表间的勾稽关系

（三）三大财务报表间勾稽关系在现金流量中的反映

资产负债表作为一个时点报表，其报表项目可以反映现金存量的具体金额；现金流量表作为时期报表，其报表项目可以反映现金流量的变化情况；而利润表作为时期报表，虽然不能直接反映现金存量与现金流量，但却提供了产生现金流量的渠道。其中，现金流量在资产负债表和现金流量表中的反映如图 4-2 所示。

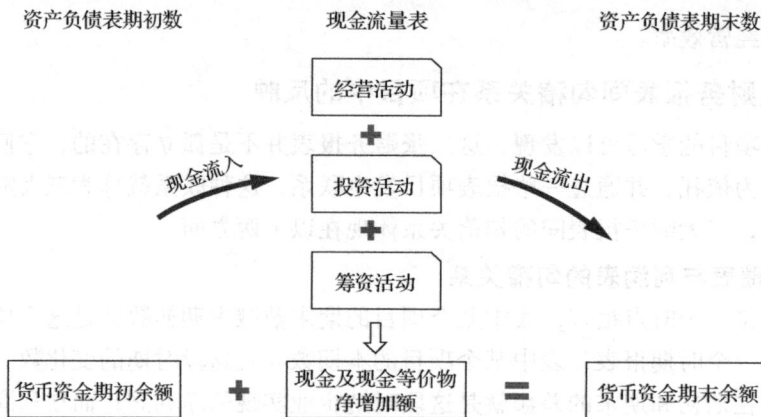

图 4-2　现金流量在资产负债表和现金流量表中的反映

三、任务实训——综合分析三大财务报表

通过程华公司 2021 年 12 月 31 日的资产负债表可知，该公司目前的流动资产为 578.25 万元，相较于负债总额 504.65 万元来讲，该公司有足量的资金随时归还欠款。但是，结合该公司当年的现金流量表可发现，期末现金及现金等价物的总额为 269.73 万元，远小于负债总额 504.65 万元；同时，当年经营活动产生的现金流量净额为负数，即现金流出量大于现金流入量。因此，通过以上分析可判断：程华公司当年的偿债能力较差。

通过程华公司 2021 年利润表可以看出，当年实现的净利润为 127.59 万元，将净利润与营业收入相比，得出该公司的净利率为 127.59÷396.43×100%=32.18，通过与该企业往期数据或同行业先进数据进行比较，可以了解该公司的盈利质量。

将利润表中的"净利润"项目与现金流量表中的"经营活动产生的现金流量净额"项目相比较可知，程华公司当年实现了 127.59 万元的净利润，但经营活动产生的现金流量净额却是 -110.96 万元，这可以反映出该公司净利润的质量较差。一般情况下，收现数（即每实现 1 元的账面利润可以实际收到的现金）比重越大，利润质量就越高。而程华公司在净利润为正的情况下，其经营活动实现的现金流量却是负的，所以可以初步判断该公司在实现净利润的过程中，对现金的转化尚需完善。

再将利润表中的"营业收入"项目与现金流量表中的"销售商品、提供劳务收到的现金"相比较可知，程华公司当期实现的营业收入为 396.43 万元，但收回的现金却只有 147.82 万元，收现比只有 37.29%。因此可知，程华公司的销售质量较差，实现的销售收入大部分没有转换为现金。

专家点拨

收现比能反映企业实现净利润的质量，但是在运用该指标时，应以企业持续正常经营、既能创造利润又能获得现金流量为前提，如果企业不能满足这两个前提，那么该指标的运用也就不具有意义。另外，为了与经营活动现金流量计算口径保持一致，在计算收现比时应剔除净利润中的投资收益和筹资费用。

因此，严格来讲，在上面的任务实训中计算收现比时，应将净利润 127.59 万元剔除投资收益 5.65 万元和筹资费用 15.68 万元（假设财务费用中全为筹资费用）后的金额 106.26 万元作为该指标的计算基础。

拓展阅读——不同发展阶段企业的财务报表

由于发展阶段的不同，企业的财务报表也存在较大差异。根据企业发展与成长的动态轨迹不同，可以将其从成立到消亡的过程划分为 3 个典型阶段，即成长期、成熟期和衰退期。

1. 成长期企业财务报表的特点

对于处于成长期的企业而言，由于投资者可能已经发现了该企业的发展潜力，其商业模式也基本得到了验证，所以该类企业会有较大规模的投入。具体来讲，这类企业的财务报表具有以下特点。

（1）规模迅速扩张

因为持续发展的需要，企业可能会大规模增加投入。若将其体现在资产负债表中，就是资产的高速增长以及负债的增加；若将其体现在利润表中，就是收入的快速增长，但净利润可能为负，也有可能在成长期的中后期转亏为盈。

（2）经营活动产生的现金净流量为负

企业规模急速扩张，各种经营性支出可能会激增，而经营活动产生的现金流入无法弥补现金的流出，从而使经营活动产生的现金净流量为负。

（3）投资活动产生的现金净流量为巨大的负数

企业的高速成长主要表现在投资规模的加大。由于企业为了抢占市场，往往会加大长期资产的投入，使得现金流出量较大，但此时的投资尚未见到成效，所以现金流入较少，从而使投资活动产生的现金净流量可能表现为大额负数。

（4）筹资活动产生的现金净流量为巨大的正数

企业发展需要资金的支持，经营活动、投资活动对资金的大规模需求会迫使企业进行大规模的筹资。这一时期企业筹资活动产生的现金流入会非常大，加之这一时期企业债务的偿还期限尚未到期，所以筹资活动产生的现金净流量可能为巨大的正数。

2. 成熟期企业财务报表的特点

对于处于成熟期的企业而言，其业务规模和盈利模式基本趋于稳定，各项投入也逐渐放缓，具体来讲，这类企业的财务报表具有以下特点。

（1）资产负债表

资产、负债的增长速度已经放缓，甚至停止增长。

（2）利润表

利润的增速已经放缓，基本保留在较高水平，有的甚至停止增长。

（3）现金流量表

经营活动产生的现金流量充沛，有足够的资金盈余；投资活动产生的现金流量需要根据企业的战略方向等进行仔细分析；筹资活动产生的现金流量往往为负，因为这一时期可能存在较大的现金流出。

3. 衰退期企业财务报表的特点

对于处于衰退期的企业而言，由于没有继续发展的潜力与动力，所以其各项财务指标可能都表现出萎靡的状态，具体来讲，这类企业的财务报表具有以下特点。

（1）资产负债表

资产、负债呈规模性萎缩，由于部分投资者撤资，所有者权益可能出现骤减的情况。

（2）利润表

利润状况不佳，净利润逐渐下降，甚至出现亏损。

（3）现金流量表

经营活动产生现金流量的能力急剧下降，现金收入仅能勉强维持现金支出，甚至现金净流量可能为负；由于投资的撤回等因素，投资活动产生的现金流入比较大，有关经营性长期资产的投资活动可能会成为现金流入的主要来源；筹资活动中向股东分配股利等支付现金的可能性很小，由于部分股东撤资，可能存在大量现金流出的情况。

巩固练习

一、单选题

1. 下列各项中，不会影响企业现金流量表中"现金及现金等价物净增加额"项目金额的是（   ）。

    A. 以银行存款支付水电费

    B. 以银行存款支付职工工资、奖金、津贴

    C. 将库存现金存入银行

    D. 收到出租资产的租金

2. 下列各项中，不属于现金流量表中"现金及现金等价物"项目的是（   ）。

    A. 库存现金   B. 银行本票存款

    C. 银行承兑汇票   D. 两个月内到期的国债

3. 某企业 2021 年的营业收入为 1 000 万元，增值税销项税额为 130 万元，"应收账款"科目年初余额为 120 万元，年末余额为 100 万元。假设无其他事项，则该企业 2021 年现金流量表中"销售商品、提供劳务收到的现金"项目金额应为（   ）万元。

    A. 1 000   B. 1 150   C. 1 500   D. 1 750

4. 2021 年 8 月 1 日甲公司为购建仓库发行面值为 200 万元、票面利率为 6% 的 3 年期债券，每年年末支付利息，到期还本。9 月 17 日，甲公司以 10% 的股份接受乙公司投入的一批存货，该批存货账面价值为 30 万元，市场价值为 50 万元。假设甲公司 2021 年未发生其他与筹资活动有关的事项，且不考虑相关税费，则甲公司 2021 年现金流量表中"筹资活动产生的现金流量净额"项目金额为（   ）万元。

    A. 206   B. 200   C. 250   D. 195

5. 下列说法中，不正确的是（   ）。

    A. 如果吸收投资收到的现金明显多于取得借款收到的现金，则可以推测该企业可能在加大融资

    B. 如果取得借款收到的现金明显多于吸收投资收到的现金，则可以推测该企业可能信用条件较好

    C. "财务费用"项目中的利息支出属于经营活动的现金流量

    D. 企业实际支付的现金股利在"分配股利、利润或偿付利息支付的现金"项目中反映

6. 使用间接法计算经营活动现金流量净额时，不属于企业需要对净利润做出调整的是（　　）。

    A. 扣除非经营活动的损益

    B. 加上不支付现金资产的费用

    C. 加上（或减去）非现金流动资产的减少（或增加）

    D. 加上（或减去）非现金应收项目的增加（或减少）

7. 甲公司 2021 年 10 月购买一项设备支付价款 100 万元，相关的增值税进项税额 13 万元，购买两个月到期的国债 50 万元，为购建厂房取得借款 100 万元，12 月末用银行存款支付在建工程人员工资 200 万元，并支付借款利息 17 万元。假设不考虑其他因素，则甲公司 2021 年现金流量表中"投资活动产生的现金流量净额"项目金额为（　　）万元。

    A. -332　　　　　　　B. -117　　　　　　　C. -300　　　　　　　D. -313

二、多选题

1. 下列各项中，应该作为现金流量表中经营活动产生的现金流量有（　　）。

    A. 收到的税费返还　　　　　　　　　B. 支付给在建工程人员的工资

    C. 购入机器设备支付的现金　　　　　D. 销售商品收到的现金

2. 下列各项中，属于现金流量表中筹资活动产生的现金流量有（　　）。

    A. 取得借款收到的现金　　　　　　　B. 吸收投资收到的现金

    C. 赊购材料未支付的款项　　　　　　D. 分配股利、利润或偿付利息支付的现金

3. 下列各项中，属于企业现金流量表中投资活动产生的现金流量有（　　）。

    A. 支付行政办公人员工资　　　　　　B. 购买机器设备支付的现金

    C. 购买无形资产支付的现金　　　　　D. 购买办公用品支付的现金

4. "收到其他与经营活动有关的现金"项目主要包括（　　）。

    A. 企业收取的保证金　　　　　　　　B. 企业收取的代垫款

    C. 企业收取的押金　　　　　　　　　D. 企业收取的采用即征即退方法返还的税款

5. 下列各项中，属于工作底稿法编制程序的有（　　）。

    A. 将资产负债表的期初数和期末数过入工作底稿的期初数栏和期末数栏

    B. 对当期业务进行分析并编制调整分录。在编制调整分录时，要以利润表项目为基础，从"营业收入"开始，结合资产负债表项目逐一分析

    C. 核对调整分录，使借方、贷方合计数相等，同时，资产负债表项目期初数加减调整分录中借贷金额后的数值也等于期末数

    D. 将调整分录过入工作底稿中的相应部分

三、判断题

1. 间接法是指以净利润为起算点，调整有关项目，将以收付实现制为基础计算的净利润调整为以权责发生制为基础计算的经营活动现金流量净值的一种方法。（　　）

2. 如果某企业"收到其他与经营活动有关的现金"项目金额较大，则可以猜测该企业可能存在大量的往来款项，必要时可以进一步验证企业是否存在不法行为。（　　）

3. 企业偿还的借款本息在"偿还债务支付的现金"项目中反映。（　　）

四、计算分析题

1. 某公司由于一项生产设备已经过时，无法满足生产需要，所以于 2022 年 4 月将其进行

处置。该生产设备价值 56 380 元，处置时出售该设备取得收入 28 000 元。因为对方要求本公司负责将生产设备送往指定地点，于是产生运输费 500 元。试分析该笔业务对该公司现金流量表的影响金额是多少。

2. 某公司于 2021 年 4 月投资 500 000 元用于购买甲公司发行的公司债券，该债券的期限为一年，年利率为 7%。假设 2022 年 4 月债券期满，该公司收回投资时共收到现金 535 000 元。试分析该笔现金应如何反映在现金流量表中。

3. 某公司 2022 年 4 月利润表中列示的营业收入为 540 000 元，资产负债表中列示的应收账款为 258 040 元、应收票据为 250 000 元、预收款项为 30 000 元。已知该公司 2022 年 3 月末的应收账款为 289 000 元、应收票据为 297 020 元。另外，当年 1 月销售的一批商品存在问题被退回，该批商品的销售价格为 50 000 元，涉及的增值税税额为 6 500 元，商品退回当日，该公司使用现金支付了相关款项。2022 年 4 月因实现的营业收入共涉及增值税销项税额 36 000 元。根据上述资料，试分析商品退回对现金流量表中"销售商品、提供劳务收到的现金"项目的影响金额是多少。

项目五

拆解所有者权益变动表

知识目标 ↓

- 了解所有者权益变动表的格式。
- 掌握所有者权益变动表的列报。

能力目标 ↓

- 能够解读所有者权益变动表项目的变动情况。
- 能够计算所有者权益变动表中重要项目的列示金额。

素质目标 ↓

- 做到如实列报所有者权益变动表。
- 认真细致地解读所有者权益变动表项目。

任务一 了解所有者权益变动表

一、任务引入

某公司 2021 年共实现净利润 378 万元，根据公司管理制度规定，按照其中的 10%提取盈余公积，按照其中的 20%向股东分配现金股利。另外，公司管理层决定将盈余公积 120 万元中的 50 万元用于转增资本。

根据上述资料，填列所有者权益变动表中涉及的项目。

二、相关知识

所有者权益是指企业资产扣除负债后剩余的部分，所有者权益代表了股东对企业的所有权。所有者在企业资产中享有的经济利益有多少，以及经济利益的变化情况，均可以通过所有者权益变动表来体现。

所有者权益变动表

（一）所有者权益的变动

从企业经济活动的实质来看，所有者权益的变动可分为两大类，一类是所有者权益总额的增减变化，另一类是所有者权益内部结构的此增彼减。

1. 所有者权益总额的变化

所有者权益总额的变化主要由以下 4 种情况引起。

（1）所有者投入或减少资本

所有者投入或减少资本会使企业实收资本（或股本）与资本公积发生增减变化。

（2）企业取得经营收益或发生经营亏损

企业取得经营收益或发生经营亏损会使未分配利润和盈余公积发生增减变化。

（3）特殊经济业务的发生

当以公允价值计量且其变动计入其他综合收益的金融资产的公允价值发生变化时，会使其他综合收益发生增减变化。

（4）向所有者分配股利或利润

企业向所有者分配股利或利润会使未分配利润减少。

2. 所有者权益内部的变化

所有者权益内部的变化是指不同所有者权益项目间的转化，这些信息能够反映在所有者权益变动表中。所有者权益内部的变化主要有企业提取盈余公积、使用资本公积或盈余公积转增资本、利用盈余公积补亏等。

报表使用者利用所有者权益变动表提供的信息时，可以简单通过企业期末所有者权益总额与期初所有者权益总额的对比情况来判断所有者权益的增减变动情况。如果所有者权益总额增加，至少从账面上表明企业实现了保值或增值；反之，则从其账面上表明企业资本在缩减。

（二）所有者权益变动表的格式

所有者权益变动表以矩阵的形式列示：一方面，可以对一定时期所有者权益的变动情况进行全面反映；另一方面，按照所有者权益各组成部分[即实收资本（或股本）、其他权益工具、资本公积、其他综合收益、盈余公积、未分配利润和库存股]列示交易或事项对所有者权益各部分造成的影响。我国企业所有者权益变动表的格式如图 5-1 所示。

图 5-1　所有者权益变动表

我国企业会计准则规定，企业要同时提供当期与前一个会计期间两期的比较所有者权益变动表，因此，所有者权益变动表应将"本年金额"和"上年金额"分项列示。

企业会计政策更变、前期会计差错更正，以及某些兼并购业务的发生，可能会导致企业上年年末余额与本年年初余额不一致，所以在所有者权益变动表中，应首先对这些项目进行调整，即将上年年末余额转换为本年年初余额，然后再分项、逐一描述当年所有者权益的变动情况。

（三）横向、纵向解读所有者权益变动表

从所有者权益变动表的格式可以看出它与其他 3 张财务报表的显著差异，即所有者权益变动表既有横向标题，又有纵向标题。

1. 横向解读所有者权益变动表

观察所有者权益变动表的横向栏可知，"本年金额"和"上年金额"将报表整体分为了左右两个部分，而每部分所包含的各项目则涵盖了企业主要的所有者权益项目。

在"本年金额"和"上年金额"下，各所有者权益的构成项目按照要求清偿时间的先后顺序从左往右排列。报表使用者通过从左往右阅读所有者权益变动表可以了解企业所有者权益各项目的变动情况，以及各项目本年金额和上年金额的差异等，如图 5-2 所示。

项目	本年金额		上年金额	
	实收资本（或股本）	……	实收资本（或股本）	……
……				
三、本年增减变动金额（减少以"-"号填列）				
（一）综合收益总额				
（二）所有者投入和减少资本				
1. 所有者投入的普通股	500		100	
2. 其他权益工具持有者投入资本				
……				
四、本年年末余额	2 500		2 000	

所有者投入普通股，使本年"实收资本（或股本）"增加500万元

本年"实收资本"（或股本）"比去年增加500万元

图 5-2　横向解读所有者权益变动表

2. 纵向解读所有者权益变动表

观察所有者权益变动表的纵向栏可知，所有者权益变动表从上到下按照年初所有者权益，加上所有者权益增加项，减去所有者权益减少项，年末所有者权益的逻辑顺序列示。

报表使用者到从上到下阅读所有者权益变动表可以了解企业所有者权益的变化过程，以及引起所有者权益增加和减少的因素，如图 5-3 所示。

项目	本年金额				
	实收资本（或股本）	……	盈余公积	未分配利润	所有者权益合计
			……		
二、本年年初余额	1 300		200	300	1 800
三、本年增减变动金额（减少以"–"号填列）					
（一）综合收益总额				500	500
			……		
（三）利润分配					
1. 提取盈余公积			50	–50	
2. 对所有者（或股东）的分配				–100	–100
3. 其他					
（四）所有者权益内部结转					
1. 资本公积转增资本（或股本）					
2. 盈余公积转增资本（或股本）	35		–35		
3. 盈余公积弥补亏损					
			……		
四、本年年末余额	1 335		215	650	2 200

"盈余公积"年初余额为200万元，经过本期增加50万元、减少35万元后，得到年末余额为215万元

图 5-3　纵向解读所有者权益变动表

专家点拨

虽然所有者权益变动表中没有单列企业当期实现的净利润，但当期净利润也是有体现的，所有者权益变动表"本年增减变动金额"项目下第一行"综合收益总额"就包含了净利润的金额。

所谓综合收益，是指企业在某一期间与非股东主体之间进行交易或发生其他事项所引起的所有者权益变动，包括期间内除股东增资、减资和向所有者分配股利以外的所有所有者权益变动。综合收益的主要来源是企业核心的、持续经营活动所产生的净利润；而另一部分综合收益的来源则是其他综合收益，如外币报表折算差额、以公允价值计量且其变动计入其他综合收益的金融资产的未实现利得和损失等。

如果只是用"净利润"来反映所有者权益的增减变动情况，那么未包含的资产与负债会由于公允价值变动而产生损益（这部分损益计入其他综合收益，属于所有者权益，并不会影响损益，从而不会影响净利润），大大降低了其与资产负债表的相关性。因此，为了使企业提供的财务报表更能满足报表使用者的需要，从而进行更准确的决策，2007 年 9 月国际财务报告准则正式引用了综合收益的概念。如此一来，所有者权益变动表中反映的所有者权益变动则更为全面，有效改善了财务报表之间的勾稽关系。

（四）所有者权益变动表的列报说明

所有者权益变动表按照所有者权益的年初余额、本期增加或减少的所有者权益金额、所有者权益的年末余额顺序由上至下排列。

在表中，各所有者权益项目之间存在以下关系。

本年年末余额=本年年初余额+本年增减变动金额

其中，本年年初余额和本年增减变动金额的计算公式如下。

本年年初余额=上年年末余额+会计政策变更+前期差错更正

$$本年增减变动金额=综合收益总额+（所有者投入资本-所有者减少资本）+$$
$$利润分配+所有者权益内部结转$$

报表使用者通过观察所有者权益变动表列标题中各项目的具体数据，可以了解各项目当年的变动情况和期末余额；将填列数据对应到左侧的行标题则可以看到各数据的产生原因。报表使用者将行、列标题以及具体数字结合起来就可以了解所有者权益的增减变化及其原因，以及各项目增减变动的重要性结构信息。

1."上年年末余额"项目

该项目主要反映的是企业上年资产负债表中实收资本（或股本）、其他权益工具、资本公积、库存股、其他综合收益、专项储备、盈余公积、未分配利润的年末余额，以及所有者权益的合计金额。

2."本年年初余额"项目

该项目主要反映的是企业各项所有者权益项目的去年年末余额在考虑了会计政策变更、前期差错更正影响后的今年年初实际余额，其中，"会计政策变更"反映了采用追溯调整法处理会计政策变更的累积影响金额，"前期差错更正"反映了采用追溯重述法处理会计差错更正的累积影响金额。

3."本年增减变动金额"项目

该项目详细反映了所有者权益发生增减变化的事项，该项目下又包含了若干项目。

（1）综合收益总额

综合收益总额是企业净利润与其他综合收益的合计金额，其中，其他综合收益是企业根据企业会计准则规定未在损益中确认各项利得和损失扣除所得税影响后的净额，该项目对应的是竖列的"未分配利润"项目。

（2）所有者投入和减少资本

"所有者投入和减少资本"项目反映直接与所有者产生联系的所有者权益变化，其下各子项目的含义如下。

①"所有者投入的普通股"子项目反映所有者追加的投资，对应的是竖列的"实收资本"项目。

②"其他权益工具持有者投入资本"子项目反映企业发行除普通股以外分类为权益工具的金融工具持有者投入资本的金额，对应的是竖列的"其他权益工具"项目下的"优先股""永续债""其他"项目。

③"股份支付计入所有者权益的金额"子项目反映企业发生股份支付而使所有者权益发生增减变动的金额，对应的是竖列的"资本公积"项目。

④"其他"子项目反映除上述原因外所引起的所有者投入和减少资本。

（3）利润分配

利润分配是企业对当期实现的净利润进行的分配，其下各子项目的含义如下。

①"提取盈余公积"子项目反映从净利润中提取的盈余公积，对应的是竖列的"盈余公积""未分配利润"项目。

②"对所有者（或股东）的分配"子项目反映对所有者（或股东）分配的净利润，对应的是竖列的"未分配利润"和"实收资本"项目，该子项目应根据"利润分配"科目的发生额分

析填列。

③ "其他" 子项目反映企业除上述原因外的分配净利润。

（4）所有者权益内部结转

所有者权益内部结转是企业所有者权益各组成部分之间的增减变动，也是所有者权益的内部结构调整，其下各子项目的含义如下。

① "资本公积转增资本（或股本）" 子项目反映的是以前年度形成的资本公积所转增的资本，对应的是竖列的 "实收资本（或股本）" "资本公积" 项目，该子项目应根据 "实收资本" "资本公积" 等科目的发生额分析填列。

② "盈余公积转增资本（或股本）" 子项目反映的是以前年度提取的盈余公积所转增的资本，对应的是竖列的 "实收资本（或股本）" "盈余公积" 项目，该子项目应根据 "实收资本" "盈余公积" 等科目的发生额分析填列。

③ "盈余公积弥补亏损" 子项目反映的是利用以前年度提取的盈余公积所弥补的本年亏损，对应的是竖列的 "未分配利润" "盈余公积" 项目，该子项目应根据 "盈余公积" "利润分配" 等科目的发生额分析填列。

④ "设定受益计划变动额结转留存收益" 子项目反映的是因为重新计量设定受益计划的终止，在权益范围内将原计入其他综合收益的部分全部结转至未分配利润的金额，对应的是竖列的 "其他综合收益" "未分配利润" 项目，该子项目应根据 "其他综合收益" "盈余公积" "利润分配" 等科目的发生额分析填列。

⑤ "其他综合收益结转留存收益" 子项目主要反映企业指定为以公允价值计量且其变动计入其他综合收益的非交易性权益工具投资终止确认时，之前计入其他综合收益的累计利得或损失从其他综合收益中转入留存收益的金额；企业指定为以公允价值计量且其变动计入当期损益的金融负债终止确认时，之前由企业自身信用风险变动引起而计入其他综合收益的累计利得或损失从其他综合收益中转入留存收益的金额等。该子项目应根据 "其他综合收益" 科目的相关明细科目的发生额分析填列，对应的是竖列的 "其他综合收益" "未分配利润" 项目。

⑥ "其他" 子项目反映的是除上述原因外导致的所有者权益内部结转。

4. "本年年末余额" 项目

所有者权益各项目的 "本年年末余额" 等于其年初余额加上本年增加额、减去本年减少额后的余额。

（五）四大财务报表间的勾稽关系

企业的四大财务报表从不同的角度反映了企业的经济活动状况，其提供的信息也各有侧重。

资产负债表侧重反映企业期初、期末两个时点的财务状况。利润表侧重反映资产负债表中

"未分配利润"项目的期间变化情况，以及对净利润的详细列示。现金流量表侧重反映资产负债表中"货币资金"项目的期间变化情况，以及对现金及现金等价物期间变化情况的详细列示。所有者权益变动表侧重反映资产负债表中"所有者权益"项目的期间变化情况。

综上，企业四大财务报表间的勾稽关系如图 5-4 所示。

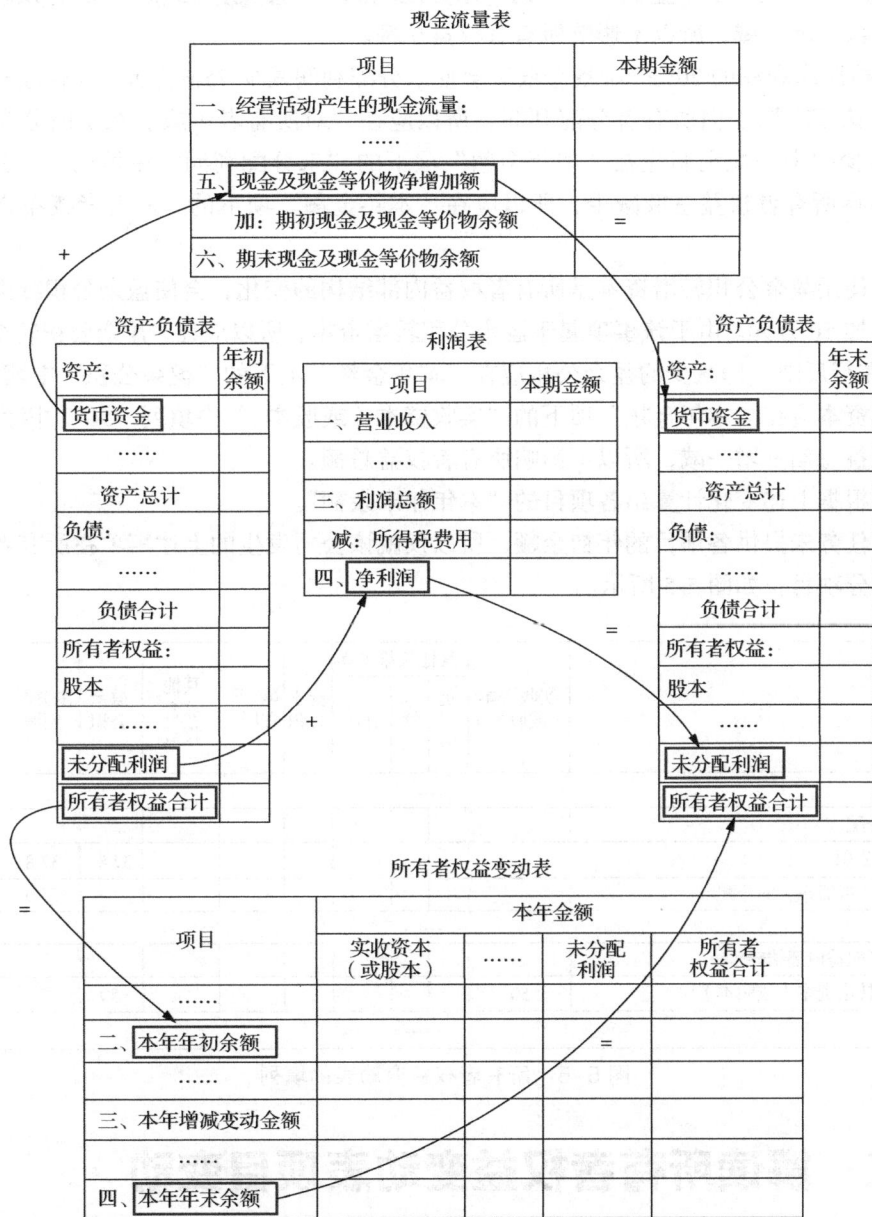

图 5-4　企业四大财务报表间的勾稽关系

三、任务实训——填列所有者权益变动表中的部分项目

根据任务引入的描述可知，该公司的业务既涉及所有者权益总额的变化，又涉及所有者权

益结构的变化。

首先，按照净利润的 10% 提取盈余公积是所有者权益内部结构的变化，会使盈余公积增加 37.8 万元、未分配利润减少 37.8 万元。由于该事项属于提取盈余公积，所以应在"提取盈余公积"所在行反映，即增加的盈余公积应在"本年金额"项下的"盈余公积"中填列"37.8"，减少的未分配利润应在"本年金额"项下的"未分配利润"中填列"-37.8"。因为该事项使得所有者权益总额一增一减，所以不影响所有者权益总额。

其次，按照净利润的 20% 分配现金股利会使未分配利润减少 75.6 万元、应付股利增加 75.6 万元。由于该事项属于向所有者分配利润，所以应在"对所有者（或股东）的分配"所在行反映，即减少的未分配利润应在"本年金额"项下的"未分配利润"中填列"-75.6"。因为该事项会使得所有者权益总额减少，所以应在"本年金额"项下的"所有者权益合计"中填列"-75.6"。

再次，使用盈余公积转增资本是所有者权益内部结构的变化，会使盈余公积减少 50 万元、实收资本增加 50 万元。由于该事项属于盈余公积转增资本，所以应在"盈余公积转增资本（或股本）"所在行反映，即减少的盈余公积应在"本年金额"项下的"盈余公积"中填列"-50"，增加的实收资本应在"本年金额"项下的"实收资本（或股本）"中填列"50"。因为该事项使得所有者权益总额一增一减，所以不影响所有者权益总额。

最后，根据上述变化计算出各项目的"本年年末余额"。

由于本任务未提供各项目的年初余额，所以仅就该公司发生的上述事项在所有者权益变动表中填列部分项目，如图 5-5 所示。

| | 实收资本（或股本） | 其他权益工具 | | | 资本公积 | 减:库存股 | 其他综合收益 | 盈余公积 | 未分配利润 | 所有者权益合计 |
		优先股	永续债	其他						
······										
（三）利润分配										
1. 提取盈余公积								37.8	-37.8	
2. 对所有者（或股东）的分配									-75.6	-75.6
······										
（四）所有者权益内部结转										
2. 盈余公积转增资本（或股本）	50							-50		
······										

图 5-5　所有者权益变动表的填列

任务二　解读所有者权益变动表项目变动

一、任务引入

情景一：西盛电子股份有限公司（以下简称"西盛电子"）2021 年所有者权益变动表中与股本有关的部分如图 5-6 所示（金额单位：万元）。

项目	本年金额			上年金额		
	实收资本（或股本）	……	所有者权益合计	实收资本（或股本）	……	所有者权益合计
……						
二、本年年初余额	1 700		3 500	1 700		2 000
三、本年增减变动金额（减少以"–"号填列）						
（一）综合收益总额			200			
（二）所有者投入和减少资本	800		800			
1. 所有者投入的普通股			800			
2. 其他权益工具持有者投入资本						
……						
四、本年年末余额	2 500		4 500	1 700		3 500

图 5-6　西盛电子 2021 年所有者权益变动表（与股本有关的部分）

根据图中数据，分析西盛电子股本的变动情况。

情景二：创美服装股份有限公司（以下简称"创美服装"）2021 年所有者权益变动表中与资本公积有关的部分如图 5-7 所示（金额单位：万元）。另外，从该公司财务报表附注中得知，该公司当年股价大幅提升，每股收益由原来的 0.42 元增加到了现在的 0.72 元。

项目	本年金额				上年金额			
	实收资本（或股本）	资本公积	……	所有者权益合计	实收资本（或股本）	资本公积	……	所有者权益合计
……								
二、本年年初余额	2 800	1 200		48 00	2 800	1 200		4 300
三、本年增减变动金额（减少以"–"）号填列								500
……								
（四）所有者权益内部结转								
1. 资本公积转增资本（或股本）	600	–500						
……								
四、本年年末余额	3 400	700		5 500	2 800	1 200		4 800

图 5-7　创美服装 2021 年所有者权益变动表（与资本公积有关的部分）

根据图中数据，分析创美服装资本公积的变动情况。

情景三：金辉腾实业股份有限公司（以下简称"金辉腾实业"）2021 年所有者权益变动表中与未分配利润有关的部分如图 5-8 所示（金额单位：万元）。另外，已知该公司 2021 年发行在外的普通股平均股数为 1 000 万股。

根据图中数据，分析该公司未分配利润的变动情况。

项目	本年金额			上年金额		
	……	未分配利润	所有者权益合计	……	未分配利润	所有者权益合计
……						
二、本年年初余额		870	4 250		620	4 000
三、本年增减变动金额（减少以"－"）号填列						
（一）综合收益总额		560	560		260	260
……						
（三）利润分配						
1. 提取盈余公积		−56				
2. 对所有者（或股东）分配		−140	−140		−10	−10
……						
四、本年年末余额		1 234	4 670		870	4 250

图 5-8　金辉腾实业 2021 年所有者权益变动表（与未分配利润有关的部分）

二、相关知识

报表使用者在阅读所有者权益变动表时，可以结合企业实际经营情况重点解读以下主要项目的变动情况。

（一）股本的变动解读

一般情况下，企业股本金额的多少可以在一定程度上反映其规模的大小，报表使用者可以通过股本的变动情况来判断企业的财务状况。

股本的变动包括增加变动和减少变动两种。股本增加的渠道有所有者投入、资本公积转入、盈余公积转入、发行新股等；股本减少的渠道主要是所有者撤资。

一般情况下，如果当年股本较去年有所增加，则说明企业的财务状况良好，发展规模不断壮大；反之，如果当年股本较去年有所减少，甚至幅度较大，则表明企业财务状况恶化，可能在办理重整、减资等以弥补亏损。报表使用者如果发现某企业的股本减少过多，就必须特别评估该企业是否还能继续经营，以及评估其重整成功的可能性等。

（二）资本公积的变动解读

资本公积与企业股本产生的溢价有关，一般来讲，企业资本公积积累越多，其发展就越有保障。

资本公积的变动包括增加变动和减少变动两种。资本公积增加的原因包括资本（或股本）溢价、其他资本公积的增加；资本公积减少的原因主要是转增资本。我国《公司法》规定，资本公积主要用于转增资本，即增加实收资本（或股本）。资本公积转增资本只是所有者权益内部的结转，其行为并不能增加所有者权益总额。但资本公积转增资本不仅可以改变企业投入资本的结构，体现企业稳健、持续发展的潜力；还可以增加股份有限公司投资者持有的股份，从而增加公司股票的流通量，进而激活股价，提高股票的交易量和资本的流动性。

资本公积和实收资本（或股本）的区别有两点。首先，二者的来源和性质不同。实收资本（或股本）是指投资者按照章程或合同、协议约定，实际投入企业的资本，体现了企业所有者对企业的基本产权关系；而资本公积是指投资者的出资额超过股票面值或注册资本的部分，以及直接计入所有者权益的利得和损失，它不能直接表明所有者对企业的基本产权关系。

其次，二者的用途不同。实收资本（或股本）的构成比例是确定所有者参与企业财务经营决策的基础，也是企业进行利润分配或股利分配的依据，更是企业发生清算时确定所有者对净资产是否有要求权的依据；资本公积主要用来转增资本（或股本），不能作为所有者参与企业财务经营决策或进行利润（或股利）分配的依据，也不体现各所有者的占有比例。

（三）盈余公积的变动解读

盈余公积可以看作企业在历年积累的净利润中，未以现金或其他方式分配给股东、转为资本或资本公积的部分。

盈余公积的变动包括增加变动和减少变动两种。增加的盈余公积主要从净利润中按照一定的比例提取，减少的盈余公积主要用于弥补亏损或转增资本。前期差错更正、会计政策变动等因素也可能会使盈余公积发生变动。总之，盈余公积的增减变动直接体现了企业利润的积累程度。

根据《公司法》规定，公司制企业应按照净利润（减弥补以前年度亏损，下同）的10%提取法定盈余公积；非公司制企业法定盈余公积的提取比例可超过净利润的10%。法定盈余公积累计额达注册资本的50%时，可以不再提取。

如果以前年度未分配利润有盈余（即年初未分配利润余额为正数），则计算的提取法定盈余公积基数不应包括企业年初未分配利润；如果以前年度有亏损（即年初未分配利润余额为负数），则应先弥补以前年度亏损再提取盈余公积。

（四）未分配利润的变动解读

未分配利润反映的是企业实现的、积累在企业内部而没有分配给股东的利润。相较于其他所有者权益项目，企业对未分配利润的处置具有较大的自主权。

未分配利润的变动受多方面的影响，体现的是企业实现的净利润按照政策法规和企业章程等规定进行分配后，企业实现的资金积累。

三、任务实训

（一）分析股本变动情况

根据任务引入可知，西盛电子 2021 年所有者权益总额增加了 1 000（4 500-3 500）万元，增长幅度为 28.57%；股本总额增加了 800（2 500-1 700）万元，增长幅度为 47.06%。由此可以看出西盛电子所有者权益的增长绝大部分来自股本的增长，由于所有者权益增长幅度小于股本增长幅度，所以可初步判断该公司净利润的增长小于股本的增长。

另外，该公司股本呈现大规模增长，且由所以所有者投入的资本引起，所以可判断该公司财务状况良好，发展规模也在不断壮大。股本增长明显的具体原因还需要结合企业其他资料进行综合分析。

（二）分析资本公积变动情况

根据任务引入可知，创美服装资本公积在 2021 年减少了 500（1 200-700）万元，减少的原因是转增资本。该公司 2021 年股本增加了 600（3 400-2 800）万元，其中资本公积转增资本占总增加额的 83.33%（500÷600×100%）。另外，结合该公司财务报表附注得知其转增股本后股价大幅提升，每股收益由原来的 0.42 元增加到了现在的 0.72 元，增幅达到 71.43%，由此可以看出该公司具有较好的投资价值。

（三）分析未分配利润变动情况

根据任务引入可知，金辉腾实业 2021 年未分配利润的增加额为 364（1 234-870）万元。其中，实现的净利润为 560 万元，提取盈余公积占实现净利润的 10%（56÷560×100%），派发现金股利占实现净利润的 25%（140÷560×100%）。由于该公司发行在外的普通股股数为 1 000 万股，所以其 2021 年每股未分配利润由 0.87 元上升为 1.234 元，由此可以看出该公司具有较强的分红能力。

拓展阅读——股利分配政策

所有者权益变动表与其他三大财务报表的一个显著区别是，所有者权益变动表单独反映了股利分配信息，并且该信息属于所有者权益变动表的重要信息。

根据我国《公司法》规定，企业实现的净利润应当按照一定的顺序进行分配；股东（大）会有权决定是否发放股利，以及按照什么样的标准、什么时候发放股利。

股利分配政策即公司进行股利分配时的依据及标准，常用的股利分配政策主要有剩余股利政策、固定或稳定增长的股利政策、固定股利支付率政策以及低正常股利加额外股利政策。不同股利分配政策的主要内容及其适用范围如表 5-1 所示。

表 5-1　　　　　　　　不同股利分配政策的主要内容及其适用范围

股利分配政策	主要内容	适用范围
剩余股利政策	公司在有良好的投资机会时且根据目标资本结构测算出投资所需的权益资本额后，先从盈余中留用，然后再将剩余的盈余作为股利来分配。即公司实现的净利润应首先满足公司的资金需求，如果还有剩余就派发股利，如果没有则不派发股利	一般适用于公司初创阶段
固定或稳定增长的股利政策	公司将每年派发的股利额固定在某一特定水平或是在此基础上维持某一固定比率，使其逐年稳定增长	通常适用于经营比较稳定或正处于成长期的公司，但该政策很难被长期采用
固定股利支付率政策	公司每年按净利润的某一固定比率向股东派发股利，这一比率通常被称为股利支付率	适用于经营稳定且财务状况也比较稳定的公司
低正常股利加额外股利政策	公司事先设定一个较低的正常股利额，每年除了按正常股利额向股东发放股利外，还在公司盈余较多、资金较为充裕的年度额外向股东发放股利	适用于盈利随着经济周期波动较大或者盈利与现金流量很不稳定的公司

巩固练习

一、单选题

1. 下列选项中，应在所有者权益变动表中反映的是（ ）。
   A. 购买商品支付现金
   B. 赊销商品
   C. 支付职工薪酬
   D. 盈余公积转增股本

2. 下列关于所有者权益变动表的表述中不正确的是（ ）。
   A. 所有者权益变动表以阵列的形式列示
   B. 对一定时期所有者权益的变动情况进行全面反映
   C. 按照所有者权益各组成部分列示交易或事项对所有者权益各部分造成的影响
   D. 所有者权益各组成部分包括实收资本、其他权益工具、资本公积、其他综合收益、盈余公积、未分配利润和库存股

3. 下列关于所有者权益变动表的说法中，不正确的是（ ）。
   A. 我国企业会计准则规定，企业要同时提供当期与前一个会计期间两期的比较所有者权益变动表，因此，所有者权益变动表应将"本年金额"和"上年金额"分项列示
   B. 所有者权益变动表是唯一一类横跨两个年度的财务报表
   C. 所有者权益变动表从上到下按照年初所有者权益，减去所有者权益减少项，加上所有者权益增加项，年末所有者权益的逻辑顺序列示
   D. 综合收益总额是企业净利润与其他综合收益的合计金额

4. 某企业年初的所有者权益总额为 160 万元，当年实现净利润 300 万元，提取盈余公积 30 万元，向投资者分配利润 20 万元，资本公积转增资本 50 万元，则该企业年末的所有者权益总额为（ ）万元。
   A. 360
   B. 410
   C. 440
   D. 460

5. 某公司 2021 年年初的所有者权益总额为 1 360 万元，当年实现净利润 450 万元，提取盈余公积 45 万元，向投资者分配现金股利 200 万元，资本公积转增资本 50 万元，投资者追加现金投资 30 万元，则该公司 2021 年年末的所有者权益总额为（ ）万元。
   A. 1 565
   B. 1 595
   C. 1 640
   D. 1 795

6. 下列关于所有者权益变动表项目列报的说法中，不正确的是（ ）。
   A. "所有者投入和减少资本"项目下的"所有者投入的普通股"子项目反映的是所有者追加的投资，对应的是竖列的"实收资本"项目
   B. "本年年初余额"项目主要反映的是企业各项所有者权益项目的去年年末余额在考虑了会计政策变更、前期差错更正影响后的今年年初实际余额
   C. "所有者权益内部结转"项目下的"设定受益计划变动额结转留存收益"子项目反映的是因为重新计量设定受益计划的终止，在权益范围内将原计入其他综合收益的部分全部结转至未分配利润的金额，对应的是竖列的"其他综合收益""未分配利润"项目
   D. "所有者权益内部结转"项目下的"盈余公积弥补亏损"子项目反映的是利用本年度提取的盈余公积所弥补的本年亏损，对应竖列的"利润分配""盈余公积"项目

05

7. 下列各项中，会导致企业所有者权益总额发生增减变动的交易或事项是（　　）。

    A. 当年实现净利润　　　　　　　　B. 盈余公积转实收资本

    C. 资本公积转实收资本　　　　　　D. 盈余公积补亏

二、多选题

1. 下列选项中，应在所有者权益变动表中反映的有（　　）。

    A. 直接计入所有者权益的利得　　　B. 直接计入当期损益的损失

    C. 盈余公积转增股本　　　　　　　D. 净利润

2. 下列选项中，会使所有者权益总额发生变化的有（　　）。

    A. 所有者投入或减少资本

    B. 企业取得经营收益或发生经营亏损

    C. 以公允价值计量且其变动计入其他综合收益的金融资产的公允价值发生变化

    D. 向所有者分配股利或利润

3. 下列关于所有者权益变动的说法中，正确的有（　　）。

    A. 如果当年股本较去年有所增加，则说明企业的财务状况良好，发展规模不断壮大

    B. 资本公积转增资本可以改变企业投入资本的结构，体现企业稳健、持续发展的潜力

    C. 前期差错更正、会计政策变动等因素也可能会使资本公积发生变动

    D. 增加的盈余公积主要从净利润中按照一定的比例提取

4. 下列关于四大财务报表间勾稽关系的说法中，正确的有（　　）。

    A. 利润表侧重反映资产负债表中"未分配利润"项目的期间变化情况，以及对净利润的详细列示

    B. 现金流量表侧重反映资产负债表中"货币资金"项目的期间变化情况，以及对现金及现金等价物期间变化情况的详细列示

    C. 所有者权益变动表侧重反映资产负债表中"所有者权益"项目的期间变化情况

    D. 资产负债表侧重对所有者权益变动表中"资本公积"项目的详细列示

三、判断题

1. 所有者权益变动表能够反映所有者权益各组成部分的当期增减变动情况，有助于报表使用者理解所有者权益增减变动的原因。（　　）

2. 所有者权益变动表中"未分配利润"项目的本年年末余额应当与当年资产负债表中"未分配利润"项目的年末余额相等。（　　）

3. 所有者权益变动表中"其他综合收益"项目反映的是企业净利润与其他综合收益扣除所得税影响后的净额相加后的合计金额。（　　）

4. 所有者权益变动表只反映企业一定期间内未分配利润的增减变动情况。（　　）

项目六

利用财务报表附注

知识目标 ↓

- 了解财务报表附注的内容、特点及其编制方式。
- 了解阅读财务报表附注的方法。

能力目标 ↓

- 能够解读财务报表附注。
- 能够将财务报表附注与财务报表结合起来共同解读。

素质目标 ↓

- 认真、仔细地编制财务报表附注，如实反映企业的经营状况。
- 认真解读财务报表附注中的相关信息，并与财务报表相结合，挖掘出企业的深层财务信息。

任务一　了解财务报表附注

一、任务引入

融汇公司是一家制造型企业，其主要业务是生产并销售办公家具。该公司2021年资产负债表显示，固定资产的金额很小，在资产总额中的占比也很小。对于报表使用者来说，这一点无疑有违常理，还需要进一步了解原因。

针对该情况，报表使用者应该如何通过财务报表附注查找相关资料？

二、相关知识

财务报表有"四表一注"，其中的"注"就是财务报表附注，它是企业财务报表的组成部分，与各具体财务报表一起向报表使用者提供企业的财务信息。

在实际工作中，以表格形式表示的各具体财务报表从不同角度反映了企业的财务情况，但是综合的概括反映无法详细呈现数字背后的内容。因此，财务报表附注就发挥了补充的作用，对需要反映的内容进行进一步的解释。

（一）财务报表附注的内容

财务报表附注是企业财务报表的有机组成部分，是对财务报表列示项目的文字描述和具体说明，以及对未在财务报表中反映项目的详细解释等。由于财务报表越来越精简，所以财务报表附注的重要性也越来越突出。

财务报表附注由若干附表和对有关项目进行说明的说明性文字构成，企业编制财务报表附注的目的是对财务报表本身进行补充说明，从而向报表使用者提供更加全面、系统的有关财务状况、经营成果和现金流量的信息，以展示企业的经营全貌，为报表使用者进行决策提供更加科学、合理的依据。

> **专家点拨**
>
> 企业提供的财务报表中，财务报表附注的内容比较丰富，篇幅也比较大。例如：美的集团股份有限公司 2020 年的年度财务报表共有 119 页，其中的财务报表附注就占了 108 页；欧派家居集团股份有限公司 2020 年的年度财务报表共有 117 页，其中的财务报表附注就占了 105 页。所以，报表使用者在面对如此繁多的财务报表附注时，更加需要抓住重点，分清主次。

财务报表附注应当按照以下顺序披露有关内容。

1. 企业的基本情况

财务报表附注中应填写的企业基本情况包括以下 5 点。

① 企业注册地、组织形式和总部地址。

② 企业的业务性质和主要经营活动。

③ 母公司以及集团最终母公司的名称。

④ 财务报告的批准报出者和财务报告的批准报出日。

⑤ 营业期限有限的企业还应当披露有关营业期限的信息。

2. 财务报表的编制基础

财务报表的编制基础是指财务报表是在持续经营基础上编制的还是在非持续经营基础上编制的。企业一般在持续经营基础上编制财务报表，清算、破产的除外。

3. 遵循企业会计准则的声明

企业应当声明编制的财务报表符合企业会计准则的要求，真实、完整地反映了企业的财务状况、经营成果和现金流量等有关信息，以此明确企业编制财务报表所依据的制度基础。

4. 重要会计政策和会计估计

根据财务报表列报准则的规定，企业应当披露采用的重要会计政策和会计估计，可以不披露不重要的会计政策和会计估计。企业在披露重要会计政策和会计估计时，需要披露的内容包括以下 3 项。

（1）会计政策的确定依据

会计政策的确定依据主要是指企业在运用会计政策过程中所进行的对报表中确认的项目金额较具影响的判断。披露会计政策的确定依据有助于报表使用者理解企业选择和运用会计政策的背景，增加财务报表的可理解性。

（2）财务报表项目的计量基础

财务报表项目的计量基础是指企业计量该项目时，采用的是历史成本、重置成本、可变现净值、现值还是公允价值，这会直接影响报表使用者对财务报表的理解和分析。

（3）会计估计中所采用的关键假设和不确定因素

在确定财务报表中确认的资产和负债的账面价值过程中，企业有时需要对不确定的未来事项在资产负债表日对这些资产和负债的影响加以估计，如企业预计固定资产未来现金流量所采用的折现率和假设等。这类假设的变动对这些资产和负债项目金额的确定影响很大，因此，强调这一披露要求，将有助于提高财务报表的可理解性。

5. 会计政策和会计估计变更以及差错更正的说明

企业应当按照《企业会计准则第28号——会计政策、会计估计变更和差错更正》及其应用指南的规定，披露会计政策和会计估计变更以及差错更正的有关情况。

6. 报表重要项目的说明

企业对财务报表重要项目的说明应当按照资产负债表、利润表、现金流量表、所有者权益变动表及其项目列示的顺序，采用文字和数字描述相结合的方式进行披露。财务报表重要项目的明细金额合计应当与财务报表项目金额相衔接，主要包括以下重要项目。

（1）应收款项

企业应当披露应收款项的账龄结构和客户类别，以及期初、期末账面余额等信息。

（2）存货

企业应当披露以下信息。

① 各类存货的期初和期末账面价值。

② 确定发出存货成本所采用的方法。

③ 存货可变现净值的确定依据、存货跌价准备的计提方法、当期计提的存货跌价准备金额、当期转回的存货跌价准备金额，以及计提和转回的有关情况。

④ 用于担保的存货账面价值。

（3）长期股权投资

企业应当披露以下信息。

① 对控制、共同控制、重大影响的判断。

② 对投资性主体的判断及其主体身份的转换。

③ 企业集团的构成情况。

④ 重要的非全资子公司相关信息。

⑤ 对使用企业集团资产和清偿企业集团债务的重大限制。

⑥ 纳入合并财务报表范围的结构化主体的相关信息。

⑦ 企业在其子公司的所有者权益份额发生变化情况。

⑧ 投资性主体的相关信息。

⑨ 合营安排和联营企业的基础信息。

⑩ 重要的合营企业和联营企业的主要财务信息。

⑪ 不重要的合营企业和联营企业的汇总财务信息。

⑫ 与企业在合营企业和联营企业中权益相关的风险信息。

06

⑬ 未纳入合并财务报表范围的结构化主体的基础信息。

⑭ 与权益相关资产负债的账面价值和最大损失敞口。

⑮ 企业是结构化主体的发起人，但在结构化主体中没有权益的情况。

⑯ 向未纳入合并财务报表范围的结构化主体提供支持的情况。

⑰ 未纳入合并财务报表范围结构化主体的额外信息披露。

（4）投资性房地产

企业应当披露以下信息。

① 投资性房地产的种类、金额和计量模式。

② 采用成本模式的，投资性房地产的折旧或摊销，以及减值准备的计提情况。

③ 采用公允价值模式的，公允价值的确定依据和方法，以及公允价值变动对损益的影响。

④ 房地产转换情况、理由，以及对损益或所有者权益的影响。

⑤ 当期处置的投资性房地产及其损益的影响。

（5）固定资产

企业应当披露以下信息。

① 固定资产的确认条件、分类、计量基础和折旧方法。

② 各类固定资产的使用寿命、预计净残值和折旧率。

③ 各类固定资产的期初和期末原价、累计折旧额及固定资产减值准备累计金额。

④ 当期确认的折旧费用。

⑤ 对固定资产所有权的限制及其金额和用于担保的固定资产账面价值。

⑥ 准备处置的固定资产名称、账面价值、公允价值、预计处置费用和预计处置时间等。

报表使用者应该特别关注财务报表附注中披露的重要资产转让及出售情况，以了解企业是否将某项重要资产转让给了其他企业，转让的原因、价格，该资产的公允价值等，以及企业是否对该转让事项开展了补充工作等。

（6）无形资产

企业应当披露以下信息。

① 无形资产的期初和期末账面余额、累计摊销额及减值准备累计金额。

> **专家点拨**
>
> 一般来说，当存在下列一项或多项情况时，企业可以计提无形资产减值准备：某项无形资产已被其他新技术等替代，使其为企业创造经济利益的能力受到重大不利影响；某项无形资产的市价在当期大幅度下跌，在剩余摊销年限内预期不会恢复；某项无形资产已超过法律保护期限，但仍然具有部分使用价值；其他足以证明某项无形资产实质上已经发生了减值的情形。

② 使用寿命有限的无形资产，其使用寿命的估计情况；使用寿命不确定的无形资产，其使用寿命不确定的判断依据。

③ 无形资产的摊销方法。

④ 用于担保的无形资产的账面价值、当期摊销额等情况。

⑤ 计入当期损益和被确认为无形资产的研究开发支出金额。

（7）职工薪酬

企业应当披露以下信息。

①　应当支付给职工的工资、奖金、津贴和补贴，及其期末应付未付金额。

②　应当为职工缴纳的医疗保险费、养老保险费、失业保险费、工伤保险费和生育保险费等社会保险费，及其期末应付未付金额。

③　应当为职工缴存的住房公积金及其期末应付未付金额。

④　为职工提供的非货币性福利及其计算依据。

⑤　依据短期利润分享计划提供的职工薪酬金额及其计算依据。

⑥　其他短期薪酬。

企业应当披露所设立或参与的设定提存计划的性质、计算缴费金额的公式或依据，当期缴费金额以及应付未付金额。

企业应当披露与设定受益计划有关的下列信息。

①　设定受益计划的特征及与之相关的风险。

②　设定受益计划在财务报表中确认的金额及其变动。

③　设定受益计划对企业未来现金流量金额、时间和不确定性的影响。

④　设定受益计划义务现值所依赖的重大精算假设及有关敏感性分析的结果。

企业应当披露支付的因解除劳动关系所提供辞退福利及其期末应付未付金额。

企业应当披露提供的其他长期职工福利的性质、金额及其计算依据。

（8）应交税费

企业应当披露应交税费的构成及期初、期末账面余额等信息。

（9）短期借款和长期借款

企业应当披露短期借款、长期借款的构成及期初、期末账面余额等信息。对于期末逾期借款而言，应分别按贷款单位、借款金额、逾期时间、年利率、逾期未偿还原因和预期还款期等进行披露。

（10）应付债券

企业应当披露应付债券的构成及期初、期末账面余额等信息。

（11）长期应付款

企业应当披露长期应付款的构成及期初、期末账面余额等信息。

（12）营业收入

企业应当披露营业收入的构成及本期、上期发生额等信息。

（13）公允价值变动收益

企业应当披露公允价值变动收益的来源及本期、上期发生额等信息。

（14）投资收益

企业应当披露投资收益的来源及本期、上期发生额等信息。

（15）资产减值损失

企业应当披露各项资产的减值损失及本期、上期发生额等信息。

（16）营业外收入

企业应当披露营业外收入的构成及本期、上期发生额等信息。

（17）营业外支出

企业应当披露营业外支出的构成及本期、上期发生额等信息。

06

（18）所得税费用

企业应当披露以下信息。

① 所得税费用（收益）的主要组成部分。

② 所得税费用（收益）与会计利润关系的说明。

（19）其他综合收益

企业应当披露以下信息。

① 其他综合收益各项目及其所得税影响。

② 其他综合收益各项目原计入其他综合收益、当期转出计入当期损益的金额。

③ 其他综合收益各项目的期初和期末余额及其调节情况。

（20）政府补助

企业应当披露以下信息。

① 政府补助的种类、金额和列报项目。

② 计入当期损益的政府补助金额。

③ 本期退回的政府补助金额及其原因。

（21）借款费用

企业应当披露以下信息。

① 当期资本化的借款费用金额。

② 当期用于计算确定借款费用资本化金额的资本化率。

7. 或有事项

或有事项是指过去的交易或者事项形成的、其结果须由某些未来事件的发生或不发生才能决定的不确定事项。或有事项的结果是否发生具有不确定性，或者或有事项的结果预计将会发生但发生的具体时间或金额具有不确定性，如未决诉讼、已贴现票据可能发生的追索、为其他企业提供的贷款担保等。

对或有事项而言，企业应当披露以下信息。

（1）预计负债

财务报表附注应披露的与预计负债相关的信息包括预计负债的种类、形成原因以及经济利益流出不确定性的说明，各类预计负债的期初、期末余额和本期变动情况，与预计负债有关的预期补偿金额和本期已确认的预期补偿金额。

（2）或有负债

或有负债是指过去的交易或事项形成的潜在义务，其存在与否必须通过未来不确定事项的发生或不发生予以证实；或过去的交易或事项形成的现时义务，履行该义务不是很可能导致经济利益流出企业或该义务的金额不能可靠计量。企业应在财务报表附注中披露或有负债（不包括极小可能导致经济利益流出企业的或有负债）的以下信息。

① 或有负债的种类及其形成原因，包括已贴现商业承兑汇票、未决诉讼、未决仲裁、对外提供担保等形成的或有负债。

② 经济利益流出不确定性的说明。

③ 或有负债预计产生的财务影响，以及获得补偿的可能性；无法预计的，应当说明原因。

8. 资产负债表日后事项

资产负债表日后事项是指资产负债表日至财务会计报告批准报告日之间发生的需要调整或说明的事项。对资产负债表日后事项而言，企业应当披露以下信息。

① 资产负债表日后，企业利润分配方案中拟分配的以及经审议批准宣告发放的股利或利润。

② 每项重要的资产负债表日后非调整事项的性质、内容，及其对财务状况和经营成果的影响。无法做出估计的，应当说明原因。

9. 关联方关系及其交易

关联方关系主要包括两类：一是如果一方有能力直接或间接控制、共同控制另一方或对另一方施加重大影响，则他们之间存在关联方关系；二是如果两方或多方同受一方控制，则他们之间也存在关联方关系。

无论企业是否与关联方发生交易，都应当在财务报表附注中披露母公司和子公司的信息，包括母公司和子公司的名称，母公司和子公司的业务性质、注册地、注册资本及其变化，母公司对该企业或者该企业对子公司的持股比例和表决权比例等。

企业如果与关联方发生交易，则应当在财务报表附注中披露该关联方关系的性质、交易类型及交易要素。

（二）财务报表附注的特点

财务报表附注的作用主要是补充说明，这可以从它的特点中体现出来。财务报表附注具有附属性、解释性、补充性和建设性的特点。

报表附注的特点

1. 附属性

附属性是财务报表附注的基本特点，从其名称中的"附注"二字就可看出。财务报表附注的附属性通过财务报表附注与财务报表的关系体现，如果没有财务报表，财务报表附注也就不再具有意义。财务报表是根本，财务报表附注则是它的从属；财务报表附注是财务报表的延伸、说明，如果没有附属的财务报表附注，那么财务报表的功能也将难以实现。所以两者是相辅相成的关系。

2. 解释性

由于财务报表提供的信息经过高度概括和浓缩，并且不同企业采用的会计政策、会计核算方法也存在差异，所以对于一般的报表使用者来讲，要想读懂财务报表所反映的复杂经济业务是十分困难的。因此，通过财务报表附注对财务报表编制基础、依据、方法以及财务报表重要项目进行解释说明非常有必要，这样可以增加财务报表信息的可阅读性和可理解性，使得不同的报表使用者都能在一定程度上有效利用财务报表。

3. 补充性

财务报表附注除了依托于财务报表外，还能对财务报表中未体现的信息加以补充，在解释财务报表的同时，扩充其应当提供的企业财务信息，这就是财务报表附注的补充性。报表使用者通过企业财务报表附注中提供的补充资料可以了解财务报表之外的某些统计资料或定性信息，全面分析企业面临的机会和风险，从而可以更加准确地评价企业的财务状况。

4. 建设性

财务报表附注除了要解释和补充说明财务报表内容外，还要对其加以分析、评价，并有针对性地提出一些改进工作的建议、措施。如企业管理者可以通过市场占有率、投入产出等信息了解本企业在同行中的地位，发现自己的优势与不足，从而采取措施改进企业的经营管理，提高生产效率和产品质量，扩大产品的市场占有率。此外，自愿披露企业在安排就业、员工培训、社区服务、环境治理等方面的信息也有助于树立企业的良好形象，促进企业健康发展。

（三）财务报表附注的编制要求

编制财务报表附注时，除了要保证内容的适当性、格式的美观性外，还应遵循财务报表附注的编制要求。

① 财务报表附注应从量和质两个方面出发，同时披露定量信息和定性信息，以对企业的经济事项进行完整的反映。

② 财务报表附注应按照一定的结构进行编排，相关内容的分类应该系统、合理、有顺序、有条理。

③ 财务报表附注中披露的信息应与资产负债表、利润表和现金流量表等财务报表中列示的项目相互参照。

（四）财务报表附注的重要性

财务报表附注的重要性主要体现在以下 3 个方面。

1. 提高会计信息的相关性和可靠性

相关性和可靠性是会计信息的两个基本质量特征，但由于财务会计本身的局限，其相关性和可靠性很多时候不可兼得。所以，财务报表附注披露可以在不降低会计信息可靠性的前提下提高信息的相关性。如或有事项的处理，或有事项由于发生的不确定性而不能直接在主表中进行确认，但等到完全可靠或基本能够预期的时候，又可能因为及时性的丧失而降低信息的相关性。为此，企业可以通过在财务报表附注中进行披露的方式来揭示或有事项的类型和影响，从而提高信息的相关性。

2. 增强会计信息的可比性

会计信息受多种因素综合影响，如经济环境的不确定性、不同行业的不同特点，以及各个企业前后各期情况的变化等，这些因素都会降低不同企业之间会计信息的可比性，以及企业前后各期会计信息的一贯性。因此，财务报表附注可以通过披露企业会计政策和会计估计变更等情况的方式来向投资者传递相关信息，使投资者能够"看透"会计处理方法的实质，从而增强会计信息的可比性。

3. 与财务报表主表的不可分割性

财务报表主表与财务报表附注的关系可概括为：主表是根，附注是补充。如果没有财务报表主表的存在，那么附注就失去了依靠；而没有附注恰当的补充，财务报表主表的功能也就难以有效地实现。

> **专家点拨**
>
> 财务报表附注以财务报表为依托，脱离了财务报表而只阅读财务报表附注是毫无意义的。例如，如果报表使用者没有了解企业资产负债表中"存货"项目的期初数和期末数，只是通过财务报表附注知道了企业采用的核算方法，而不清楚企业实际拥有的存货，那么这无异于隔靴搔痒。

（五）财务报表附注的局限性

财务报表附注的重要性使它在财务信息的呈现中十分必要。但是在实际使用中，财务报表附注仍然具有局限性。如果报表使用者偏信财务报表附注所提供的信息，那么可能就会产生消极影响。下面介绍财务报表附注的局限性，报表使用者应在实际运用中特别注意。

1. 会计处理方法的限制

在会计核算中，企业采用不同的处理方法，可能会使同样的经济业务得出不同的结果。企业的财务报表和财务报表附注依照的是同样的会计核算基础，所以两者提供的信息是一致的。如果企业想要掩饰某种现象或行为，如高估营业收入、低估营业成本、高估利润等，那么一些财务基础比较薄弱的报表使用者可能就会被蒙蔽。

报表使用者在阅读财务报表附注时，一定要了解企业采取的会计处理方法，以及这些方法是否有变更。例如，企业在核算长期股权投资时，采用成本法或权益法核算的结果不一样，那么最终体现在利润表中的投资收益也会不一样。因此，报表使用者应多关注财务报表附注中会计处理方法变更说明。

2. 信息的时效性不足

财务报表反映的是企业过去的经营活动，而财务报表附注则是根据财务报表中的数据做出的分析和预测，如果财务报表的信息时效性较差，那么数据的分析结果势必也会大打折扣。因此，报表使用者在使用财务报表附注时，还需要了解财务报表附注的分析是否具有时效性。

3. 数据的相关性不够

企业的会计核算基本都以持续经营为前提，而各项会计要素的计价遵循的则是历史成本原则，很多情况下都不能反映资产、负债等的公允价值。例如，企业的无形资产受市场经济环境的影响较大，而会计计价中可能还未来得及对其计提减值准备；又如，企业的商誉可能在资产负债表中根本无法体现。但在实际中，上述信息对报表使用者进行经济决策具有十分重要的价值，而财务报表及财务报表附注提供的信息却是有限的。

4. 前瞻性的欠缺

财务报表是对企业过去经营状况、经营成果的总结，对未来的发展预测或前景分析较少。对于报表使用者来讲，利用财务报表可以了解企业目前的财务状况，以预测企业未来的发展前景，但这些信息很难在财务报表及财务报表附注中体现。因此，财务报表附注的前瞻性还十分欠缺，报表使用者只能通过财务报表附注进行有限的分析。

（六）财务报表附注的编制方式

在实际工作中，财务报表附注的编制方式多种多样，企业可根据需要自行选择。财务报表附注的编制方式主要有补充说明方式、脚注说明方式、尾注说明方式以及备抵与附加账户方式等。

1. 补充说明方式

补充说明方式是指对于无法在财务报表主体中进行具体说明的内容采用单独补充的方式加以说明，如对不同账龄应收账款的补充说明等。

2. 脚注说明方式

脚注说明方式是指在财务报表下端对财务报表中有关项目进行说明的方式。例如，表 6-4 下方标明的已贴现商业承兑汇票金额和已贴现银行承兑汇票金额。这些内容并不是财务报表附注要求标明的，而是补充披露的财务信息。

3. 尾注说明方式

尾注说明方式是主要的财务报表附注编制方式，即在财务报表之外单独成段、成文，详细说明企业相关财务信息细节。如按照"一、二、三""（一）、（二）、（三）"顺序提供的信息。

4. 备抵与附加账户方式

备抵与附加账户方式是指设立备抵与附加账户，并在财务报表后面将其单独列示，这种方式能向报表使用者提供更多有意义的补充信息。目前，该方式主要用于对坏账准备账户进行解释说明。

当然，企业财务报表附注的编制并不只会单独采用某一种方式，而是会综合运用多种编制方式。

三、任务实训——通过财务报表附注查找相关资料

对于一般的制造型企业来讲，其主要业务是生产产品，所以需要有一定的固定资产来支撑。而融汇公司的固定资产在资产总额中的占比非常低，这就与常理不符，此时，报表使用者可以查看该公司提供的财务报表附注中是否对固定资产的情况有相关说明。

从事产品生产的企业必然会涉及固定资产，如果账面上的固定资产金额很低，那么该企业很有可能通过租赁的方式来使用固定资产。针对这种情况，企业必定会在每月支付租金。如果财务报表附注中有相关解释，那么报表使用者还应该继续求证，如查看利润表中的"管理费用"或"营业成本"项目是否有关于租金费用的体现；另外，报表使用者还可以查看现金流量表中是否有大额现金流出。

任务二　解读财务报表附注

一、任务引入

某公司 2021 年财务报表附注的信息如下。该公司于 2019 年 12 月购入一台价值为 500 000 元的研发设备，预计使用年限为 5 年，没有净残值，采用年限平均法计提折旧。该公司于 2021 年发现该设备的替代产品已经出现，因而该设备已不再适用年限平均法计提折旧，因此于 2021 年 1 月将该设备的折旧方法变更为双倍余额递减法。

对该财务报表附注信息进行分析。

二、相关知识

虽然财务报表附注中的项目众多，但并不要求报表使用者对其进行逐一分析。报表使用者需要先掌握一定的阅读方法，然后从整体上了解财务报表附注的构成，并在此基础上了解其中的重要项目，最后从中获取需要的资料。

（一）阅读财务报表附注的方法

财务报表附注的内容大体可分为 3 类，报表使用者在利用财务报表信息时一定要有针对性，即阅读财务报表项目时，可从财务报表附注中寻找对应的依据和解释。下面根据财务报表附注的分类来介绍财务报表附注与财务报表对应阅读的方法。

1. 可能影响财务报表项目的事项

在可能影响报表财务项目的事项中，报表使用者不必花费太多时间阅读会计政策、会计估计和前期差错更正的文字性描述，而应该将重点放在存货的计价方法、固定资产的折旧方法和折旧年限的确定、坏账准备的计提方法上。因为上述内容不仅会影响资产负债表中的"存货""固定资产"等项目，还会影响利润表中的"营业收入""营业利润"等项目。

因此，对于这类事项，报表使用者需要将其与资产负债表、利润表、所有者权益变动表中的各相关项目结合起来看。

2. 可能影响企业风险的事项

这类信息一般起提醒作用，表明企业可能存在某些风险事项，这些事项一旦发生，就会使企业面临重大的风险和严重的后果。财务附注报表中披露的或有事项主要有未决诉讼、仲裁，以及为其他单位提供债务担保等形成的潜在负债。

如果企业财务报表附注中披露了相关情况，那么报表使用者需要结合资产负债表中的期末资产来判断企业是否有足够的资金支持，或者在现有负债水平的基础上是否还能承担更多的债务等。

3. 对报表项目的详细说明

这类信息可以说明企业各类资产、负债中的哪些项目是财务管理的重点，哪些项目会在本期存在较大变化。报表使用者可以将这类信息中提到的具体项目对应到相应的报表项目中，从而进一步掌握企业的财务状况、利润的形成过程和收益的质量。

（二）解读财务报表附注的重要项目

财务报表附注的列示信息有一定的顺序要求，一般而言，解读财务报表附注时，应重点关注的项目包括企业基本情况介绍、会计政策和会计估计变更以及差错更正的说明、子公司及关联企业的基本情况及其关联方交易说明、资产负债表日后事项分析以及财务报表主要项目注释。

1. 企业基本情况介绍

报表使用者若想要了解一个企业，那么就需要知道该企业的主营业务、工作人员以及过去的经营业绩等。所以，财务报表附注的第一部分有必要向报表使用者提供企业的基本情况，使其了解企业的基本信息。一般来讲，企业的基本情况应当涵盖企业注册资本、法定代表人、组织结构、所处行业、经营范围、主营业务、历史沿革等事项。

2. 会计政策和会计估计变更以及差错更正的说明

为保证会计信息的可比性，使报表使用者在比较企业一个会计期间以上的财务报表时，能够正确判断企业财务状况、经营成果和现金流量的趋势，一般情况下，企业应在每期采用相同的会计政策，不应也不能随意变更会计政策。无论何种原因导致了企业的会计政策变更，都将会使企业不同会计期间的财务报表失去可比性。因此，报表使用者在对不同会计年度的财务报表进行分析时，应当对会计政策变更造成的会计信息可比性问题予以关注。

> **专家点拨**
>
> 　　根据《会计法》规定，企业不得随意变更会计处理方法，如果确需变更的，需要在财务报表附注中加以说明。在实际操作中，企业若要变更会计核算方法（如固定资产折旧方法、投资性房地产计量模式的变更等），应提供具有说服力的变更理由。
>
> 　　《会计法》还规定，随意变更会计处理方法的，应当承担以下法律责任：①由县级以上人民政府财政部门责令限期改正；②罚款；③给予行政处分；④依法追究刑事责任等。

　　会计估计变更是指企业据以估计的基础发生了变化，或者由于取得新信息、积累更多经验以及后来的发展变化而对会计估计进行修订。例如，固定资产折旧方法由年限平均法更改为年数总和法。会计估计变更依据企业的主观判断，但会计估计变更在很多情况下也会出于某些特殊目的，因此，报表使用者应当对此保持警觉。同样，会计估计变更也会使不同会计期间的会计信息失去可比性。因此，报表使用者在对企业进行财务分析时，应当剔除会计估计变更造成的影响。

　　前期差错通常包括计算错误、应用会计政策错误、疏忽或曲解事实、舞弊产生的影响，以及存货、固定资产盘盈等。前期差错更正是对前期差错进行的调整，前期差错更正不可避免。因此，报表使用者应当关注造成差错的原因、差错的性质及其影响金额，以及更正的处理是否正确。如果企业披露的多个前期差错更正对企业利润的影响呈现方向一致性的特征，那么报表使用者应当就这种差错产生的真实原因进行分析。

3. 子公司及关联企业的基本情况及其关联方交易说明

　　随着我国国际化进程的不断推进，企业经营规模化、多元化、全球化的趋势也越来越明显，越来越多的集团公司发展壮大。一家大公司可能经营多个主业，一家母公司可能拥有多家子公司，企业与企业之间的关系越来越密切，这就使得不同企业之间的往来也越来越复杂。为了使报表使用者认识企业之间的关联关系，了解不同子公司对总公司的利润贡献程度和子公司对总公司盈利的影响力等，企业有必要在财务报表附注中提供有关子公司和关联企业的基本情况，并提醒报表使用者关注不同关联方在财务数据中的关联关系和依存情况。

　　子公司或关联企业的盈利情况会反映在母公司或联营企业的财务报表中，所以，企业财务报表中反映的利润既包括自身经营实现的利润，也包括投资其他主体实现的利润。因此，报表使用者在分析企业的盈利能力时，需要关注该企业财务报表附注中对关联方情况的披露，查看该企业创造的大部分利润是否属于关联方实现的。如果某企业的大部分利润不是通过其自身经营实现的，那么在评价该企业的主营业务盈利能力时就需要谨慎分析，因为这有可能是该企业做了一个较好的投资决策而掩盖了自身经营能力的不足。

　　此外，报表使用者还应关注财务报表附注中披露的关联方交易信息。当存在关联方关系时，关联方之间的交易可能不是建立在公开交易的基础上的。这是因为关联方之间进行交易时，不存在竞争性的、自由市场交易的条件，而且交易双方的关系常常影响交易的进行，甚至在某些情况下，关联方可以通过虚假的交易方式来达到粉饰经营业绩的目的；同时，通过内部串通和操纵完成的关联方交易可以达到避税、虚增利润等目的。在对外开拓市场不能达到企业管理层所期望的业务目标、管理层难以向有关方面交代其财务成果的前提下，企业有可能利用关联方交易来虚构较好的业绩。如高价将自己的产品和劳务提供给关联企业,同时又从关联方处得到低价的劳务和原材料等生产要素。这样的交易不仅不是企业正常交易的结果,甚至还会扭曲企业正常的经营业绩。因此,为了减少此类交易的发生,企业就需要在财务报表附注中对关联方交易进行信息披露,使报表使用者了解关联方交易对企业经营成果的影响。

例如,某集团公司财务报表附注披露如下。该集团下有 A、B 两家公司,A 公司属于上市公司,B 公司属于非上市公司。A、B 公司合作完成某一项业务,总合同金额为 8 000 万元,成本为 6 000 万元,其中,A 公司分得收入 6 000 万元,成本 3 000 万元,B 公司分得收入 2 000万元,成本 3 000 万元。A 公司获利 3 000 万元,B 公司亏损 1 000 万元。此种情况很明显是该集团利用了关联方关系,将利润从 B 公司转移到了 A 公司。

4. 资产负债表日后事项分析

对资产负债表日后事项进行分析时,要判断其是调整事项还是非调整事项,还要看事项金额是否重大。如果是调整事项,就需要观察企业调整的科目和金额是否正确,以及是否进行了充分披露;如果是非调整事项,则要观察企业的披露是否恰当。

5. 财务报表主要项目注释

财务报表附注中提供的财务报表主要项目注释涉及财务报表中重要项目应当单独说明的内容,这些信息是判断企业财务报表所反映的财务状况、经营成果和现金流量等真实程度的重要线索。

对于报表使用者而言,财务报表主要项目注释是必须仔细阅读的。在利用这部分信息时,报表使用者可以从以下两个角度来分析。

(1)关注财务报表重要项目的明细说明

在企业提供的财务报表中,并不是每一个项目都对报表使用者具有相同的价值,为了提高财务报表的阅读效率,报表使用者应当关注其中的重点项目。一般情况下,资产负债表中的“应收账款”“存货”“固定资产”“无形资产”项目对企业而言十分重要,因为这些资产类项目的质量好坏直接反映了企业资产质量的好坏。如果相关资产出现了贬值,但财务报表附注中没有相关说明,或者根本没有提及该资产所处的状态,那么报表使用者就应该提出疑问了:企业有没有故意隐瞒什么?为什么资产有重大变化,企业却避而不谈?

(2)关注财务报表异常项目的明细说明

如果企业提供的财务报表显示一些项目的前后波动十分反常,或提供的数据与当前的经济情况不吻合,或与企业的实际情况不相符,那么报表使用者就应当重点关注这些异常项目。例如,企业的货币资金或存货等资产出现负数,这明显有违常理;又如,在行业十分不景气的情况下,企业的利润实现了大幅度的上涨,且成本出现了大幅度的降低,这就与企业当前的经济情况不相吻合。

如果报表使用者在阅读财务报表时发现了异常情况,那么就需要查阅财务报表附注中是否有对这些项目的明细说明,并分析其解释是否合理。如果财务报表附注的相关解释不能自圆其说,那么该企业提供的财务报表的真实性就会大打折扣。

三、任务实训——分析财务报表附注信息

该公司采用年限平均法计提固定资产折旧时,每年计提的折旧金额为 100 000 元,假设

计提的折旧费计入管理费用，那么该设备每年的折旧费会使固定资产减少 100 000 元，利润总额减少 100 000 元。如果将固定资产的折旧方法由年限平均法改为双倍余额递减法，则该设备在 2021 年的折旧费为 200 000 元，计入管理费用的金额增加到 200 000 元，利润总额也会减少 200 000 元。这样，仅仅通过改变固定资产的折旧计提方法就可以使该公司资产负债表中的"固定资产"项目金额减少 100 000 元，使利润表中的"利润总额"项目金额减少 100 000 元。

因此，该公司通过改变会计处理方法的方式成功调节了利润，因而有粉饰财务报表数据之嫌，应该引起报表使用者的高度关注。报表使用者应首先核实财务报表附注中所说明的变更计提折旧方法原因是否属实，若属实，还应进一步结合其他财务报表核查其是否存在调节利润的动机和痕迹，以综合评判该公司财务报表数据的真实性。

拓展阅读——泰禾有限责任公司财务报表附注

一、公司简介

泰禾有限责任公司（以下简称"本公司"）于 2019 年 4 月成立，统一社会信用代码为：×××××。截至 2021 年 12 月 31 日，本公司注册资本及股本为人民币××元。

（一）本公司组织形式、注册地和地址

本公司组织形式：有限责任公司。

本公司注册地址及办公地址：上海市虹口区临平路。

（二）本公司的业务性质和主要经营活动

本公司属于电子行业，主要从事计算机软件的研发以及有关电子产品的销售。

（三）财务报告的批准报出者和财务报告批准报出日

本财务报告于 2022 年 4 月 20 日经本公司董事会批准报出。

二、财务报表的编制基础

（一）按照相关会计准则编制

本公司财务报表按照财政部发布的《企业会计准则——基本准则》（财政部令第 33 号发布、财政部令第 76 号修订）、颁布和修订的各项具体会计准则、企业会计准则应用指南、企业会计准则解释及其他相关规定（以下合称"企业会计准则"）编制。

（二）持续经营

本财务报表以持续经营为基础列报。管理层认真评价了本公司自 2021 年 12 月 31 日起至未来 12 个月内的宏观政策风险、市场经营风险、企业目前和长期的盈利能力、偿债能力、财务弹性以及企业管理层改变经营政策的意向等因素，认为不存在对本公司持续经营能力产生重大影响的事项。

三、遵循企业会计准则的声明

本公司编制的财务报表符合企业会计准则的要求，真实、完整地反映了本公司 2021 年 12 月 31 日的财务状况及 2021 年度的经营成果和现金流量等有关信息。

四、公司主要会计政策、会计估计和前期差错

本公司根据实际生产经营特点，依据相关企业会计准则的规定，对收入确认等交易和事项制定了若干项具体会计政策和会计估计，详见×××。关于管理层所做出的重大会计判断和估

计的说明，请参阅×××"重大会计估计"。

（一）会计期间

本公司会计期间分为年度和中期。中期包括半年度、季度和月度。本公司会计年度为每年1月1日起至12月31日止。

（二）营业周期

正常营业周期是指本公司从购买用于加工的资产起至实现现金或现金等价物为止的期间。本公司以12个月作为一个营业周期，并以其作为资产和负债的流动性划分标准。

（三）记账本位币

本公司以人民币为记账本位币。

（四）记账基础

本公司以"权责发生制"为记账基础，且采用"历史成本"核算。

（五）外币业务的核算方法及折算方法

本公司对发生的外币经济业务采用业务发生时当年当月月初中国人民银行公布的市场汇率（中间价）折合为记账本位币，年末按市场汇率（中间价）对外币账户余额进行调整，年末市场汇率（中间价）折合的记账本位币金额与账面记账本位币金额之间的差额作为汇兑损益处理。

其中，属于筹建期间发生的汇兑损益计入长期待摊费用，属于构建固定资产发生的汇兑损益在固定资产达到预定可使用状态前计入各项在建工程成本，除上述情况以外发生的汇兑损益计入当期财务费用。

（六）现金及现金等价物的确定标准

① 现金为本公司库存现金以及可以随时用于支付的存款。

② 现金等价物为本公司持有的期限短（一般为从购买日起，3个月到期）、流动性强、易于转换为已知金额的现金、价值变动风险很小的投资。

（七）应收款项

1. 坏账的确认标准

凡因债务人破产，依照法律清偿程序清偿后仍无法收回的；或因债务人死亡，既无遗产可供清偿，又无义务承担人，确实无法收回的；或因债务人逾期未能履行偿债义务，经法定程序审核批准的，该应收款项列为坏账损失。

2. 坏账损失的核算方法及坏账准备的计提方法和计提比例

本公司采用备抵法核算坏账损失：账龄在1年以内的不计提坏账准备；账龄为1～3年的，计提比例为10%；账龄为3～5年的，计提比例为50%；账龄在5年以上的，计提比例为100%；有证据证明确实无法收回的应收款项，采用个别认定法计提坏账准备。

（八）存货

1. 存货的分类

本公司存货分为原材料、在产品、产成品三大类。

2. 发出存货的计价方法

本公司各类存货均采用实际成本法核算，发出时采用月末一次加权平均法。

3. 存货可变现净值的确定依据及存货跌价准备的计提方法

资产负债表日，存货按照成本与可变现净值孰低计量，对成本高于其可变现净值的，计提存货跌价准备，并计入当期损益，若已计提跌价准备的存货价值以后又得以恢复，则在原计提的跌价准备金额内转回。可变现净值，是指在日常活动中，存货的估计售价减去至完工时估计将要发生的成本、估计的销售费用以及相关税费后的金额。

（九）长期股权投资

长期股权投资主要包括本公司持有的能够对被投资单位实施控制、重大影响的权益性投资，以及对合营企业的权益性投资。

1. 长期股权投资的投资成本确定

本公司长期股权投资在取得时按投资成本计量。投资成本一般为取得该项投资而付出的资产、发生或承担的负债以及发行权益性证券的公允价值，并包括直接相关费用。但同一控制下的企业合并形成的长期股权投资，其投资成本为合并日所取得的被合并方在最终控制方合并财务报表中净资产的账面价值份额。

2. 长期股权投资的后续计量及其损益确认方法

本公司能够对被投资单位实施控制的长期股权投资采用成本法核算，对联营企业和合营企业的投资采用权益法核算。

（1）采用成本法核算的长期股权投资按照初始投资成本计价。追加或收回投资调整长期股权投资的成本。被投资单位宣告分派的现金股利或利润确认为投资收益并计入当期损益。

（2）本公司长期股权投资采用权益法核算时，对长期股权投资的投资成本大于投资时应享有被投资单位可辨认净资产公允价值份额的，不调整长期股权投资的投资成本；对长期股权投资的投资成本小于投资时应享有被投资单位可辨认净资产公允价值份额的，对长期股权投资的账面价值进行调整，差额计入投资当期的损益。

3. 长期股权投资减值准备

市价持续下跌或被投资单位经营状况恶化等原因导致其可收回金额低于账面价值的，本公司将根据实际情况做出估计后按可收回金额低于长期股权投资账面价值的差额提取长期股权投资减值准备，并将其计入当期损益。已提取的长期股权投资减值准备不得转回。

（十）固定资产

1. 固定资产的确认标准

本公司固定资产是指为生产商品、提供劳务、出租或经营管理而持有的，使用寿命超过一个会计年度的有形资产。同时满足下列条件时才能确认固定资产。

① 与该固定资产有关的经济利益很可能流入企业。

② 该固定资产的成本能够可靠地计量。

2. 固定资产的计量

固定资产按照成本进行计量。

① 外购固定资产的成本包括购买价款、相关税费、使固定资产达到预定可使用状态前所发生的可归属于该项资产的运输费、装卸费、安装费和专业人员服务费等。

② 购买固定资产的价款超过正常信用条件延期支付，且实质上具有融资性质的，该固定资产的成本以购买价款的现值为基础进行确定。实际支付的价款与购买价款现值之间的差额除按照《企业会计准则第17号——借款费用》可予以资本化的，其余应在信用期间内计入当期损益。

③ 自行建造固定资产的成本由建造该项资产达到预定可使用状态前所发生的必要支出

构成。

④ 投资者投入固定资产的成本按照投资合同或协议约定的价值确定,但合同或协议约定价值不公允的除外。

⑤ 非货币性资产交换、债务重组、企业合并和融资租赁取得的固定资产的成本分别按照《企业会计准则第 7 号——非货币性资产交换》《企业会计准则第 12 号——债务重组》《企业会计准则第 20 号——企业合并》《企业会计准则第 21 号——租赁》的有关规定确定。

3. 固定资产的分类

本公司固定资产分为房屋及建筑物、机器设备、电子设备、运输设备等。

4. 固定资产折旧

本公司固定资产采用年限平均法计提折旧。按固定资产的类别、预计净残值率和预计使用年限确定的年折旧率如表 6-1 所示。

表 6-1　　　　　　　　　　　　　固定资产折旧

固定资产类别	预计净残值率/%	预计使用年限/年	年折旧率/%
房屋及建筑物	5.00	20～30	3.17～4.75
机器设备	5.00	6～10	9.50～15.83
电子设备	5.00	2～5	19.00～47.50
运输设备	5.00	3～6	15.83～31.67
其他	5.00	3～5	19.00～31.67

5. 固定资产后续支出的处理

固定资产后续支出是指固定资产在使用过程中发生的支出,主要包括修理支出、更新改造支出、修理费用、装修支出等。其会计处理方法为:固定资产更新改造等后续支出满足固定资产确认条件的,计入固定资产成本,如有被替换的部分,则应扣除其账面价值;不满足固定资产确认条件的固定资产修理费用等,在发生时计入当期损益;固定资产装修费用在满足固定资产确认条件时,在"固定资产"内单设明细科目核算,并在两次装修期间与固定资产尚可使用年限两者中较短的期间内,采用年限平均法单独计提折旧。以经营租赁方式租入的固定资产,其发生的改良支出予以资本化,作为长期待摊费用,合理进行摊销。

（十一）在建工程

在建工程是指购建固定资产使工程达到预定可使用状态前所发生的必要支出,包括工程直接材料、直接职工薪酬、待安装设备、工程建筑安装费、工程管理费和工程试运转净损益以及允许资本化的借款费用等。

1. 在建工程计价

本公司的在建工程按工程项目分别核算,在建工程按实际成本计价。

2. 在建工程结转为固定资产的时点

在建工程达到预定可使用状态时,按工程实际成本转入固定资产。已达到预定可使用状态但尚未办理竣工决算手续的固定资产按估计价值记账,待确定实际价值后,再进行调整。

（十二）无形资产

1. 无形资产的确认标准

无形资产是指本公司拥有或者控制的、没有实物形态的、可辨认的非货币性资产。在同时

06

满足下列条件时才能确认无形资产。

① 符合无形资产的定义。

② 与该资产有关的经济利益很可能流入公司。

③ 该资产的成本能够可靠计量。

2. 无形资产的计量

无形资产按照成本或公允价值（若通过非同一控制下的企业合并增加）进行计量。本公司于取得无形资产时分析判断其使用寿命，无法预见无形资产带来经济利益期限的，作为使用寿命不确定的无形资产。

使用寿命有限的无形资产按其经济利益的预期实现方式进行摊销，无法可靠确定预期实现方式的，采用直线法进行摊销。

本公司至少于每年年度终了时对使用寿命有限的无形资产使用寿命及其摊销方法进行复核，必要时进行调整。使用寿命不确定的无形资产不摊销，但每年均对该无形资产的使用寿命进行复核，并进行减值测试。

（十三）长期待摊费用

长期待摊费用是指公司已经发生但应由本期和以后各期分担的分摊期限在一年以上（不含一年）的各项费用，包括以经营租赁方式租入的固定资产改良支出等。

长期待摊费用按实际支出入账，按其受益年限平均摊销，若长期待摊费用不能使以后会计期间受益的，则将尚未摊销的该项目摊余价值全部转入当期损益。

（十四）重大会计估计

编制财务报表要求管理层做出判断和估计，这些判断和估计会影响收入、费用、资产和负债的报告金额及其披露，以及资产负债表日或有负债的披露。然而，这些估计的不确定性所导致的结果可能造成对未来受影响的资产或负债的账面金额进行重大调整。

本公司对前述判断、估计和假设在持续经营的基础上进行定期复核，会计估计的变更仅影响变更当期的，其影响数在变更当期予以确认；既影响变更当期又影响未来期间的，其影响数在变更当期和未来期间予以确认。资产负债表日，本公司需对财务报表项目金额进行判断、估计和假设的重要领域如下。

1. 坏账准备计提

本公司根据应收款项的会计政策采用备抵法核算坏账损失。应收账款减值基于评估的应收账款的可收回性。

2. 存货跌价准备

本公司存货根据存货会计政策，按照成本与可变现净值孰低计量，对成本高于可变现净值及陈旧和滞销的存货计提存货跌价准备。存货减值至可变现净值基于评估的存货的可售性及其可变现净值。

3. 折旧和摊销

本公司在考虑了固定资产和无形资产的残值后，在使用寿命内按直线法计提折旧和摊销。本公司定期复核固定资产和无形资产使用寿命，以确定应计入每个报告期的折旧和摊销费用数额。使用寿命是本公司根据对同类资产的以往经验并结合预期的技术更新而确定的。如果以前的估计发生重大变化，则会在未来期间对折旧和摊销费用进行调整。

（十五）重要会计政策和会计估计变更

本期本公司无重要会计政策、会计估计变更事项。

五、主要税项

本公司涉及的主要税种（费用）及税率（征收率）如表6-2所示。

表6-2　　　　　　　　　　　　　　主要税种与税率

税种	计税依据	税率（征收率）
增值税	销售商品或提供劳务的增值额	13.00%
城市维护建设税	应交流转税	7.00%
教育费附加	应交流转税	3.00%
地方教育附加	应交流转税	2.00%
企业所得税	应纳税所得额	25.00%

六、会计报表注释项目

1. 货币资金

货币资金注释如表6-3所示。

表6-3　　　　　　　　　　　　　　货币资金注释　　　　　　　　　　　单位：元

项目	年初余额	年末余额
现金	1 200 000	1 800 000
银行存款	36 331 200	49 047 120
合计	37 531 200	50 847 120

2. 应收票据

应收票据注释如表6-4所示。

表6-4　　　　　　　　　　　　　　应收票据注释　　　　　　　　　　　单位：元

项目	年初余额	年末余额
银行承兑汇票	1 200 000	2 000 000
商业承兑汇票	100 000	500 000
合计	1 300 000	2 500 000

注：其中，已贴现的银行承兑汇票有 100 000万元 ，已贴现的商业承兑汇票有 200 000万元 。

3. 应收账款

① 应收账款年初、年末余额（见表6-5）。

表6-5　　　　　　　　　　　　　应收账款年初、年末余额　　　　　　　单位：元

项目	年初余额	年末余额
1年以内	1 502 363	1 802 835
1～3年	1 442 268	1 232 268

续表

项目	年初余额	年末余额
3~5年	1 242 564	321 268
5年以上	23 696	36 966
合计	4 210 891	3 393 337

② 应收账款前五名（见表6-6）。

表6-6　　　　　　　　　　　　应收账款前五名　　　　　　　　　　　　单位：元

次序	单位名称	金额	备注
1	天成科技有限公司	2 000 000	
2	景顺信息服务有限公司	100 000	
3	东信商务有限公司	100 000	
4	百花商贸服务有限公司	90 000	
5	中达数字信息服务有限公司	90 000	
	合计	2 380 000	

4. 存货

…………

七、关联方关系及其交易

本公司的母公司为合众科技集团有限公司，本期间本公司未发生关联方交易。

八、或有事项说明

本公司无披露的或有事项。

九、资产负债表日后事项

本公司无须说明的资产负债表日后事项。

十、其他需要说明的重要事项

本公司无其他需要说明的重要事项。

泰禾有限责任公司

2022 年 4 月 15 日

巩固练习

一、单选题

1. 下列关于财务报表附注的表述中，不正确的是（　　　）。

A. 财务报表附注包括财务报表重要项目的说明

B. 财务报表附注应说明未能在财务报表列示的项目

C. 如果没有需要披露的重大事项，则企业不必编制财务报表附注

D. 财务报表附注包括会计政策和会计估计的变更以及差错更正的说明

2. 下列说法不正确的是（   ）。

    A. 财务报表附注中企业的基本情况部分应包括企业的会计处理方法

    B. 报表使用者必须关注企业当期采用的会计处理方法，以及是否与前期存在差异等

    C. 如果报表使用者在阅读财务报表时发现了异常情况，那么报表使用者就需要查阅财务报表附注中是否有对这些项目的明细说明，并分析其解释是否合理

    D. 报表使用者在分析企业的盈利能力时，需要关注该企业财务报表附注中对关联方情况的披露，查看该企业创造的大部分利润是否属于关联方实现的

3. 企业应在财务报表附注中披露的与借款费用有关的信息是（   ）。

    A. 当期资本化的借款费用金额   B. 银行贷款利率

    C. 借款费用用途   D. 借款费用计入的会计科目

4. 财务报表附注中需要披露的关于重要会计政策和会计估计的内容不包括（   ）。

    A. 会计政策的确定依据

    B. 财务报表项目的计量基础

    C. 企业的预计负债

    D. 会计估计中所采用的关键假设和不确定因素

二、多选题

1. 下列选项中，属于财务报表附注内容的有（   ）。

    A. 财务报表的编制基础

    B. 重要会计政策和会计估计

    C. 会计政策和会计估计变更以及差错更正的说明

    D. 财务报表重要项目的说明

2. 财务报表附注中"其他综合收益"项目应当披露的内容有（   ）。

    A. 其他综合收益各项目及其所得税影响

    B. 所得税费用（收益）与会计利润关系的说明

    C. 其他综合收益各项目原计入其他综合收益，当期转出计入当期损益的金额

    D. 其他综合收益各项目的期初和期末余额及其调节情况

3. 企业应当披露与短期职工薪酬相关的信息有（   ）。

    A. 应当支付给职工的工资、奖金、津贴和补贴，及其期末应付未付金额

    B. 应当为职工缴纳的医疗保险费、养老保险费、失业保险费、工伤保险费和生育保险费等社会保险费，及其期末应付未付金额

    C. 应当为职工缴存的住房公积金，及其期末应付未付金额

    D. 依据短期利润分享计划提供的职工薪酬金额及其计算依据

4. 财务报表附注的局限性包括（   ）。

    A. 会计处理方法的限制   B. 信息的时效性不足

    C. 数据的相关性不够   D. 前瞻性的欠缺

5. 企业应当披露的固定资产信息有（   ）。

    A. 固定资产的确认条件、分类、计量基础和折旧方法

    B. 各类固定资产的使用寿命、预计净残值和折旧率

    C. 各类固定资产的期初和期末原价、累计折旧额及固定资产减值准备累计金额

06

D. 对固定资产所有权的限制及金额和用于担保的固定资产账面价值

三、判断题

1. 财务报表附注是对资产负债表、利润表、现金流量表和所有者权益变动表等财务报表中列示项目的文字性描述或明细资料，以及对未能在财务报表中列示项目进行的说明等。（　　　）

2. 企业必须对外提供资产负债表、利润表和现金流量表，但财务报表附注不属于企业必须对外提供的资料。（　　　）

3. 财务报表附注虽然以财务报表为依托，但仍然可以脱离财务报表来单独解读。（　　　）

4. 财务报表附注中应披露企业的未决诉讼。（　　　）

5. 如果企业提供的财务报表显示该企业本年度销售收入大幅度上涨，而该企业所在行业却十分不景气，则报表使用者可以认为该企业盈利能力较强。（　　　）

项目七

财务报表分析基础

任务一　了解财务报表分析

一、任务引入

情景一：某企业管理者在了解了本企业的财务报表后，得出当年的成本利润率为35%。该企业相关资料显示，该企业近5年的成本利润率分别为28%、32%、40%、36%、33%，其中，第3年的成本利润率发生较大波动是由于外部原材料的大幅上涨。

为了比较该企业当年的成本利润率质量，企业管理者应选择怎样的历史标准？

情景二：A公司向甲银行提出了贷款申请，甲银行的信贷人员小刘需要根据贷款流程的规定来对该公司的财务报表进行分析。

信贷人员小刘应按照怎样的步骤来进行财务报表分析？

二、相关知识

财务报表分析是指通过财务报表中的数字以及财务报表附注中的有关说明，纵览企业经营全貌、衡量企业经营业绩、诊断企业管理问题，以"数字"为依据，实现预测、决策、控制、评价的目的。

（一）两种财务报表分析思路

在实际分析财务报表时，主要有两种思路可以借鉴：第一种是单表分析，即分别对资产负债表、利润表和现金流量表等进行分析；第二种是综合分析，即将所有财务报表结合起来计算相关比率，然后通过横向、纵向比较分析企业的偿债能力、盈利能力和营运能力等。

1. 单表分析

通过单表分析，报表使用者可以解读出资产负债表、利润表和现金流量表的隐藏信息。

（1）资产负债表分析

分析资产负债表时，报表使用者不能仅根据资产、负债、所有者权益的多寡来判断企业财务状况。这是因为资产的核心是为企业带来经济利益，所以资产应该是预期净现金流量的现值；但由于企业采用历史成本来计量资产，所以资产负债表中各项资产的账面价值并不能真正反映资产的实际价值。

报表使用者应该意识到：资产的账面价值可能高于其实际价值，也可能低于其实际价值，而各具体项目所反映的信息不同，可能存在不同的问题。例如，应收账款列示金额虽然很大，但可能存在一些不确定因素（如法律纠纷等）导致某些账款无法收回；又如，存货虽然账面数额很大，但可能存在贬值或实物损失等情况；再如，长期待摊费用虽然属于企业的资产，但它并没有变现的可能，只是企业的一种财务手段。因此，报表使用者在阅读资产负债表时，不仅要重视各项目的金额，还要能读懂其中隐藏的信息。

一般情况下，报表使用者在分析资产负债表时应按照以下步骤进行。

① 阅读总额。

资产总额是企业经营规模的重要衡量指标，通过阅读资产总额可以初步判断企业的经营规模；了解资产总额后再看负债总额和所有者权益总额的高低，把握企业债务规模和净资产的多少，进而计算资产负债率或产权比例，以便于准确分析企业的财务风险。

② 分析资产结构。

在了解了资产、负债、所有者权益的总体情况后，还需要对资产结构进行分析。资产结构分析主要可从以下 3 个方面入手。

- **计算流动资产和长期资产的比重。** 通过计算流动资产和长期资产的比重，可以了解企业这两类资产的配比，判断其是否满足某类企业的一般规律。例如，长期资产占比较大的多为传统企业，如制造业企业等；而高新技术企业、商品流动企业等企业的长期资产相对而言占比较小，因为这类企业通常不需要很多的固定资产。

- **计算流动资产中各项目的比重。** 通过计算流动资产中各项目的比重可以了解企业资产的流动性及资产质量。一般来说，现金占流动资产的 20%左右比较合适，应收账款占流动资产的 30%左右比较合适，存货占流动资产的 50%左右比较合适。

- **计算长期资产中各项目的比重。** 通过计算长期资产中各项目的比重可以了解企业资产的状况和潜能。长期资产可以反映企业的资本规模和水平，一般来讲，固定资产占比的大小是企业生产能力的体现，无形资产占比的大小是企业技术含量的体现，而长期投资占比的大小则是企业投资政策的体现。

③ 分析负债结构。

负债结构反映了企业的债务负担，负债结构分析可从以下 3 个方面入手。

* **计算流动负债与长期负债的比重**。通过计算流动负债与长期负债的比重可以了解企业偿债压力的相对大小。如果短期负债占比较大，则说明企业偿债压力大；如果长期负债占比较大，则说明企业财务负担重。
* **计算信用性债务与结算性债务的比重**。通过计算信用性债务与结算性债务的比重可以判断企业的债务结构是否合理。如果信用性债务占比较大，则表明企业拥有较好的信用条件；如果结算性债务占比较大，则表明企业日常业务产生的负债较多。
* **计算长期负债与总资本的比重**。通过计算长期负债与总资产的比重可以了解总资产对长期负债的保障程度，通过计算长期负债与所有者权益的比重可以分析债权人的风险大小。

④ 分析所有者权益结构。

所有者权益中的实收资本（或股本）是所有者对企业利益要求权大小的体现，资本公积是企业资本本身增值的体现，留存收益（盈余公积和未分配利润）是企业生产经营实现的资本增值。通过分析这些项目，报表使用者不仅可以了解企业的现有规模，还能了解企业的发展潜力。

⑤ 分析期初、期末余额差额。

了解了各项目的结构后，可再次分析不同项目的期初、期末余额差额。如果资产的期末余额大于期初余额，说明资产发生了增值；结合负债和所有者权益期初、期末余额的差额情况可以了解资产增值的原因，是投资者投入、自我累积转入，还是借入的资金。

（2）利润表分析

企业利润表按照利润计算步骤的基本思路编制而成，所以分析利润表时，可主要对企业的盈利质量进行分析，即对财务报表中反映的利润真实性及其对现金流量的影响进行分析。

通过分析利润表，报表使用者可以挖掘出企业的多层信息。

① 收入与利润的比重。

收入构成利润的主要来源，不同层次利润的构成情况可以反映利润的质量。营业利润在利润总额中的占比、利润总额在净利润中的占比可以反映企业持续盈利的潜力，不同收入类型在不同利润层次中的占比可以反映企业创收的主要项目。

② 投资收益质量。

投资收益反映了企业对外投资的效果：如果数值为正，至少证明了对外投资是有效的；如果数值为负，则应考虑企业的投资决策是否存在问题。财务报表使用者结合投资收益与现金流量表进行分析，可以了解企业对外投资的质量，了解投资收益是否有对应的现金流，是否能为企业带来实质收益。

③ 收入与成本、费用的比重。

通过计算收入与成本、费用的比重可以了解各项目的占比情况，比较不同期间的占比，分析产生变动的原因，判断变化是否合理、正常，进而判断变化对企业的发展是否有利。

④ 不同期间的利润比较。

利润的绝对值大小可以反映企业的盈利情况，但若要分析企业在不同时期的发展情况，还需要利用利润率（如销售毛利率、销售净利率）指标。利润率指标可用于分析企业不同时期的盈利情况、比较本企业与同行业不同规模企业的盈利情况，从而有助于分析企业的经营效率，以及企业实现的收入和发生的费用是否合理，从而有助于企业进一步挖掘出扩大收入、降低成

07

本的潜力。

（3）现金流量表分析

现金流量表主要从 3 类活动来反映企业的现金流入、流出信息，所以现金流量表分析也分别从经营活动、投资活动和筹资活动出发，分析产生的现金流量质量。

① 经营活动产生的现金流量。

经营活动产生的现金流量质量反映了企业日常活动的现金收支效率，通过分析经营活动产生的现金流量可以判断企业所处的生命周期阶段是创业阶段、平稳发展阶段还是衰退阶段。

② 投资活动产生的现金流量。

投资活动产生的现金流量是企业投资实现收益是否转化为现金的体现。如果投资活动的净现金流量小于零，就意味着投资活动本身是入不敷出的，虽然这可能属于正常现象，但报表使用者仍需关注投资支出的合理性和投资收益的实现情况。如果投资活动产生的净现金流量大于零，同样属于正常现象，但报表使用者仍需关注长期资产的处置或变现、投资收益的实现以及投资支出的减少情况，分析其有关活动是否合理等。

③ 筹资活动产生的现金流量。

筹资活动产生的现金流量是企业资本规模变化的体现。如果筹资活动产生的净现金流量大于零，报表使用者需要关注企业采取的筹资与投资、经营规划是否协调；如果筹资活动产生的净现金流量小于零，报表使用者需要关注企业现有债务规模承担的偿债压力是否过大，是否缺乏筹资能力等。

> **专家点拨**
>
> 单表分析通常是对报表项目构成情况的分析，而所有者权益变动表中相关项目的整体情况在资产负债表中也有所体现，所以对所有者权益变动表进行单表分析的意义不大，在实际操作中通常会将其与其他报表相结合，进行综合分析。

2. 财务报表综合分析

财务报表综合分析建立在了解单表分析的基础之上，通过对单个资产负债表、利润表、现金流量表以及所有者权益变动表结构、项目的了解，计算需要的各类指标，然后再对各个指标进行分析。

报表使用者对财务报表进行综合分析时，常常采用比较的方法，而具体的比较内容需要视报表使用者的目的而定。在实际操作中，以下 3 种比较方法较为常见。

（1）企业不同时期财务指标的比较

通过将企业不同时期的财务指标进行比较，报表使用者可以了解不同指标的变动情况，从中发现问题、寻找原因；通过对多期财务指标的变化趋势加以分析，报表使用者可以评价企业的经营管理水平，并对企业的未来发展趋势做出预测，进而做出正确的决策。

（2）与同行业财务指标的比较

通过将企业相关财务指标与同行业中的先进水平或平均水平进行比较，报表使用者可以了解该企业在同行业中所处的位置，清楚该企业与同行企业相比存在的差距。对企业管理者来讲，可以此为依据来吸收先进经验，以达到改善企业的目的。

（3）与目标财务指标的比较

通过将企业目前的指标与设定的目标进行比较，报表使用者可以了解企业的计划完成程度。

使用这种方法不仅可以对企业的目标执行情况进行评价，还可以判断既定的目标是否合适，是否存在不足之处。如果发现目标执行过程中存在问题，那么企业就应该找出差异，努力达到目标；如果目标设定存在问题，那么企业就应该修订目标，使目标更具有可操作性。

此处只对财务报表综合分析的方法做简单介绍，关于综合分析中运用的财务指标以及利用财务指标对企业财务情况进行分析的方法详见项目八的具体内容。

> **专家点拨**
>
> 一般来讲，财务报表分析应该循序渐进：首先，通过单张报表的分析来把握企业的基本情况；其次，将所有财务报表结合起来计算相关比率（即财务指标）；最后，通过相关财务指标的比率变动分析企业的偿债能力、盈利能力和营运能力等。

（二）不同使用者的财务报表分析思路

财务报表分析的主体是财务报表的使用者，而财务报表的使用者众多，出于不同的使用目的，其具有不同的信息需求。总的来说，企业投资者、企业债权人以及企业管理者是较为常见的、较为重要的报表使用者，他们在进行财务报表分析时所采取的分析思路各有不同。

1. 企业投资者的财务报表分析思路

企业投资者也就是企业股东，在现实生活中，股东主要分为两种，一种是控股股东，另一种是非控股股东。对于控股股东来讲，他们对企业的关注主要体现在企业怎样实现所有者权益最大化；对于非控股股东来讲，他们关注的则是企业能否提供高额的投资报酬。

因此，企业投资者关心的是企业的财务结构、盈利能力、偿债能力和营运能力，即他们希望通过财务报表分析回答以下 3 个方面的问题：企业当前和未来的收益水平如何、企业目前的财务状况能否满足投资者的报酬需要、企业在同业中处于什么样的竞争地位。

> **专家点拨**
>
> 偿债能力就是企业利用资产偿还负债的能力，分为短期偿债能力和长期偿债能力。通过计算流动比率、速动比率、现金比率和利息保障倍数等财务指标，报表使用者可以了解企业的短期偿债能力，通过计算资产负债率、股东权益比率和权益乘数等财务指标，报表使用者可以了解企业的长期偿债能力。
>
> 盈利能力就是企业获取利润的能力，通过计算营业利润率、成本费用利润率、盈余现金保障倍数、总资产报酬率、净资产收益率、资本收益率和每股收益等财务指标，报表使用者可以了解企业的盈利能力。
>
> 营运能力就是企业的经营运行能力，通过计算应收账款周转率、存货周转率、流动资产周转率、固定资产周转率和总资产周转率等财务指标，报表使用者可以了解企业的营运能力。

2. 企业债权人的财务报表分析思路

企业债权人是企业获取资金的重要来源，债权人对财务报表的关注主要是为了了解企业是否具有偿债能力。一般说来，债权人对企业偿债能力的分析依据并不只是一年的财务报表，他们通常会观察企业 3～5 年的财务报表，分析有关项目的变化趋势，从而决定是否给目标企业提供信用或者是否需要提前收回债权等。

因此，企业债权人主要通过财务报表分析来回答以下 4 个方面的问题。

07

① 企业为什么需要从外部筹集资金，筹集的资金主要用于哪些方面。

② 企业偿债资金的来源有哪些。

③ 企业已借的款项是否按时还本付息，借入新账后是否能按时足额偿还。

④ 企业以后还可能在哪些方面存在借款。

3. 企业管理者的财务报表分析思路

企业管理者是企业经营好坏的关键，企业经营业绩的好坏与企业管理者的报酬直接相关。一般来讲，企业管理者的利益和企业的利益一致，所以企业管理者对财务报表的分析也是较为全面、彻底的。

企业管理者在进行财务报表分析时，既要关注企业在经营过程中取得的成就，也要关注在经营过程中出现的问题。企业管理者通常会利用财务报表分析找出错误和问题，然后采取财务思路更正错误，以促进企业成长。因此，对于企业管理者来讲，他们关注的财务指标通常按照所有者对企业管理者的考核要求设计，前面讲到的所有财务指标也都是企业管理者关心的。

（三）可供选择的财务报表分析标准

任何事物的比较都需要选定参照物，参照物不同，比较的结果可能完全不一样，财务报表分析也是如此。在进行财务报表分析前，应确定被比较的对象，即财务报表分析标准。目前，报表使用者进行财务报表分析时比较通用的标准有历史标准、行业标准、预算标准和经验标准等。

1. 历史标准

历史标准是指企业过去某一时期（如上年、上年同期等）相同指标的实际值。历史标准对企业进行纵向比较十分有用，通过将财务指标的当期数与历史标准进行比较，可以评价企业自身的财务状况和经营情况等是否得到改善。

历史标准的优点是比较可靠和客观，因为上期的数据也来源于本企业，所以数据准确、口径一致，这是对本企业较为客观真实的评价。历史标准的不足是适用范围较窄，只能说明企业自身的发展变化，而不能全面评价企业在行业中的竞争地位。例如，某公司 2021 年营业收入较 2020 年增长 12%，相比于 2020 年的数据，该公司 2021 年的收入实现了增长，趋势向好。但该公司所处行业营业收入增长的平均值为 20%，如果该公司仅看到自身的收入增长率而忽略整个市场的行情，那么就会很容易盲目乐观。

07

专家点拨

企业经营管理中的历史数据非常多，在选择历史标准时，一般建议选择历史较好水平，或连续多年的平均水平。这是因为，企业发展阶段的历史数据往往偏低，如果选择较低的历史数据，那么可能会因为数据比较保守而无法激发企业的活力，也不利于评价企业的发展潜力。

2. 行业标准

行业标准是指同行业中的平均水平或同行业中某一比较先进企业的业绩水平。如果要评价企业在行业中的竞争水平，那么就需要用到行业标准。行业标准的优点是可以据此判断企业在整个行业中所处的位置，明确企业的发展趋势。

在选取行业标准时，报表使用者可以使用行业组织公布的统计数据，也可以根据企业的发展情况在统计数据的基础上进行相应调整。

需要注意的是，同一行业中的两个企业，其内部差异、地域差异以及会计核算方法的运用差异等，可能会使得财务数据并不完全具有可比性，从而使比较没有意义。因此，在选取行业标准作为财务报表分析标准前，报表使用者还需要对企业以及行业内的整体情况有所了解。

3. 预算标准

预算标准是指实行预算管理的企业所制定的预算指标，预算指标运用较多的是集团公司或内部管理比较完善的公司。企业结合自身实际情况制定的营销、财务以及生产等方面的预算指标考虑了经济发展趋势和行业特点，可以说是"量体裁衣"。若将预算指标作为财务报表分析标准，既能直观考察企业的经营成果，又能得出比较准确的分析结论。

同时，由于预算制定在先，并不能考虑到所有外部因素的影响，所以预算标准本身可能并不可靠；另一方面，因为在编制预算时或多或少会掺杂制定者的主观因素，让本来客观的数据由主观的标准来评价，造成结论不真实的后果。

例如，某公司 2021 年的预算毛利率为 15%，实际毛利率为 16%，预算完成情况良好。但实际情况是，因该公司所处行业的原材料价格大幅下降，同行业公司的毛利率均大幅提高，平均毛利率达到 20%，该公司由于编制预算时无法预测原材料下降的因素而存在不足，如果仅以预算数作为参照标准，就很难做出正确的评价。

4. 经验标准

经验标准是指通过长期、大量的实践而获取的经验值。在财务报表分析中，经验标准是学者们在长期的财务分析过程中，通过观察无数企业的生存和发展状态后，确定的财务指标取值范围。所以，经验标准是进行财务报表分析的参考值。例如，一般认为流动比率的经验标准为 2：1，速动比率的经验标准为 1：1，资产负债率的经验标准为 30%～70% 等。

需要注意的是，虽然经验标准具有一定的科学依据，但由于其形成得比较早（西方国家在 20 世纪 70 年代的财务实践中就形成了有关经验标准），而那时的企业类型还比较单一，所以这些经验标准主要针对的是制造业企业的平均状况，而对于新兴企业来说，这类标准可能不能作为绝对的经验标准来运用。在应用经验标准进行财务报表分析时，报表使用者一定要结合企业的具体财务信息来确定通过财务比率得出的结论是否可以接受。

例如，某报表使用者同时对 A、B 两个企业的财务报表进行分析，得出的流动比率分别为 3：1 和 1.5：1，而流动比率的参考标准为 2：1。并不能就此认为 A 企业的流动比率指标优于 B 企业，报表使用者还需要进一步结合财务报表附注等资料来判断。假设通过查看这两个企业的财务报表发现：A 企业的流动资产中，存货占 80%，且还存在长期拖欠的应收账款；而 B 企业的应收账款和存货都很少，且账龄较短。另外，通过对比两个企业财务报表附注提供的资料可知，上述指标并不能真实反映企业的资产流动性质量，所以也就不能依据相关指标的绝对数与经验标准的比较草率地得出结论。

（四）财务报表分析的基本步骤

报表使用者应根据分析任务的不同，遵循一定的步骤对财务报表进行分析。

1. 确定分析目的

在进行财务报表分析之前，首先要明确财务报表分析的目的，因为财务报表分析的目的决定了财务指标和财务报表分析方法的选择依据。

一般而言，财务报表分析的目的包括以下 4 项。

① 信用分析目的，主要分析企业的偿债能力和支付能力。

② 投资分析目的，主要分析投资的安全性和企业的盈利能力。

③ 经营决策分析目的，主要分析企业产品、生产结构和发展战略方面的重大调整。

④ 税务分析目的，主要分析企业的收入和支出情况。

2．选择分析标准

在对企业财务报表进行分析时，必须有客观的标准，并以此衡量企业财务报表中的有关资料，从而较为客观地评价企业的财务状况和经营成果。

3．制定分析方案

确定分析目的和分析标准后，还要根据分析量的大小和分析问题的难易程度制定出合理的分析方案，并明确以下问题：分析的范围是全面的还是专项的，哪些需要简化分析，哪些需要重点分析，哪些需要协助分析，哪些需要其他部门和人员分工负责等。同时，还应列出分析的具体项目，做好工作进度安排表，以便进行分析的进度追踪。

4．收集资料

分析方案确定后，还需要根据分析任务，收集分析所需资料。企业的各项经济活动都与内外部环境的变化相关联，会计信息反映的只是经济活动在某一时期的结果，并不能全面揭示这些结果形成的原因。因此，分析者需要收集相关资料。

收集数据的方法

需要收集的资料一般包括宏观经济形势、行业情况、竞争对手经营状况、产业政策、企业内部数据（如企业产品市场占有率、销售政策、产品品种、有关预测数据等）。

5．撰写分析报告

财务报表分析的最后一步是形成分析报告，即根据财务报表分析的目标和内容，按照既定的标准对所收集的资料进行分析评价，逐步揭示企业的经营情况，寻找企业经营过程中可能面临的问题，得出分析的结论，并给出下一步的改进措施和意见。

（五）财务报表分析的局限性

财务报表分析可以帮助报表使用者了解企业的财务状况和经营成果，评价企业的偿债能力和盈利能力，但财务报表分析也具有一定的局限性，主要包括资料来源的局限性和分析指标的局限性。

1．资料来源的局限性

财务报表中的数据均是企业过去经济活动的结果和总结，而企业往往会尽力满足报表使用者对企业财务状况和经营成果信息的期望，因此，财务报表反映的信息可能与企业实际状况有一定的差距。同时，财务报表不一定能准确地反映企业的客观实际，如报表数据未按通货膨胀进行调整。此外，不同的企业或同一个企业在不同时期可以根据实际情况采用不同的会计政策和会计处理方法，从而影响报表数据的可比性。

2．分析指标的局限性

财务报表分析指标的局限性主要体现在以下 3 个方面。

① 各个财务指标只能反映企业某一方面的财务状况或经营状况，使得财务指标体系不严密。

② 财务指标所反映的情况具有相对性。

③ 不同企业之间用财务指标进行评价时没有统一的标准，不便于不同行业间的对比。例如，一般认为速动比率为 1 较为适合，但采用大量现金收款的企业几乎没有应收账款，速动比率通常低于 1，而应收账款较多的企业，其速动比率可能要大于 1。

三、任务实训

（一）选择财务报表分析标准

通过该企业近 5 年的成本利润率可以发现，该项指标存在较大波动，且呈现出先上升后下降的趋势，由此可猜测，该企业近 3 年可能加强了成本控制，降低了成本利润率。如果只比较某一年的财务指标，尤其是第 3 年，那么可能会由于外部经济环境变化等突发因素得出不准确的结论。

因此，针对成本利润率指标波动幅度较大的情况，企业管理者可选择近 5 年的平均值进行比较。近 5 年平均成本利润率=（28%+32%+40%+36%+33%）÷5=33.8%。当年的成本利润率为35%，高于近 5 年的平均水平；且通过与各期具体数字比较发现，在近两年成本利润率总体下降的情况下，本年又有所反弹，这是否意味着之前的问题又出现了？针对这一情况，企业管理者可以做进一步分析。

（二）确定财务报表分析步骤

信贷人员小刘对 A 公司进行的财务报表分析步骤如下。

（1）确定分析目的

本次分析属于信用情况分析，所以需要重点分析 A 公司的偿债能力（短期偿债能力和长期偿债能力），以此为支撑来判断是否可以批准 A 公司的贷款申请。

（2）选择评价标准

以 A 公司的历史数据及其所处行业的平均水平作为评价的标准。

（3）制定分析方案

具体方案应包括以下内容。

① 分析 A 公司商业环境、业务模式、发展阶段对偿债能力的影响。

② 计算 A 公司短期偿债能力指标、长期偿债能力指标，并与历史数据及行业平均数进行对比。

③ 评估 A 公司的盈利能力和发展能力，以佐证其偿债能力。

④ 了解其他与偿债能力相关的信息，如 A 公司对外抵押担保情况、可动用的银行贷款额度、法律诉讼事项等。

⑤ 与行业内主要竞争对手的偿债能力、发展能力、盈利能力进行对比，评价竞争对手可能对 A 公司带来的不利影响。

（4）收集资料

应收集的资料包括 A 公司近 3 年的财务报告、发展战略等相关资料，A 公司竞争对手的相关资料，A 公司所处行业的其他相关资料。

（5）撰写分析报告

对 A 公司信用情况进行总结，总结其优势和劣势，然后进行综合评估，为最终是否批准 A 公司贷款提供依据。

07

任务二　财务报表分析方法

一、任务引入

情景一：报表使用者通过阅读某企业 2017—2021 年的利润表了解到，该企业近 5 年实现的净利润分别为 2 580 000 元、2 840 000 元、3 288 000 元、4 110 000 元、5 237 800 元。同时，该企业 2017—2021 年资产、负债金额以及各自的占比情况如表 7-1 所示。

表 7-1　　　　某企业 2017—2021 年资产、负债金额及其占比情况　　　　单位：元

项目	2017 年	2018 年	2019 年	2020 年	2021 年
长期负债总额	2 000 000	2 000 000	3 000 000	3 000 000	4 000 000
资产总额	10 000 000	10 800 000	12 500 000	13 000 000	15 000 000
长期负债占总资产的比率	20%	18.52%	24%	23.08%	26.67%

根据上述资料，运用趋势分析法分析该企业的发展情况和资本结构情况。

情景二：某企业 2021 年的财务报表显示，企业当年的人工成本上涨比较明显。一方面是因为当年新招了一批员工；另一方面是因为当年重新设计了薪酬制度，员工平均工资均有所提高。

已知该企业 2020 年年末共有员工 500 人，每位员工年平均工资为 50 000 元；2021 年新招员工 50 人，每位员工年平均工资为 60 000 元。这样一来，该企业的人工成本就由 2020 年的 25 000 000 元上涨到了 2021 年的 33 000 000 元。

现将人工成本这一总指标分解为员工人数和员工平均工资指标，试采用因素分析法中的连环替代法逐个分析这两个因素对人工成本的影响。

二、相关知识

财务报表分析方法的本质是比较，也就是利用比较的原理对各项指标加以分析。一般来说，财务报表分析的基本方法有 4 种，分别为比率分析法、比较分析法、因素分析法和结构分析法。

（一）比率分析法

比率分析法是指对同一张财务报表中的不同项目、不同类别，或对两张财务报表中有关联的项目，计算其比率关系，从相对数上考察和分析企业财务状况的一种方法。比率分析法按照计算比率的项目不同，可分为结构比率、效率比率和相关比率等。

（1）结构比率

结构比率是指某项经济指标的各个组成部分与其总体的比率，该比率可以反映部分与总体的构成关系。结构比率的计算公式如下。

$$结构比率 = 某组成部分数额 ÷ 总体数额 × 100\%$$

报表使用者可以通过结构比率来考察企业某类项目中某部分的构成是否合理，以调整整体中各部分的占比。例如，通过计算流动资产在总资产中的占比可以了解企业的资产结构是否协调，资本结构是否稳健，是否需要做出调整等。常见的结构比率有流动资产、非流动资产在总资产中的占比，流动负债、非流动负债在总负债中的占比，营业利润在净利润中的占比等。

（2）效率比率

效率比率是指某项经济活动中所费与所得的比率，该比率可以反映企业的投入、产出关系。效率比率的计算公式如下。

$$效率比率=耗费数额÷所得数额（或效率比率=所得数额÷耗费数额）×100\%$$

报表使用者可以通过效率比率来对企业的得失加以比较，考察其经营成果，评价经济效益。例如，将成本除以利润可以了解企业的成本在所实现利润中的占比，并据此来评价企业的成本控制成果。常见的效率比率有资本利润率、销售利润率、成本利润率和资产收益率等。

（3）相关比率

相关比率是指财务报表中某两个相关但又不同的项目相比所得的比率，该比率可以反映相关项目之间的关系。相关比率的计算公式如下。

$$相关比率=项目1数额÷项目2数额×100\%$$

报表使用者可以通过相关比率来考察企业有联系的业务之间的安排是否合理，以保证企业的经营活动能顺利开展。常见的相关比率有资产负债率、流动比率和速动比率等。

（二）比较分析法

比较分析法是按照特定的指标系将客观事物加以比较，从而认识事物的本质和规律并做出正确评价的一种方法。利用财务报表分析中的比较分析法可对两个或两个以上的可比数据进行对比，进而找出企业财务状况、经营成果中存在的差异与问题。

按照比较对象的不同，比较分析法可以分为趋势分析法、横向比较法和预算差异分析法。趋势分析法的比较对象是本企业的历史数据；横向比较法的比较对象是同类企业，如竞争企业；预算差异分析法的比较对象是预算数据。在财务报表分析中，较为常用的比较分析法是趋势分析法。

趋势分析法是指将企业两期或连续数期的相关指标进行对比，比较其增减变动的方向、金额和幅度，从而分析企业财务状况和经营成果的一种方法。趋势分析法有助于报表使用者了解企业的历史发展轨迹。

趋势分析法主要用于财务报表绝对数额的比较、重要财务指标的比较以及报表项目构成的比较。

（1）财务报表绝对数额的比较

财务报表绝对数额的比较是指通过比较财务报表中同一项目在连续数期中的绝对数额，观察其增减变动金额和幅度，从而判断该项目所反映的发展趋势。

（2）重要财务指标的比较

重要财务指标的比较是指将企业不同时期的财务报表，通过同一个财务指标进行比较，观察该指标的增减变动情况及其变动幅度，从而判断企业的发展趋势，预测其发展方向。

用于不同时期财务指标比较的比率主要有以下两种。

① 定基动态比率，是以某一时期的数额为固定基期数额而计算出来的动态比率。其计算公式如下。

$$定基动态比率=分析期数额÷固定基期数额×100\%$$

② 环比动态比率，是以每一分析期的数据与上期数据相比较而计算出来的动态比率。其计算公式如下。

$$环比动态比率=分析期数额÷前期数额×100\%$$

例题解析
（定基动态比率）

例题解析
（环比动态比率）

07

（3）报表项目构成的比较

报表项目构成的比较是对财务报表比较的进一步延伸，是指将财务报表中的某个总体指标确定为 100%，然后计算出各组成部分占该总体指标的百分比，进而比较各个项目所占百分比的情况，以此来判断企业有关财务活动的变化趋势。

采用趋势分析法时，应当剔除偶发性项目的影响，保证用于对比的各个时期的指标计算口径保持一致，并运用例外原则对某项有显著变动的指标做重点分析，研究其产生的原因，以便采取相应的对策。

（三）因素分析法

因素分析法是指依据分析指标与其影响因素的关系，从数量上确定各因素对分析指标的影响方向和影响程度的一种方法。因素分析法包括连环替代法和差额分析法。

1. 连环替代法

连环替代法可将分析指标分解为可以计量的各个因素，并根据各个因素之间的依存关系顺次用各因素的比较值（通常为实际值）替代基准值（通常为标准值或计划值），据以测定各个因素对分析指标的影响。

例题解析（连环替代法）

假设某一财务指标 N 由相互联系的 A、B、C 3 个因素组成，则计划（标准）指标和实际指标的计算公式如下。

$$计划（标准）指标\ N_0=A_0\times B_0\times C_0$$
$$实际指标\ N_1=A_1\times B_1\times C_1$$

该指标实际脱离计划（标准）的差异（$N_1-N_0=D$），可能同时受 3 个因素变动的影响。在测定各个因素的变动对指标 N 的影响程度时，可按以下顺序计算。

$$计划（标准）指标\ N_0=A_0\times B_0\times C_0$$
$$第一次替代：N_2=A_1\times B_0\times C_0$$
$$第二次替代：N_3=A_1\times B_1\times C_0$$
$$第三次替代：实际指标\ N_1=A_1\times B_1\times C_1$$

据此测定的结果如下。

$$（N_2-N_0）为\ A\ 因素变动的影响$$
$$（N_3-N_2）为\ B\ 因素变动的影响$$
$$（N_1-N_3）为\ C\ 因素变动的影响$$

三因素的影响合计如下。

$$（N_2-N_0）+（N_3-N_2）+（N_1-N_3）=N_1-N_0$$

专家点拨

采用连环替代法分析财务报表时，必须注意以下问题：①各因素间应具有因果关系，且遵循一定的替代顺序；②每一次替代计算都应在前一次替代计算的基础上进行。

例题解析（差额分析法）

2. 差额分析法

差额分析法是连环替代法的一种简化形式，该方法下，可利用各个因素的比较值与基准值之差额来计算各因素对分析指标的影响。

$$A 因素变动的影响 = (A_1 - A_0) \times B_0 \times C_0$$
$$B 因素变动的影响 = A_1 \times (B_1 - B_0) \times C_0$$
$$C 因素变动的影响 = A_1 \times B_1 \times (C_1 - C_0)$$

（四）结构分析法

结构分析是在同一财务报表内部各项目之间进行比较，先确定某一关键项目的金额为100%，然后将其余项目与之相比，以显示各项目的相对地位，分析各项目的比重是否合理。结构分析法可以帮助报表使用者从总体上判断企业内部各项报表项目的比重是否合理。

1. 结构分析法在资产负债表中的运用

在对资产负债表进行结构分析时，一般应重点关注两个结构，即企业的资产结构和资本结构。

（1）资产结构分析

资产结构分析可用于分析企业各种资产在总资产中所占的比重。"各种资产"既包括单个资产，如应收账款、存货等；也包括某类资产，如流动资产、非流动资产等。在实际操作中，虽然企业所处的行业特征会对企业资产结构形成一定的约束或限制，但企业仍然有较大的空间选择或调整资产结构。

通过观察企业的资产结构，报表使用者可以了解企业的发展潜力和竞争优势，这是因为企业的发展潜力和竞争优势受资产结构的影响较大。一般来讲，如果企业的长期资产占比较高，那么企业需要计提的折旧和摊销也就会较多，从而使得固定成本较多，进而影响企业的投资决策；如果企业的流动资产占比较大，则其变动成本相对较高，其投资的灵活度也会较高。

企业的资产结构在一定程度上可以决定其成本结构，进而在一定范围内决定企业的经营业绩受外部环境影响的程度，这也体现了企业抵御市场变化风险的能力。

（2）资本结构分析

资本结构是企业资金来源中所有者权益与负债之间的相对比例。由于所有者权益不用归还，而负债需要支付一定的代价，所以负债较高的企业还本付息的压力也较大。因此，不同的资本结构决定了企业不同的财务风险。

报表使用者在运用结构分析方法时，应重点关注资产负债表中的资产结构分析和资本结构分析。

2. 结构分析法在利润表中的运用

对利润表采用结构分析法时，应先将企业的营业收入确定为100%，然后用利润表中的各个项目除以营业收入，得到相应的比例，通过分析这些比例及其变化来推断企业的经营管理情况。

用结构分析法分析利润表时，报表使用者应重点关注利润表中"营业利润"项目前的各个项目对营业收入的比例情况，如营业成本对营业收入的比例（营业成本率）、管理费用对营业收入的比例（管理费用率）等。由于投资收益、其他收益、公允价值变动收益、资产减值损失等收入、支出项目与营业收入通常没有直接关系，所以对这些项目采用结构分析方法通常不具有实际意义。

在利润表中，由于成本、费用与营业收入的比率在一定程度上剔除了企业规模的影响，因此，此种条件下的结构分析有助于对不同规模企业之间的财务数据进行比较分析。

三、任务实训

（一）利用趋势分析法进行分析

根据任务引入资料对该企业 2017—2021 年的净利润做简单的趋势分析，为了便于分析，可以将相关数据进行整理，结果如表 7-2 所示。

表 7-2 　　　　　　　　　　某企业 2017—2021 年净利润变化情况 　　　　　　　　　　　单位：元

项目	2017 年	2018 年	2019 年	2020 年	2021 年
净利润	2 580 000	2 840 000	3 288 000	4 110 000	5 237 800
年增长百分比	—	10.08%	15.77%	25%	27.44%

通过表 7-2 可以看出，该企业在过去的 5 年中每一年的净利润均在增加，且增长幅度也在逐年增加，因此可得出以下结论：该企业从 2017 年起的 5 年内，一直处于稳定发展的状态。

同时，根据表 7-1 中的资料可知：除 2018 年以外，该企业长期负债在总资产中的占比一直维持在 20% 以上，且该比率呈现波动上涨的趋势，但上涨幅度不大；另外，该企业的资产总额也在逐年增加。因此可以初步判断该企业的资本结构属于存在小幅度波动的、比较稳健的类型。

（二）利用因素分析法进行分析

使用因素分析法中的连环替代法进行分析时，一般应按照以下步骤进行。

① 计算计划指标。即假设该企业 2021 年没有新招员工，也没有上调工资，则 2021 年的人工成本=500×50 000=25 000 000（元）。

② 第一次替代。即假设该企业 2021 年没有新招员工，只上调了工资，则 2021 年的人工成本=500×60 000=30 000 000（元）。

③ 第二次替代。由于该企业 2021 年新招了员工，且上调了工资，所以 2021 年的人工成本=550×60 000=33 000 000（元）；同没有上调工资相比，人工成本增加了 3 000 000 元。

④ 因此，该企业 2021 年新增的人工成本中，新招员工使人工成本增加的数额=30 000 000-25 000 000=5 000 000（元），上调工资使人工成本增加的数额为 3 000 000 元。

综上，上调工资使人工成本增加的数额比新招员工使人工成本增加的数额更大，所以，该企业人工成本增加的主要因素是上调了工资。

拓展阅读——财务报表分析的常见误区

报表使用者可以借助财务报表来纵览企业经营全貌、衡量企业经营成效、诊断企业财务问题，并及时查明问题原因、采取措施予以纠正，增强企业的发展潜力。财务报表分析并不是单纯的"数字游戏"，而是通过数字进行预测、决策、控制、评价的过程。对于初学者而言，他们所进行的财务报表分析常常流于形式，并且由于缺乏相关经验，他们所进行的财务报表分析也常会出现以下误区。

1. 重视利润，忽视资产和负债

一些初学者往往片面地将企业的财务状况等同于利润。事实上，企业财务状况的好坏不仅体现在利润水平上，还体现在资产和负债所带来的未来现金流入和流出情况，即企业的获利能力上。在很多情况下，通过利润对企业做出的评价远不如通过资产、负债等对企业做出的评价客观。

利润是企业的经营成果，但这个指标具有"可操作性"，即通过一些"技术手段"进行粉饰。因此，如果报表使用者过分地信赖或依赖利润指标，而忽视资产、负债指标，会使决策的有效性大大降低。

2. 轻信报表数据，忽略数据的质量

报表使用者在阅读企业的财务报表时，通常会不假思索地认为其中的数据都是可用的，但事实并非如此。这是因为，报表中的部分数据可能并不适用，如非正常经营产生的未实现利润或不真实的资产或负债等。因此，报表使用者在利用报表数据进行分析前，需要剔除一些不适用的数据，这样才能保证分析的质量。

3. 重视对报表数据的分析，忽略对企业实质的判断

大多数报表使用者在进行财务报表分析时，并未考虑企业的实际情况，甚至在对企业经营业务不了解的情况下就直接进行分析。因此，报表使用者在财务报表分析中，一定要结合企业的实际业务情况，而不能脱离企业实际，仅通过数据得出分析结论。

4. 只关注财务报表，忽视财务报表附注

财务报表是企业财务状况、经营结果以及现金流量等情况的总括反映，因而单纯地用总括数据进行分析很难得到对决策有用的信息。而财务报表附注是对财务报表的必要补充和说明，报表使用者只有在综合考虑了财务报表和财务报表附注的情况下，才能做出正确的财务分析。

5. 对问题浅尝辄止，停留于表面现象

有些报表使用者在分析财务报表时，往往能发现企业存在的一些问题、漏洞或隐患，但并没有深究问题背后的原因，只是浅尝辄止，停留在问题表面。为了解决这一问题，报表使用者只有学会通过获取更多资料的方法来反复推敲、印证问题，深入问题本质，才能对企业财务状况做出客观、公正的评价。

巩固练习

一、单选题

1. 某项经济活动中，所费与所得的比例称为（　　　）。

    A. 结构比率　　　　B. 相关比率　　　　C. 效率比率　　　　D. 环比比率

2. 下列选项中，属于效率比率指标的是（　　　）。

    A. 流动比率　　　　　　　　　　　　B. 资本利润率

    C. 资产负债率　　　　　　　　　　　D. 流动资产占全部资产的比重

3. 下列关于比率分析法的说法中，不正确的是（　　　）。

    A. 利用结构比率指标可以考察总体中某个部分的形成和安排是否合理，以便协调各项财务活动

    B. 利用效率比率指标可以考察企业有联系的相关业务安排得是否合理，以保障经营活动顺畅进行

C. 销售利润率属于效率比率

D. 相关比率是以某个项目和与其有关但又不同的项目加以对比所得的比率，可以反映有关经济活动的相互关系

4. 已知某企业的总负债为 500 万元，若流动负债为 100 万元，则流动负债占总负债的比例为 20%。这里的流动负债占总负债的比例属于财务比率中的（　　　）。

    A. 效率比率　　　　B. 相关比率　　　　C. 结构比率　　　　D. 动态比率

二、多选题

1. 下列说法正确的有（　　　）。

    A. 结构比率的计算公式为：结构比率=某组成部分数额÷总体数额×100%

    B. 相关比率的计算公式为：相关比率=项目 1 数额÷项目 2 数额×100%

    C. 效率比率的计算公式为：效率比率=耗费数额÷所得数额

    D. 常见的相关比率有资产利润率、流动比率和速动比率等

2. 下列各项中，属于趋势分析法的有（　　　）。

    A. 财务报表绝对数额的比较　　　　B. 重要财务指标的比较

    C. 报表项目构成的比较　　　　D. 会计处理方法的比较

3. 下列各项中，属于报表使用者进行财务报表分析时比较通用的标准有（　　　）。

    A. 历史标准　　　　B. 行业标准　　　　C. 预算标准　　　　D. 经验标准

4. 下列各项中，属于资产结构分析的有（　　　）。

    A. 计算流动资产和长期资产的比重　　　　B. 计算长期负债中各项目的比重

    C. 计算长期资产中各项目的比重　　　　D. 计算流动资产中各项目的比重

5. 在比率分析法中，对比率指标类型的有关说法不正确的有（　　　）。

    A. 结构比率反映了投入与产出的关系

    B. 效率比率反映了部分与总体的关系

    C. 相关比率反映了有关经济活动的相互关系

    D. 报表使用者可以利用结构比率指标来考察企业有关联的业务之间的安排是否合理，以保障经营活动顺畅进行

6. 下列各项中，属于因素分析法的有（　　　）。

    A. 现金流量法　　　　B. 连环替代法　　　　C. 差额分析法　　　　D. 结构比率法

7. 下列关于财务报表分析局限性的说法中，正确的有（　　　）。

    A. 财务分析指标的局限性在于各个财务指标都只能反映企业某一方面的财务状况或经营状况，使得财务指标体系不严密

    B. 比率分析法的局限性在于参与比较的各方都必须具备可比性

    C. 财务报表不一定能准确地反映企业的客观实际

    D. 不同企业之间用财务指标进行评价时没有统一的标准，不便于不同行业间的对比

8. 下列各项中，属于企业债权人通过财务报表分析来回答的问题有（　　　）。

    A. 企业为什么需要从外部筹集资金，筹集的资金主要用于哪些方面

    B. 企业偿还资金的来源有哪些

    C. 企业已借的款项是否按时还本付息，借入新账后是否能按时足额偿还

    D. 企业以后还可能在哪些方面存在借款

07

三、判断题

1. 财务分析中的效率比率指标是某项财务活动中所费与所得之间的比率，可以反映投入与产出的关系。（　　）

2. 通过计算流动负债与长期负债的比重，可以了解企业偿债压力的相对大小。（　　）

3. 趋势分析法主要用于财务报表相对数额的比较、重要财务指标的比较以及报表项目构成的比较。（　　）

4. 因素分析法是指依据分析指标与其影响因素的关系，从数量上确定各因素对分析指标的影响方向和影响程度的一种方法，也称为比较分析法。（　　）

5. 用结构分析法分析利润表时，报表使用者应重点关注利润表中"利润总额"项目前的各个项目对营业收入的比例情况。（　　）

6. 分析资产负债表时，报表使用者可以根据资产、负债、所有者权益的多寡来判断企业财务状况。（　　）

四、计算分析题

某企业 2022 年 3 月的某种原材料费用实际数是 4 410 元，而其计划数是 4 000 元，实际比计划增加了 410 元。已知原材料费用等于产品产量、单位产品原材料消耗量和原材料单价的乘积。现将原材料费用这一总指标分解为产品产量、单位产品原材料消耗量和原材料单价 3 个因素，请运用连环替代法逐个分析这 3 个因素对原材料费用总额的影响程度。假设这 3 个因素的数值如表 7-3 所示。

表 7-3　　　　　　　产品产量、单位产品原材料消耗量和原材料单价的数值

项目	单位	计划数	实际数
产品产量	件	100	105
单位产品原材料消耗量	千克/件	8	6
原材料单价	元/千克	5	7
原材料费用总额	元	4 000	4 410

07

项目八

企业财务能力分析

知识目标 ↓

- 了解企业财务能力的相关知识。
- 掌握企业盈利能力、营运能力、偿债能力、成长能力的相关指标。

能力目标 ↓

- 能够计算企业盈利能力、营运能力、偿债能力、成长能力的相关指标。
- 能够分析企业盈利能力、营运能力、偿债能力、成长能力的相关指标。

素质目标 ↓

- 以认真、严谨的态度来计算企业财务能力的相关指标，确保不出差错。
- 认真分析企业财务能力相关指标，尽可能全面、翔实地剖析企业的财务能力。

任务一 分析企业盈利能力

例题解析（情景一）

一、任务引入

情景一： 海明公司与营业利润计算相关的资料如表 8-1 所示。

表 8-1　　　　　　　　　　　　营业利润相关资料　　　　　　　　　　　　单位：万元

项目	2020 年	2021 年
营业收入	320	450
营业成本	165	180
销售费用	30	40
管理费用	35	35
财务费用	12	12
营业利润	78	183

① 根据上述资料，计算并分析海明公司 2020 年和 2021 年的营业利润率。

② 计算并分析海明公司 2020 年和 2021 年的毛利率。

情景二：菁谷公司主要从事房地产的买卖与开发，其 2020 年和 2021 年与净利润计算相关的数据如表 8-2 所示。已知菁谷公司 2020 年 12 月 31 日资产负债表中"资产总计"项目的年初数为 23 680 万元、年末数为 25 470 万元，"所有者权益合计"项目的年初数为 18 960 万元、年末数为 20 130 万元，"实收资本"项目的年初数为 10 000 万元、年末数为 10 200 万元；2021 年 12 月 31 日资产负债表中"资产总计"项目的年初数为 25 470 万元、年末数为 28 490 万元，"所有者权益合计"项目的年初数为 20 130 万元、年末数为 22 580 万元，"实收资本"项目的年初数为 10 200 万元、年末数为 10 500 万元。假设菁谷公司财务费用全部为利息费用。该公司 2020 年、2021 年利润表中列示的财务费用、所得税费用如表 8-3 所示。

表 8-2　　　　　　　　　　　　　净利润相关资料　　　　　　　　　　　　　单位：万元

项目	2020 年	2021 年
营业收入	26 360	30 360
营业成本	15 790	18 540
期间费用	3 620	4 060
营业利润	6 950	7 760
营业外收入	450	4 210
营业外支出	80	460
净利润	7 320	11 510

表 8-3　　　　　　　　　财务费用、所得税费用相关资料　　　　　　　　　单位：万元

项目	2020 年	2021 年
财务费用	724	812
所得税费用	1 830	2 877.5

① 根据上述资料，计算并分析该公司 2020 年、2021 年的净利润。

② 计算并分析菁谷公司 2020 年、2021 年的总资产收益率和总资产报酬率。

③ 计算并分析菁谷公司 2020 年、2021 年的净资产收益率和资本金收益率。

④ 计算并分析菁谷公司 2020 年、2021 年的成本利润率。

情景三：商汇股份有限公司（以下简称"商汇公司"）经过多年经营，终于于 2021 年成功上市。该公司上市后发行在外的股数总额为 1 200 万股，其中，普通股为 1 000 万股、优先股为 200 万股。该公司当年实现净利润 8 500 万元，按照协议约定应分配给优先股股东的股利为 500 万元。根据公司管理层商讨决定，从当年实现的净利润中提取 5%向股东发放现金股利。

① 根据上述资料，计算并分析商汇公司当年的每股收益和股利支付率。

② 已知商汇公司 2021 年每股市价的平均值为 14 元，每股净资产为 5 元。试计算并分析商汇公司 2021 年的市盈率与市净率。

二、相关知识

企业的盈利能力是指企业通过开展经营活动获取利润的能力。评价盈利能力通常采用相对数指标，即利润与一定的资源投入、一定的收入的比率。

08

盈利能力分析的内容

利润率越高，盈利能力越强；利润率越低，盈利能力越弱。企业经营业绩的好坏最终可通过企业的盈利能力来反映。

无论是企业的管理者、债权人，还是投资者（股东），都非常关心企业的盈利能力，并重视对利润率及其变动趋势所做出的分析与预测。从企业的角度来看，企业从事经营活动的直接目的是最大限度地赚取利润并持续稳定地经营和发展。持续稳定地经营和发展是企业获取利润的基础，而最大限度地获取利润又是企业持续稳定发展的目标和保证。因此，分析企业的盈利能力对企业来说非常重要。对于债权人而言，利润是企业偿债的重要来源，而盈利能力的强弱直接影响企业的偿债能力，特别是对长期债务来说。企业举债时，债权人势必会审查企业的偿债能力，而偿债能力的强弱取决于企业的盈利能力。因此，分析企业的盈利能力对债权人非常重要。对于投资者（股东）而言，投资的直接目的就是获得更多的利润，企业盈利能力的强弱至关重要。

考察企业的盈利能力就是对企业通过生产、经营等活动实现了多少增值，以及通过什么项目获取增值的情况进行了解并评价。企业的盈利与利润密切相关，所以对企业盈利能力进行分析主要利用利润表项目；由于利润的形成受收入、成本两个方面的影响，因此报表使用者也可从投资活动与成本利润两个方面来分析企业的盈利能力指标。另外，由于上市公司可发行股份的特殊性，还可对上市公司的盈利能力进行特别分析。

（一）分析企业总体盈利能力指标

利润的计算过程主要分为 3 步，在这 3 步中可分别获得营业利润、利润总额和净利润这 3 个指标。而在这 3 个指标的获取过程中，又涉及不同的收入、成本、费用项目。因此，从整个利润表来看，报表使用者可以通过计算一些指标来分析企业总体盈利能力情况。

1. 营业利润率分析

营业利润率是企业一定期间内营业利润与营业收入的比率，该指标说明了企业营业活动的盈利能力，可以反映出企业在市场竞争中通过营业活动所表现出来的发展潜力。

（1）营业利润率的计算公式

营业利润率的计算公式如下。

$$营业利润率=营业利润/营业收入×100\%$$

上述公式中，营业利润可以通过利润表中的"营业利润"项目获取，营业收入可以通过利润表中的"营业收入"项目获取。

（2）营业利润率指标分析

在使用营业利润率对企业的盈利能力进行分析时，应考虑行业和企业自身的因素，这是因为在不同行业或同一行业的不同企业之间，营业利润率的差异可能很大。

在分析营业利润率指标时，可以从其计算公式入手，分别就影响分子、分母的计算因素进行分析。就分子来讲，影响营业利润的因素主要是营业收入、投资收益、其他收益、公允价值变动收益、资产处置收益、营业成本、税金及附加、销售费用、管理费用、财务费用等；而对于分母来说，只需考虑营业收入的具体金额即可。

在分析企业的营业利润率时，除了可以确认企业实在的盈利状况外，还可以分析改善企业盈利能力的方式。一方面，报表使用者可以利用营业收入与营业利润的相对变化来考察成本费用的控制情况。例如，某企业 2021 年的营业收入、营业利润分别为 450 万元、183 万元，2020 年的营业收入、营业利润分别为 320 万元、78 万元，2021 年的营业收入相较于 2020 年提高了

40.63%，营业利润提高了 134.62%，由此可以看出该企业成本费用的控制必定比上年更有成效。

另一方面，报表使用者可以通过营业收入与营业利润率的关系来反推企业的营业利润质量。例如，如果企业的营业收入和营业利润有大幅度提升，但营业利润率下降了，这就可以说明企业没有很好地控制成本费用。正是由于企业对成本的控制不够，企业赚取的利润在有关成本中被更多地消耗了，因而其营业利润率并没有较大的改观。这一结果可以提醒企业管理者重视成本费用的控制，提高营业利润的质量，在实现营业收入、营业利润提升的同时，使营业利润率也有所提高，这样也有助于企业创造新的利润增长点。

2. 毛利率分析

毛利率是企业用来考察盈利质量的指标。

（1）毛利率的计算公式

营业收入减去营业成本的差额通常被称为毛利，部分企业在计算毛利时还减去了税金及附加。毛利率反映了 1 元的营业收入中有多少毛利。毛利率的计算公式如下。

$$毛利率＝（营业收入-营业成本）/营业收入×100\%$$

上述公式中，营业收入可以通过利润表中的"营业收入"项目获取，营业成本可以通过利润表中的"营业成本"项目获取。

（2）毛利率指标分析

从毛利率的计算公式中可以看出，该指标仅仅考虑了企业在日常经营活动中的获利情况，并没有考虑期间费用、投资收益、其他收益、资产减值以及营业外活动的影响，所以它更能反映企业核心业务的盈利能力，是企业经营管理中非常重要的财务指标。在实际操作中，企业管理者在对财务报表进行分析时，常常会分析毛利率指标及其变化情况，并了解引起其变化的原因。

在分析毛利率时，应注意以下 3 点。

① 毛利率与主营业务利润率对比。如果一个企业的毛利率高于其主营业务利润率，则说明该企业的利润主要来源于其他业务，其主营业务经营可能出现了问题。

② 本企业毛利率与同行业其他企业的毛利率对比。不同行业的毛利率差别很大，比如电力等行业和技术性新兴行业的毛利率普遍较高，但食品、农产品等加工行业属于劳动密集行业，其毛利率会普遍偏低。因此，报表使用者在分析企业毛利率时，需要充分考虑行业特性，将本企业的毛利率与同行业的其他企业进行对比，以揭示企业在定价、成本控制等方面存在的问题，判断该企业在同行业中的市场竞争力。

> **专家点拨**
>
> 随着近年来市场竞争的不断加剧，各行业的毛利率也存在一定的波动。总体来讲，电子类制造企业的毛利率一般在 20%～25%，房地产行业的毛利率一般在 35%～40%，白酒行业的毛利率一般在 45%～70%，啤酒行业的毛利率一般在 35%～40%，餐饮行业的毛利率一般在 50%～75%。每个细分行业的毛利率也有所差异，比如食品行业中，快餐类的毛利率要低一些，饮品类的毛利率较高。

08

③ 关注毛利率的下降趋势。毛利率下降可能意味着价格竞争正在损害企业的利益，或者企业对成本可能失去了控制，或者企业的产品组合发生了变化。

例如，某公司的收入及成本数据如表 8-4 所示，假设该公司所处行业的平均毛利率为 28%。

表 8-4　　　　　　　　　　　　某公司收入及成本数据　　　　　　　　　　　　单位：万元

项目	2020 年	2021 年
主营业务收入	180	200
主营业务成本	129	141
其他业务收入	46	50
其他业务成本	35	36
主营业务利润率	28.3%	29.5%
毛利率	27.4%	29.2%

从表 8-4 可以看出，该公司 2020 年和 2021 年的毛利率分别为 27.4% 和 29.2%，与行业平均数 28% 比较接近；另外，该公司主营业务利润率高于毛利率，且主营业务收入占总收入的比例也较高。所以可以认为该公司的业务结构比较合理，利润水平正常。

3．净利率分析

净利润是营业利润考虑营业外收支后的金额，它是企业最终取得的财务成果，也可以说是可供企业分配给投资者和企业自己使用的经营成果。

（1）净利率的计算公式

净利率也称销售净利率，是指企业实现的净利润与销售收入的比率。净利率反映了企业每取得 1 元的收入能产生多少净利润，它可以在一定程度上反映企业收入的盈利质量，可用于衡量企业的获利能力和市场竞争地位。净利率的计算公式如下。

净利率=净利润÷营业收入×100%

上述公式中，净利润可以通过利润表中的"净利润"项目获取，营业收入可以通过利润表中的"营业收入"项目获取。在使用净利率指标时，可以与毛利率指标相结合，通过比较二者之间的关系来评价企业的经营效率。

（2）净利率指标分析

在对企业净利率进行分析时，需要注意以下 4 点。

① 净利润中包含了"营业外收入""营业外支出"和"投资收益"，而"营业外收支"和"投资收益"项目在年度间可能会发生较大的波动，且其变动没有规律。所以在用净利率衡量企业的盈利能力时，需要考虑不同年度之间净利率受这些非经常性项目的影响程度。

专家点拨

如果企业在两年间净利率的变化幅度较大，且超过了毛利率的变化幅度，甚至趋势相反，则报表使用者需要特别注意企业出现这种现象的原因，并分析导致营业外收支净额变化较大的活动是否有可能转化为企业的营业活动，为企业带来持续的盈利来源，从而开拓另一个盈利点。

② 净利润扣除了所得税费用，如果不同年度之间企业的所得税税率有明显调整，则报表使用者需要考虑这方面因素对净利润产生的影响。

③ 从净利率的计算公式可以看出，企业的净利率与净利润成正比关系，与营业收入成反比关系。企业在增加营业收入的同时，必须相应地获得更多的净利润，才能使该指标保持不变或

08

有所提高。通过对这一指标进行分析，可以促使企业在扩大销售的同时注意改进经营管理，提高盈利水平。

④ 对单个企业来说，净利率指标越大越好，但不同行业企业间的净利率大不相同。因此，在使用该比率时，要注意与同行业其他企业进行对比分析。

通过以上分析可以总结出企业净利率较高时，主要会在两个方面表现出优势：一方面，企业的成本费用得到了有效控制，使得企业可以以较低的成本费用生产产品或提供服务，从而获得较高的净利润；另一方面，企业的产品或服务得到了市场的认可，使得企业可以以较高的价格售出，从而可以以同样的成本获得更高的营业收入，进而获得较高的净利润。

（二）分析与投资相关的盈利能力指标

企业整体层面的盈利能力分析更多是对收入与利润的比较，但对投资者来讲，仅了解企业过去或现在是否盈利并不能满足投资者决策的需求。投资者需要比较不同投资项目的优劣，即同样的钱投到哪个企业能获得更高的报酬，这就涉及与投资相关的盈利能力指标分析。

分析企业与投资相关的盈利能力时，所涉及的指标主要有总资产收益率、总资产报酬率、净资产收益率和资本金收益率等。

1. 总资产收益率分析

投资者在考察企业的利润目标实现情况时，会十分关注与投入资产相关的报酬实现效果，而总资产收益率就是一个重要指标。

（1）总资产收益率的计算公式

总资产收益率是企业在一定期间内实现的收益额与该期间内企业平均资产总额的比率。总资产收益率可以衡量企业总体资产的盈利能力，即每1元的资产可以产生多少的收益。总资产收益率的计算公式如下。

$$总资产收益率=净利润÷平均资产总额×100\%$$
$$平均资产总额=（年初资产总额+年末资产总额）÷2$$

上述公式中，净利润可以通过利润表中的"净利润"项目获取，年初资产总额和年末资产总额可以通过资产负债表中的"资产总计"项目获取。

（2）总资产收益率指标分析

根据总资产收益率的计算公式可以直观看出影响该指标的因素包括当期盈利的多少（即净利润）和企业的总资产规模。总资产收益率与净利润的变化方向相同，即当资产规模一定时，实现的净利润越多，总资产收益率指标值就越大；而总资产收益率与总资产规模的变化方向相反，即当净利润一定时，总资产规模越大，资产收益率的指标值就越小。

报表使用者可以通过总资产收益率与其影响因素的变动关系来对企业总资产的盈利情况进行以下分析。

① 比较不同企业的资产运用效率。根据总资产收益率的具体值可以明确知道不同企业的资产运用效率和资金运用效果。

例如，A 企业的总资产收益率为 35%，B 企业的总资产收益率为 50%。如果同样投资 100元，则 A 企业的投资者可获取 35 元的账面利润，B 企业的投资者可获取 50 元的账面利润，这就说明了 A 企业的资产运用效率不如 B 企业的资产运用效率。所以，投资者会更倾向于投资 A企业。

08

② 分析企业盈利的稳定性和持久性。如果企业的资产规模一定，则报表使用者可以通过总资产收益率指标来分析企业实现盈利的稳定性和持久性，从而确定企业所面临的风险。这是因为企业的资产规模一定，且假设企业将实现的利润全部都分配给股东，那么报表使用者就可以通过衡量企业在不同时期的总资产收益率来分析其盈利能力是否稳定。

例如，同样将 100 元投资到 A、B 两个企业，A 企业投资者在 3 年中获得的利润分别为 35 元、40 元、45 元，B 企业投资者在 3 年中获得的利润分别为 50 元、40 元、30 元。从中可以看出 A 企业的盈利能力不断上升，而 B 企业的盈利能力却在不断下降。出现这种情况时，报表使用者就需要分析企业的营业效率，分析企业是否调整了经营政策，是否有某些特殊原因造成其盈利能力不断下降。

2. 总资产报酬率分析

总资产报酬率以投资报酬为基础进行分析，是分析企业盈利能力一个非常有用的指标。

（1）总资产报酬率的计算公式

总资产报酬率也称投资盈利率，是指企业在一定时期内息税前利润与平均资产总额的比率。总资产报酬率的计算公式如下。

$$总资产报酬率=息税前利润÷平均资产总额×100\%$$
$$息税前利润=净利润+利息费用+所得税费用$$
$$平均资产总额=（年初资产总额+年末资产总额）÷2$$

上述公式中，净利润可以通过利润表中的"净利润"项目获取，年初资产总额和年末资产总额可以通过资产负债表中的"资产总计"项目获取，利息费用可以通过利润表中"财务费用"项目获取，所得税费用可以通过利润表中的"所得税费用"项目获取。

（2）总资产报酬率指标分析

总资产报酬率可以反映企业的基本盈利能力，由于它剔除了资金来源方式和所得税对企业利润的影响，所以更能直接地体现企业所拥有资产的盈利能力。

专家点拨

在实际操作中，企业的所得税负担可能各不相同，这主要体现在适用的税率上。一般来讲，企业的所得税税率为 25%，但小微企业的所得税税率为 20%，部分高新技术企业的所得税税率为 15%。税率的不同造成所得税费用可能存在很大差异，这之中的差额并不能说是企业管理者通过经营管理获取的节省或超支，所以应将这个因素剔除，这样报表使用者对企业管理者经营成果的评价会更加客观。

3. 净资产收益率分析

前面介绍的总资产收益率和总资产报酬率都是企业总体资产盈利情况的体现，而对于投资者来讲，他们关注的是自己投入资本部分的盈利情况如何，所以他们会更关注净资产收益率。

（1）净资产收益率的计算公式

净资产收益率又称所有者权益变动率或股东权益收益率，是企业一定时期内净利润与平均净资产的比率，该指标可以用于衡量企业所有者权益获得的报酬水平。净资产收益率的计算公式如下。

$$净资产收益率=净利润÷所有者权益平均值×100\%$$
$$所有者权益平均值=（年初所有者权益+年末所有者权益）÷2$$

上述公式中，净利润可以通过利润表中的"净利润"项目获取，年初所有者权益和年末所有者权益可以通过资产负债表中的"所有者权益合计"项目获取。

（2）净资产收益率指标分析

净资产收益率越高，表明投资带来的收益越高；净资产收益率越低，表明企业所有者权益的盈利能力越弱。所以，通过分析净资产收益率指标，投资者可以了解其是否获得了足够多的回报。综合来看，该指标可以用于考察以下内容。

① 评价企业的投资效益，即评价企业使用投资者投入资金获取收益的能力。

② 评价管理者的工作绩效。仅使用净利润指标来考察管理者的工作绩效会显得太过片面，因为净利润可能只是账面的数字。而通过净资产收益率指标的分析，投资者可以从投入与产出的关系来评价权益资金的盈利能力。

③ 作为评价所有者投入资本保值增值程度的依据。

4. 资本金收益率分析

资本金收益率体现的是企业所有者权益的盈利能力，但是随着企业的不断经营，所有者权益的体现就不仅仅是投资者投入的部分，因为其中还存在着大部分的历年留存和部分通过捐赠等方式获取的资金。因此，为了更清晰地反映所有者自己投入资金部分的盈利能力，投资者可以运用资本金收益率这一指标来进行分析。

（1）资本金收益率的计算公式

资本金收益率是企业一定时期内净利润与资本金的比率。资本金是指投资者初始投入的资本，该指标可以衡量企业所有者投入资本的盈利能力。资本金收益率的计算公式如下。

$$资本金收益率=净利润÷平均实收资本×100\%$$
$$平均实收资本=（年初实收资本+年末实收资本）÷2$$

上述公式中，净利润可以通过利润表中的"净利润"项目获取，年初实收资本和年末实收资本可以通过资产负债表中的"实收资本（或股本）"项目获取。

（2）资本金收益率指标分析

资本金收益率可以使投资者在知道自己"所拥有的资产"的盈利能力基础上，进一步了解自己投入资金部分的盈利能力。

在使用资本金收益率指标时，需要注意以下两个问题。

① 确定资本金收益率的比较标准。由于不同的投资者对自己投入资金的获利能力要求不同，所以只有确定了比较的标准，比较才具有实际意义。例如，某投资者在投资前对几个企业的资本金收益率进行了考察，最终选择了其中表现较好的一个，该投资者预期的资本金收益率为20%，但当期该企业的资本金收益率仅为15%。一般认为，资本金收益率达到15%就可以表明企业发展良好，但对于该投资者而言，由于该指标并未达到其预期，所以投资者对该企业当期资本金收益率的评价是不满意的。

② 认清该指标的实际意义。资本金收益率虽然可以反映投资者投入资本的获利水平，但是出于企业利润分配政策或实际经营情况的需要，这个水平并不能代表投资者实际可以收到的回报。这是因为，企业为了持续发展或扩大经营，需要使用获取的利润进行进一步投资，而每期

08

実際分给投资者的利润通常只是净利润中的一小部分。同时，投资者具体可以分得多少利润虽说由利润分配政策决定，但最终还是会取决于净利润的大小。因此只有净利润足够大，投资者才能分得更多的利润。

（三）分析与成本费用相关的盈利能力指标

根据会计核算方法的规定，企业在确认收入时需要在相应的期间结转成本费用，从而确定当期的盈利情况，而利润受收入和成本费用的影响。因此，报表使用者可以通过分析成本费用与利润的关系来考查企业的盈利能力。

与成本费用相关的盈利能力指标主要是成本利润率。

1. 成本利润率的计算公式

成本利润率指标中的"成本"，既包括营业成本，又包括期间费用，但不包括税金及附加、营业外支出、所得税费用等支出。成本利润率的计算公式如下。

$$成本利润率=净利润÷（营业成本+销售费用+管理费用+财务费用）×100\%$$

上述公式中，净利润可以通过利润表中的"净利润"项目获取，营业成本、销售费用、管理费用、财务费用分别通过利润表中的"营业成本""销售费用""管理费用""财务费用"项目获取。

2. 成本利润率指标分析

成本利润率指标反映了企业在生产过程中发生的主要耗费和收益之间的关系。该指标值越小，企业为获取利润而付出的代价越小；企业的成本费用控制质量越高，则其盈利能力也就越强。

成本利润率表示企业每发生 1 元成本时，实现的净利润有多少。所以，企业为了获取高质量的利润，可以通过增收节支、增产节能等方式来提高经营效率，从而增强盈利能力。

（四）分析上市公司的盈利能力指标

上市公司是指所公开发行的股票经过国务院或者国务院授权的证券管理部门批准在证券交易所上市交易的股份有限公司。股份有限公司通过上市的方式，可使其股份由投资者通过买卖股票等方式直接持有，也可使股份有限公司便捷地在资本市场实现增资和融资。

因为上市公司的股票可以在证券市场上自由流通，所以公众也就可以通过购买某公司的股票来对其进行投资，但这也要求着上市公司的财务行为必须规范。根据我国上市公司的相关管理规定，上市公司必须定期对外报送财务数据，做到信息公开，接受证监会和社会公众的监督，以保障广大投资者的权益。

投资者购买上市公司股票的直接目的是期望该公司能在未来一定时期内带来较好的收益，所以投资者就需要了解该公司的经营状况、盈利情况等，从而确定自己是否应长期持有该公司的股票。一般来讲，与上市公司盈利能力相关的指标主要有每股收益、股利支付率、每股净资产、市盈率和市净率等。

1. 每股收益分析

每股收益是上市公司股东或股票持有者较为关注的基本指标之一。

（1）每股收益的计算公式

每股收益是企业净收益与发行在外普通股股数的比率。该指标反映了企业普通股股东在某

168

一期间内持有每股股票能获得的收益。每股收益的计算公式如下。

$$每股收益=（净利润-优先股股利）÷普通股股数$$

上述公式中，净利润可以通过利润表中的"净利润"项目获取，优先股股利、普通股股数可以通过财务报表附注获取。另外，报表使用者也可直接通过利润表中的"每股收益"项目来获取每股收益的具体数据。

> **📚专家点拨**
>
> 　　普通股是相对于优先股而言的。上市公司发行的股票可以分为两种，一种是普通股，另一种是优先股。普通股就是持有者能分配的利润会随企业实现利润变动而变动的股份，这是上市公司资本构成中最普通、最基本的股份；普通股股东的收益根据上市公司的经营业绩确定。优先股是上市公司发行的一种在分配红利和剩余财产时比普通股具有优先权的股份，这是一种预先确定了股息收益率的股份；优先股股东按照事先的约定获取收益，其收益不随企业经营情况的好坏而增减。

（2）每股收益指标分析

每股收益反映的是企业普通股股东持有每股股票能获得的收益，在计算每股收益时需要减去优先股股利，这是因为优先股股利必须优先支付，不能为普通股股东所享有。根据每股收益的计算公式，对该指标进行分析时可以从以下5个方面入手。

① 每股收益与企业实现的净利润成同方向变化。扣除优先股股利后的净利润越高，每股收益就越大；反之，则越小。

② 每股收益与企业发行在外的普通股股数成反方向变化。在净利润一定的情况下，如果发行在外的普通股越多，每股收益就越小；反之，则越大。

③ 每股收益反映了企业的获利能力，决定了股东可以获取的收益水平；每股收益直观反映了每一股在当期实现的收益，便于投资者选择投资项目。

④ 通过比较企业连续几年的每股收益变化情况，投资者可以了解企业在较长时间内的变动规律，从而决定是否可以长期持有股票。

⑤ 通过比较不同行业或同一行业中不同企业的每股收益，投资者可以了解不同行业的行情、不同企业在该行业中的地位，从而为投资提供决策依据。

2. 股利支付率分析

股利支付率是衡量上市公司盈利能力的指标之一，它反映了上市公司的股利分配政策和股利支付能力。

（1）股利支付率的计算公式

股利支付率也称股息发放率，具体是指现金股利支付率，它是普通股每股现金股利与每股收益的比率。股利支付率的计算公式如下。

$$股利支付率=每股现金股利÷每股收益×100\%$$

上述公式中，每股现金股利可以通过财务报表附注获取，每股收益可以通过利润表中的"每股收益"项目获取。

（2）股利支付率指标分析

股利支付率主要用于衡量企业当期的每股收益中，有多少是以现金股利的形式支付给普通

08

股股东的。一般来讲，初创公司和小公司的股利支付率较低，因为其资金投入需求大；而股利支付率较高的公司一般不需要更多的资金投入，这类公司多处于企业生命周期的成熟阶段。

需要注意的是，虽然股利支付率是上市公司盈利能力的衡量指标之一，但它并不能反映股利的现金来源和可靠程度。在实际操作中，股利支付率并没有一个绝对的衡量标准，不同的公司可以根据自身的盈利状况、长期经营方针以及市场变化情况来确定当期的股利支付水平。

报表使用者可以通过计算公司的股利支付率来判断该公司的股权分布情况。有研究表明，公司的股权越集中，其发放的现金股利越不稳定；而股权越分散，其发放的现金股利越稳定。所以，通过比较公司不同年度的股利支付率可以初步判断该公司的股权分布情况，进而决定是否购入该公司股票。

> **专家点拨**
>
> 每股收益是上市公司股票价格的主要参考指标。虽然股票价格受市场供求关系、证券市场行情等多方面因素的影响，但最终都会回归到上市公司的盈利能力上。每股收益作为上市公司盈利能力的重要体现，影响着上市公司股价的高低。

3. 每股净资产分析

拥有净资产的多少是上市公司实力的体现，而上市公司股本又是通过发行在外的股份来体现的，所以，评价上市公司盈利能力的每股净资产指标十分重要。

（1）每股净资产的计算公式

每股净资产又称股票账面价值或股票净值，是所有者权益与普通股总数的比率，该指标可以用来衡量企业每股股票所拥有的资产价值。每股净资产的计算公式如下。

$$每股净资产 = 所有者权益 \div 普通股股数$$

上述公式中，所有者权益可以通过资产负债表中的"所有者权益合计"项目获取，普通股股数可以通过财务报表附注获取。

（2）每股净资产指标分析

所有者权益是企业净资产的体现，代表了上市公司本身所拥有的资产；而每股净资产是每一股份平均应享有的净资产份额。每股净资产越多，所有者（或股东）拥有的资产价值就越高；每股净资产越少，则所有者（或股东）拥有的净资产价值就越低。

通过分析上市公司的每股净资产指标值，投资者可以了解上市公司的实力，这主要体现在以下两个方面。

① 分析上市公司每股净资产是了解其整体实力的基础。企业的经营均以净资产作为基础，如果一个企业的负债过多，那么其所拥有的净资产就相对较少，这也意味着企业需要将其经营中的大部分收益用于还债，一旦出现资不抵债的情况，企业将会处于十分危险的境地。所以，若要了解一个上市公司的整体实力，可以将每股净资产指标作为分析依据。

② 每股净资产是支撑股票市场价格的基础。上市公司的每股净资产越多，表明其股票所代表的财富就越雄厚，这也意味着该公司创造利润和抵御风险的能力就越强。投资这样的上市公司意味着投资者要承担的投资风险较低，所以该公司的股票市场价格也表现出了利好的情况。

需要注意的是，虽然每股净资产能在一定程度上反映企业的整体实力，但每股净资产的"含金量"却因净资产的内部结构不同而存在差异，从而影响企业的发展实力。因此，报表使用者在分析企业的发展潜力时，不能只对该指标做出评价，还需要结合其他指标，相互印证后再得出结论。

4. 市盈率分析

市盈率是投资者分析上市公司财务报表时必须掌握的一个指标。

（1）市盈率的计算公式

市盈率又称本益比，是普通股每股市价与普通股每股收益的比率，通过该指标可以反推投资者对上市公司每 1 元净利润所愿支付的价格，还可以用该指标估计股票的投资报酬和风险。市盈率的计算公式如下。

$$市盈率=每股市价÷每股收益$$

上述公式中，每股市价可通过上市公司的收盘价获取，每股收益可以通过利润表中的"每股收益"项目获取。

（2）市盈率指标分析

市盈率是反映上市公司盈利能力的主要指标。一般来讲，市盈率越高，说明投资者看好该公司的发展前景，愿意付出较高的价格购买该公司的股票；市盈率越低，则意味着投资者不看好该公司，只愿付出较低的价格购买该公司的股票。但是，市盈率并非越高越好，如果某公司的市盈率过高，则意味着该公司股票具有较高的投资风险。

从另一个角度来看，上市公司的市盈率越低，越可能给投资者提供利好消息，即此时"低买"可以在以后"高卖"。

在分析上市公司市盈率时需要结合公司的实际情况，了解不同因素对市盈率的影响。通常对上市公司市盈率指标值大小有影响的因素可分为以下 3 类。

① 公司盈利能力的成长性。如果一个上市公司预期其未来的盈利能力将不断提高，则表明该公司的成长性较好，即使该公司目前的市盈率较高，也值得投资者投资。

② 投资者获取报酬的稳定性。如果上市公司因为自身良好的经营效益而能够稳定地向投资者分配收益，那么投资者肯定愿意投资该公司，这也会使该公司股票的市盈率不断提高。

③ 利率水平的高低。当市场利率水平变化时，上市公司的市盈率也会进行相应的调整。例如，在股票市场的实际操作中，常用以下公式来表示利率与市盈率之间的关系。

$$市盈率=1÷1 年期银行存款利率$$

根据该公式可知，如果目前 1 年期银行存款利率为 4%，则上市公司的市盈率为 1÷4%=25 比较合适；而如果 1 年期银行存款利率上升为 6%，则市盈率应降低到 1÷6%=16.67 比较合适。所以，投资者也可以通过将上市公司市盈率与银行存款利率进行比较，以此作为决定是否投资的依据。

5. 市净率分析

市净率与市盈率共同构成了股市中常用的两个估值工具。

（1）市净率的计算公式

市净率是普通股每股市价与每股净资产的比率，即每股股价对应多少净资产。市净率的计算公式如下。

$$市净率=每股市价÷每股净资产$$

08

上述公式中，每股市价可通过上市公司的收盘价获取，每股净资产可以通过每股净资产的计算公式获取。

（2）市净率指标分析

从市净率的计算公式可以看出，市净率与每股市价成同方向变化，与每股净资产成反方向变化。当一个上市公司的每股市价一定时，如果每股净资产越高，则其市净率就越低，投资者的投资风险也就越低。所以，市净率可以帮助投资者确认在哪个上市公司中能以较少的投入获取较高的资产份额。

假设某公司的每股净资产不变，当该公司的市净率为1时，投资者花100元就可以购买到4股该公司的股票，所以可得出该公司的股票市场价值为25元。如果该公司的市净率上升为2，则投资者需要花200元才能购买到4股该公司的股票。由于该公司每股净资产并没有变化，所以花100元和200元购入的4股股票拥有一样的净资产，但第二种情况投资者要多花100元。所以，该结果表明，该公司的每股市价由原来的25元上涨为现在的50元，这个市价就是证券市场交易的结果。

所以在一般情况下，市净率较低的股票，其投资价值较高；反之，则投资价值较低。

专家点拨

市盈率与市净率是上市公司财务分析中两个十分重要的概念，二者是互补的关系，各有优势与不足，投资者需要将二者结合起来才能正确评价上市公司的盈利能力。

市盈率较低，代表投资者能够以相对较低的价格买入股票，过高则代表股票的价值被过分高估，"泡沫"比较大，但这也并非绝对。不同行业的市盈率有所不同。如银行、地产、钢铁等传统行业的未来成长空间比较有限，所以其市盈率较低；而互联网、新能源、高新技术等行业的未来行情被投资者看好，投资者也愿意高价买入这类企业的股票，所以其市盈率较高。因此投资者在分析市盈率时，需要对同行业的股票进行对比。市盈率一味偏低也并不能代表绝对利好。

市净率常用于评估传统行业的盈利能力。如钢铁、电子等传统行业的股票本身依托于实力强大的实体公司，"泡沫"较少，所以投资者采用市净率进行评价就能得出较为准确的结果。而互联网、高新技术等行业内的大多数公司仍处于发展的萌芽期，现阶段收效甚微，所以采用市净率进行评价时就无法准确衡量其价值。

（五）分析影响企业盈利能力的其他因素

分析企业盈利能力时，除了要考虑以上指标外，还需要关注影响企业盈利能力的其他因素。

1. 税收优惠政策

税收政策主要涉及增值税、消费税、企业所得税、城市维护建设税、印花税等税种。对于享受税收优惠政策的企业而言，其盈利能力会因少缴税而有所提升。例如，国家重点扶持的高新技术企业的企业所得税税率为15%，而不享受税收优惠政策企业的企业所得税税率是25%，仅此一点就相差10个百分点。因此，报表使用者在分析企业的盈利能力时，应该充分了解企业已享受的税收优惠政策、将来可能享受的优惠政策，以及税收优惠政策的变化趋势。必要时还需要对企业面临的税收政策环境进行有效的分析和预测。

2．企业的市场潜力

市场份额是企业获利能力的基础，也是企业生存的根本保证。如何全方位地增加市场份额是企业获得稳固、长期、较高收益的关键。

评价企业的市场开拓水平不能仅看销售增长的速度，还需要考虑销售回款的速度，以及销售带来的利润。另外，在市场开拓的过程中，如果只追求短期收入的增加，可能无法实现企业的长期发展目标。

决定企业市场开拓能力的因素有很多，如销售人才、产品质量、品牌影响力、分销渠道、激励措施等。所以市场开拓能力的提高是综合因素作用的结果。

3．企业的利润结构

企业的利润由主营业务利润、其他业务利润、投资收益、非经常性损益等构成。对于一家经营正常的企业来讲，在其利润构成中，主营业务利润是最主要的利润来源，所占的比重应该是最大的，其他业务利润是主营业务利润的补充。投资收益对企业总利润的影响也不容忽视，尤其是长期股权投资金额较大的企业，更应该注重对其投资回报进行分析。而非经常性损益主要包括营业外收支净额、公允价值变动损益等，这些因素的占比不大。

此外，诸如企业的重要资产发生减值、企业未记录的大额或有负债等，都会影响企业的盈利能力，在进行盈利能力分析的时候，需要充分考虑多方因素。

三、任务实训

（一）分析总体盈利能力指标

① 根据营业利润率计算公式"营业利润率=营业利润÷营业收入×100%"可知，海明公司2020年的营业利润率=78÷320×100%=24.38%；2021年的营业利润率=183÷450×100%=40.67%。通过该指标值可以看出该公司2021年的营业利润率与2020年的营业利润率相比有明显增长，增长了16.29个百分点，表明其盈利能力有所提高。

再将表8-1中2020年数据与2021年数据进行对比可以看出，该公司营业收入在大幅度上升的情况下，营业成本、销售费用只是小幅度上升，而管理费用、财务费用均保持不变。特别是营业成本与营业收入的相对比率由2020年的51.56%（165÷320×100%）下降至2021年的40%（180÷450×100%），下降了11.56个百分点。由此也可以看出该公司营业利润率上涨的主要原因在于营业成本对营业收入相对比率的下降。

② 根据毛利率的计算公式"毛利率=（营业收入-营业成本）÷营业收入×100%"可知，海明公司2020年的毛利率=（320-165）÷320×100%=48.44%，2021年的毛利率=（450-180）÷450×100%=60%。通过该指标值可以看出2021年海明公司的盈利能力有所提高。在2020年，该公司每取得1元营业收入，可获得0.4844元的毛利；而到了2021年，其每取得1元营业收入，可获得0.6元的毛利。

（二）分析与投资、成本费用相关的盈利能力指标

① 根据净利率的计算公式"净利率=净利润÷营业收入×100%"可知，菁谷公司2020年的净利率=7 320÷26 360×100%=27.77%，2021年的净利率=11 510÷30 360×100%=37.91%。通过该指标值可以看出该公司2021年盈利能力比2020年的盈利能力提高了。

08

菁谷公司 2020 年的毛利率=（26 360–15 790）÷26 360×100%=40.1%，2021 年的毛利率=（30 360–18 540）÷30 360×100%=38.93%。通过该指标值可以看出，该公司的毛利率在 2021 年有所下降，但其净利率得到了大幅度的提升，提升原因主要在于该公司的营业外收支活动。

通过表 8-2 中的数据可以明显看出该公司在 2021 年实现了比较可观的营业外收入，但净利率增长并不能反映其当年主要经营活动的盈利能力得到了提升，只能说明该公司由于存在不稳定的营业外收支活动，净利率表现出了较好的结果。

② 根据总资产收益率的计算公式"总资产收益率=净利润÷平均资产总额×100%"可知，菁谷公司 2020 年的总资产收益率=7 320÷[（23 680+25 470）÷2]×100%=29.79%，2021 年的总资产收益率=11 510÷[（25 470+28 490）÷2]×100%=42.66%。根据总资产报酬率的计算公式"总资产报酬率=息税前利润÷平均资产总额×100%"可知，菁谷公司 2020 年的总资产报酬率=（7 320+724+1 830）÷[（23 680+25 470）÷2]×100%=40.18%，2021 年的总资产报酬率=（11 510+812+2 877.5）÷[（25 470+28 490）÷2]×100%=56.34%。

从上述指标值的计算结果可以看出，菁谷公司的总资产收益率与总资产报酬率在 2021 年均有所提高，说明该公司的盈利能力在提升。由于所得税与财务费用因素，该公司 2020 年、2021 年的总资产报酬率均比总资产收益率高，这也印证了使用总资产报酬率比总资产收益率更能客观评价企业经营情况的观点。

另外，该公司总资产收益率在两年中增长了 12.87 个百分点（42.66%-29.79%），总资产报酬率在两年中增长了 16.16 个百分点（56.34%-40.18%）。二者的差异并不大，说明该公司在两年中的财务费用负担与所得税费用的负担情况基本平衡。通过单独考察财务费用和所得税费用的具体值，可以了解该公司的所得税税率在两年中是否一致。

③ 根据净资产收益率的计算公式"净资产收益率=净利润÷所有者权益平均值×100%"可知，菁谷公司 2020 年的净资产收益率=7 320÷[（18 960+20 130）÷2]×100%=37.45%，2021 年的净资产收益率=11 510÷[（20 130+22 580）÷2]×100%=53.90%。根据资本金收益率的计算公式"资本金收益率=净利润÷平均实收资本×100%"可知，菁谷公司 2020 年的资本金收益率=7 320÷[（10 000+10 200）÷2]×100%=72.48%，2021 年的资本金收益率=11 510÷（10 200+10 500）÷2]×100%=111.21%。

从该指标值的计算结果可以看出菁谷公司 2021 年的净资产收益率比 2020 年的净资产收益率增长了 16.45 个百分点（53.90%-37.45%），而资本金收益率增长了 38.73 个百分点（111.21%-72.48%）。这两项指标都反映了该公司具有良好的资本盈利能力，如果投资者投资该公司，则可能获得丰厚的投资回报。

同时，该公司的资本规模虽有所上升，但变动幅度不大，所以其指标值的增长主要是由于净利润的增长，这也可以体现出该公司具有较强的盈利能力。

当然，由于企业的资产等于所有者权益与负债之和，所以报表使用者在关注企业总资产、所有者权益以及净资产报酬率、资本金收益率时，也需要关注该企业的负债情况，尤其是企业的偿债能力，只有这样才能比较全面地判断出企业的盈利能力是否稳健，以及企业的营运状况是否正常、健康等。

④ 根据成本利润率的计算公式"成本利润率=净利润÷（营业成本+销售费用+管理费用+财务费用）×100%"可知，菁谷公司 2020 年的成本利润率=7 320÷（15 790+3 620）×100%=37.71%，2021 年的成本利润率=11 510÷（18 540+4 060）×100%=50.93%。

从该指标值的计算结果可以看出，菁谷公司在 2020 年耗费 100 元成本时，可以获取 37.71 元的利润；而到了 2021 年，同样耗费 100 元，却可以创造出 50.93 元的利润。由此可见，该公司在 2021 年的盈利能力有所提高。

将这两年的成本利润率指标变化情况与该公司的其他已知资料相结合可知，该公司盈利能力的提高主要受两方面因素的影响。一方面，企业由于扩大销售实现了更多的净利润，净利润由 2020 年的 7 320 万元增长至 2021 年的 11 510 万元，增长率为 57.24%；另一方面，企业的成本开支由 2020 年的 19 410 万元增长至 2021 年的 22 600 万元，增长率为 16.43%。从中也可以看出，净利润增速大于成本费用增速，但也正是由于成本的增长率小于净利润的增长率，该公司的成本利润率实现了增长。

（三）分析上市公司的盈利能力指标

① 根据每股收益的计算公式"每股收益=（净利润-优先股股利）÷普通股股数"可知，商汇公司 2021 年的每股收益=（8 500-500）÷1 000=8（元）；根据股利支付率的计算公式"股利支付率=每股现金股利÷每股收益×100%"可知，商汇公司 2021 年的股利支付率=（8 500×5%÷1 000÷8）×100%=5.31%。

该公司每股收益为 8 元，表示每一普通股可以从实现的净利润中分取 8 元的收益。如果某投资者购入了该公司 10 000 股股票，那么其当年因持有该公司股票而获取的收益就为 80 000 元。但投资者还是应正确看待每股收益，虽说每股收益越高越能反映该公司的获利能力，但是投资者计算出的收益只是账面金额，并没有实际取得，只有当投资者将该股票卖出后，卖价减去买价后的余额才是其真正获得的收益。当然，公司每股收益越高，预示着公司的股价越高，投资者抛售股票的价格也越高，因而得到收益也可能越高。

该公司 2021 年的股利支付率为 5.31%，表示该公司普通股每获得 1 元收益时，用于分配现金股利的金额约为 0.05 元。通过比较可以发现，该公司的股利支付率与该公司从净利润中提取现金股利的金额基本一致。

② 根据市盈率的计算公式"市盈率=每股市价÷每股收益"可知，商汇公司 2021 年的市盈率=14÷8=1.75；根据市净率的计算公式"市净率=每股市价÷每股净资产"可知，商汇公司 2021 年的市净率=14÷5=2.8。

该公司 2021 年的市盈率为 1.75，表明普通股每股市价相当于每股收益的 1.75 倍，投资者对该公司每 1 元净利润愿意支付的价格为 1.75 元。这意味着如果该公司以后净利润与今年相同，则需要 1.75 年的时间才能回本。而产生这种现象的原因在于市盈率将公司的股价与其制造财富的能力联系了起来，这个数字也体现了股票的性价比，同时也是市场对该公司未来发展前景的预期。

该公司 2021 年的市净率为 2.8，表明投资者需要花 2.8 元才能买到该公司的一份股份。市净率越大，表明投资者越看好该公司，认为该公司有足够的发展潜力，且值得投资。一般认为，市净率小于 1 的公司基本没有什么发展前景；市净率大于 1 的公司，投资者对其股票前景感到乐观。对于优质股票来讲，其市净率一般会超出每股净资产许多，如果一个上市公司的市净率达到 3，则表明其资产质量较好。商汇公司的市净率为 2.8，接近 3，所以其资产质量比较好。

08

任务二 分析企业营运能力

一、任务引入

骁勇公司 2020 年与 2021 年资产负债表中与资产相关的资料如表 8-5 所示，利润表中的有关项目如表 8-6 所示。

表 8-5　　　　　　　　　　　　　　资产负债表项目资料　　　　　　　　　　　　单位：万元

项目	2020 年		2021 年	
	年初数	年末数	年初数	年末数
货币资金	280	320	320	350
应收票据	60	83	83	125
应收账款	75	105	105	184
存货	85	130	130	145
合同资产	45	72	72	56
流动资产合计	545	710	710	860
长期股权投资	100	120	120	200
固定资产	600	680	680	700
无形资产	150	195	195	200
非流动资产合计	850	995	995	1 100
资产总计	1 395	1 705	1 705	1 960

表 8-6　　　　　　　　　　　　　　利润表项目资料　　　　　　　　　　　　单位：万元

项目	2020 年	2021 年
营业收入	1 300	1 850
营业成本	420	620
税金及附加	220	330
销售费用	150	200
管理费用	65	90
财务费用	28	60
资产减值损失	12	15
其他收益	23	41
公允价值变动收益	30	50
资产处置收益	45	22
营业利润	503	648
营业外收入	8	18
营业外支出	10	6
利润总额	501	660
所得税费用	125	142
净利润	376	518

① 计算并简要分析骁勇公司 2020 年、2021 年的存货周转率和存货周转天数。

② 计算并简要分析骁勇公司 2020 年、2021 年的应收账款周转率和应收账款周转天数。

③ 计算并简要分析骁勇公司 2020 年、2021 年的流动资产周转率和流动资产周转天数。

④ 计算并简要分析骁勇公司 2020 年、2021 年的固定资产周转率和固定资产周转天数。

⑤ 计算骁勇公司 2020 年、2021 年的总资产周转率和总资产周转天数，并对该公司资产的总体运用情况进行简要分析。

二、相关知识

企业的营运能力即经营效率，也就是企业对各项资产的运用效率，企业对资产的运用情况是其能否获利的关键。对企业营运能力进行分析也就是对企业不同资产的周转率或周转速度进行分析，可以从中了解企业对相关资产的使用是否有效。在分析企业的营运能力后，还可利用分析结果对企业进行以下 4 方面的评价。

营运能力分析的内容

（1）评价企业资产的使用效率

营运能力分析可以评价企业为了实现经营目标——价值最大化，是否对资产进行了优化配置，其所从事的经营活动是否完成了预先的计划等。

（2）发现企业资产在使用过程中存在的问题

通过对资产使用效率的了解与分析可以找出其中存在的问题，并以此为依据寻找是否存在改进的空间，从而使企业不断地发展壮大。

（3）有助于投资者进行投资决策

营运能力分析可以判断企业营运资产的效率与效益，有助于投资者进行相应的投资决策。一方面，企业的安全性与其资产结构密切相关。如果企业流动性强的资产所占的比重大，则该企业的资产变现能力强，一般不会遇到现金拮据的压力，且企业的财务安全性也较高。另一方面，企业的资产结构影响企业的收益。企业存量资产的周转速度越快，则实现收益的能力就越强；存量资产中的商品资产越多，则实现的收益额就越大；商品资产中毛利额高的商品所占比重越高，则取得的利润率就越高。良好的资产结构和资产管理效果预示着企业未来的收益能力将有所增强。

（4）有助于债权人进行信贷决策

营运能力分析有助于债权人判断债权的物资保证程度和安全性。短期债权人通过了解企业短期资产的数额可以判断企业短期债务的物资保证程度；长期债权人通过了解企业长期资产可以判断企业长期债务的物资保证程度。

反映企业营运能力的常用财务指标有存货周转率、应收账款周转率、流动资产周转率、固定资产周转率和总资产周转率等。

（一）分析存货营运能力指标

存货在企业流动资产中具有十分重要的作用，它通常是制造业企业流动资产的重要组成部分。分析企业存货的营运能力时，常用的指标主要有存货周转率和存货周转天数。

1. 存货周转率

存货周转率是分析企业营运能力的重要指标，广泛使用于企业的管理决策中。存货周转率除了可以用来衡量企业生产经营中存货的利用情况外，还可以用于评价企业的经营业绩，反映

08

企业的绩效。

（1）存货周转率的计算公式

存货周转率是销售成本与存货平均余额的比值，该指标不仅可以反映企业存货利用效率的高低，还可以综合衡量与评价企业购入存货、投入生产、销售收回等各个环节的管理状况。存货周转率的计算公式如下。

$$存货周转率=销售成本÷存货平均余额$$
$$存货平均余额=（期初存货+期末存货）÷2$$

上述公式中，销售成本可以通过利润表中的"营业成本"项目获取，期初存货和期末存货可以通过资产负债表中的"存货"项目获取。

（2）存货周转率指标分析

存货周转率是存货周转速度的体现。由于存货会占用企业大量的流动资金，所以存货周转率反映了企业资金的使用效率。

存货周转率的高低可以反映企业存货管理水平的高低。一般说来，存货周转速度越快，即存货的占用率越低，则其流动性就越强，存货转化为现金或应收账款等的速度也就越快；相反，存货周转速度越慢，即存货长时间占用企业的流动资金，则存货转化为现金或应收账款等的速度就越慢。因此，提高存货周转率可以提高企业存货的变现能力。

通过对存货周转率的研究可发现该指标并不是越高越好。存货主要由原材料、周转材料、半成品、产成品、库存商品等构成，这些都是企业销售产品的基础。以原材料为例，如果其存量过少，甚至出现了短缺，则企业会跟不上生产的需要，从而造成生产环节的脱节；以产成品或库存商品为例，如果其存量过少，则当企业签订新的订单时，就可能因为没有商品供应而造成订单的流失。

因此，存货周转率指标应该根据企业的实际情况保持在适当的水平。报表使用者在对该指标进行分析时，可以参考企业所处行业的平均水平，这是因为企业所处行业的性质不同，其行业平均周转率也会不同。如果某企业的存货周转率高于其行业平均水平，说明该企业在其行业内的存货变现能力比较好，产品周转速度快，这也反映了该企业的产品竞争力强；反之，若其存货周转率低于行业平均水平，则说明该企业的存货变现能力较差，产品周转速度慢，该企业的产品竞争力较弱。

2. 存货周转天数

存货周转天数与存货周转率一同构成了分析存货营运能力时必不可少的指标。

（1）存货周转天数的计算公式

存货周转天数是指企业的存货平均多少天可以周转一次，它与存货周转率存在着密切的关系。该指标可以反映企业从购入原材料、投入生产、将产成品销售出去所需要的天数。存货周转天数的计算公式如下。

$$存货周转天数=360÷存货周转率$$

上述公式中，"360"是一年的计算天数，存货周转率可以通过相关计算公式获取。

（2）存货周转天数指标分析

存货周转天数可理解为一年中存货多少天可以周转一次，报表使用者对存货周转天数的分析同样需要结合企业所处行业的平均情况。如果发现某企业的存货周转天数少于其所处行业的平均水平，则可以反映出该企业的产品销量较好，周转速度块、产品畅销，企业在市场竞争中具有竞争力；但如果某企业的存货周转天数多于其所处行业的平均水平，则通常表明该企业的存货积压较多，产品的竞争力不够出色，由于存货占用流动资金过多，可能会给企业的资金链带来负担。

📖**专家点拨**

在对存货周转率进行分析时，除了要基于财务报表本身所提供的数据外，常常还需要考虑财务报表以外的因素，有时财务报表以外的因素可能更具有参考价值。例如，企业管理层通过调研意识到某产品可能供不应求，便预存大量该批产品以防缺货。此时，通过财务报表相关项目计算的存货周转率和存货周转天数可能并不理想，但这并不能客观评价该企业的存货管理水平。

又如，某蔬菜供应商判断冬季可能会出现蔬菜价格上涨的情况，且蔬菜可能会很畅销。此时，该蔬菜供应商就可能提前在冷库中储存大量蔬菜，暂时延缓或暂停对外出售。而到了冬季时，再将储存的蔬菜入市，从而获取丰厚的利润。在这种情况下，如果单纯地从财务报表数字分析存货周转率（天数），就很有可能做出不客观的评价。

因此，当企业对市场的变化情况做出预测或根据经验对企业的战略进行调整时，就可能会出现存货周转率指标值不理想，但实际经营并非如此的情况。

（二）分析应收账款营运能力指标

资金具有时间价值，企业若拥有变现能力较好的资金，则可以带来更多的潜在收益。如果企业资金长期存于应收账款中，不仅会损失企业应收资金的时间价值，还会加大坏账产生的风险。因此，报表使用者对应收账款营运能力进行分析是十分重要的。分析企业应收账款的营运能力时，常用的指标主要有应收账款周转率和应收账款周转天数。

1. 应收账款周转率

应收账款周转率是衡量企业应收账款周转速度及其管理效率的指标。

（1）应收账款周转率的计算公式

应收账款周转率是企业在一定时期的销售收入与应收账款平均余额的比值，该指标可以反映企业未收回款项对资金的占用情况。应收账款周转率的计算公式如下。

$$应收账款周转率=销售收入÷应收账款平均余额$$

$$应收账款平均余额=（期初应收账款+期末应收账款）÷2$$

上述公式中，销售收入可以通过利润表中的"营业收入"项目获取，期初应收账款和期末应收账款可以通过资产负债表中的"应收账款"项目获取。

（2）应收账款周转率指标分析

应收账款周转率是衡量企业应收账款流动程度的重要指标，相当于在一定时间内应收账款转换为现金的平均次数。应收账款周转率越大，表明应收账款收回的速度越快，平均收账期越短；相反地，应收账款周转率越小，则表明应收账款收回的速度越慢，这不利于企业资金的健康流动，而且还会使企业的资金时间价值受损。

分析企业应收账款周转率时，需要根据实际情况判断该企业的相应指标值是否正常。一般情况下，企业都希望应收账款越早收回越好，至少不要影响企业的正常经营。此外，对应收账

08

款周转率指标值的评价需要结合行业平均水平。如果某企业的应收账款周转率高于行业平均水平，则表明其收账效率比较高，应收账款的变现能力比较强，同时也表明该企业交易对象的还款能力较好；如果某企业的应收账款周转率低于行业平均水平，则表明其收账效率比较低，应收账款的变现能力也比较弱。

但是应收账款周转率也并非越高越好。应收账款的产生源于信用销售，企业通过分期收款或延期收款等方式向客户销售商品而给予客户支付货款限期的行为，可以扩大企业的销售。如果应收账款周转率一味偏高，则可能表明该企业执行了太严的收款政策，从而使得企业在扩大销售方面存在很多限制。

需要注意的是，以应收账款周转率为切入点来判断企业是否存在财务造假是非常有效的手段之一。虚增收入的企业往往表现为应收账款急剧增加，应收账款周转率急剧下降，利润增加的同时其应收账款周转率却有所下降，且企业的经营活动没有相应的现金流入。报表使用者如果发现企业有此种情况，就应高度重视。

例如，某公司2018—2021年的应收账款周转率数据如表8-7所示。

表8-7　　　　　某公司2018—2021年的应收账款周转率数据

项目	2018年	2019年	2020年	2021年
应收账款周转率（甲公司）	0.121	0.84	1.4	2.51
应收账款周转天数（甲公司）	2 975.21	428.57	257.14	143.43
应收账款周转天数（行业平均）	52.3	51.6	49.8	46

从表8-7可以看出，该公司2018—2021年的应收账款周转天数均远远大于行业平均数，且应收账款周转率每年都有大幅度的上升，这显然不符合常理。经过进一步的核查发现，该公司实际是为了虚增利润，与关联方及有关系的企业签订赊销合同，同时虚增营业收入和营业利润，每年虚增收入从7 000多万元到近2亿元不等。

2. 应收账款周转天数

应收账款周转天数也称应收账款回收期，相较于应收账款周转率而言，应收账款周转天数是一个辅助指标。

（1）应收账款周转天数的计算公式

应收账款周转天数是指企业收回应收账款平均需要多少天，是反映企业经营能力的一个重要指标。应收账款周转天数的计算公式如下。

$$应收账款周转天数=360÷应收账款周转率$$

上述公式中，"360"是一年的计算天数，应收账款周转率可以通过相关计算公式获取。

（2）应收账款周转天数指标分析

通过上述公式可以看出，应收账款周转天数与应收账款周转率成反向变动关系。应收账款周转天数越短，说明企业应收账款变现的能力越强，资金的使用效率也就越好，该指标是衡量企业经营能力的重要指标。

一般情况下，对应收账款周转天数进行评价以是否影响企业的正常经营为衡量标准。如果应收账款周转天数过长，影响了企业的正常经营，那么这个回款时间显然是不合理的。

专家点拨

分析企业的应收账款周转率时，通常需要考虑行业因素，这是因为在同行业中进行相关指标的比较分析更具有实际意义。政府出于宏观经济调控的需要，会统计各个行业的平均情况。因此，报表使用者应对各行业的应收账款周转率平均值有所了解，这有助于评价企业的应收账款使用效率，如判断企业所处行业在社会各行业中的水平等。

　　一般情况下，各行业应收账款周转率的平均值在6～12，良好值在12～18，大于24的则为优秀值。其中，建筑业应收账款周转率的平均值在2～5，房地产业应收账款的平均值在3～6，批发零售业应收账款周转率的平均值在9～12，住宿餐饮业应收账款周转率的平均值在7～10。

（三）分析流动资产营运能力指标

对流动资产的营运情况进行分析是为了综合评价企业对流动资产的使用效率，从整体上把握企业对流动资产的管理水平。分析企业流动资产的营运能力时，常用的指标有流动资产周转率和流动资产周转天数。

1. 流动资产周转率

流动资产周转率是在存货周转率指标和应收账款周转率指标的基础上，对流动资产使用情况进行的综合反映。

（1）流动资产周转率的计算公式

流动资产周转率是销售收入与流动资产平均余额的比值，该指标可以反映流动资产的利用效率。流动资产周转率的计算公式如下。

$$流动资产周转率＝销售收入÷流动资产平均余额$$
$$流动资产平均余额＝（期初流动资产＋期末流动资产）÷2$$

上述公式中，销售收入可以通过利润表中的"营业收入"项目获取，期初流动资产和期末流动资产可以通过资产负债表中的"流动资产合计"项目获取。

（2）流动资产周转率指标分析

流动资产周转率主要用于分析企业流动资产的周转速度。在一定时间内，如果流动资产周转率越大，即周转的次数越多，则表明企业流动资产对销售额（或周转额）的贡献越大，流动资产的利用效率也就越好。相反地，如果流动资产周转率越小，即周转的次数越少，则表明企业流动资产对销售额的贡献越小，流动资产的利用效率也就越差。

可将前面对存货周转率和应收账款周转率的分析类比到对流动资产周转率的分析。即流动资产周转率越高，表明企业的营运能力越强，流动资产的使用效果越好，进而表明企业的盈利能力和偿债能力越强。

但是流动资产周转率并不是越高越好。通过流动资产周转率的计算公式可以看出，企业提高销售收入或减少流动资产都可以提高流动资产周转率。在销售收入既定的情况下，企业如果单纯地通过减少流动资产来使流动资产周转率看起来"好看"，这也并不能说明企业的营运能力增强了，因为这是以减少资产为代价的，不是企业的长久之计。所以，企业应当在保持流动资产水平稳定的基础上提高营运能力。

2. 流动资产周转天数

流动资产周转天数与流动资产周转率是两个密不可分的衡量指标，二者可相互补充地对流动资产的使用效率进行评价。

（1）流动资产周转天数的计算公式

流动资产周转天数是指流动资产周转一次需要的时间，该指标是对流动资产周转率指标的补充。流动资产周转天数的计算公式如下。

$$流动资产周转天数=360÷流动资产周转率$$

上述公式中，"360"是一年的计算天数，流动资产周转率可以通过相关计算公式获取。

（2）流动资产周转天数指标分析

流动资产周转天数可以直观地反映企业流动资产在一定期间内周转一次所需的具体时间，该指标越小，则表明企业流动资产在生产和销售阶段所占用的时间越短，企业的经营更具效率。通过流动资产周转天数的计算公式可以看出，只要企业在生产、销售、收款等任意一个环节提高了效率，就都能够缩短流动资产周转天数。

需要注意的是，在对流动资产周转率指标进行分析时，同样需要结合企业以前年度的数据、同行业其他企业的数据或者同行业先进企业的数据，只有这样才不至于片面地评价数值，只有在有比较的情况下，相关指标分析才具有实际意义。

（四）分析固定资产营运能力指标

固定资产在企业的资产中通常占比较大，企业能否有效利用固定资产对营运能力的高低具有重要影响。分析企业固定资产营运能力时，常用的指标主要有固定资产周转率和固定资产周转天数。

1. 固定资产周转率

固定资产周转率即固定资产的利用效率，表示在一个会计年度内固定资产的周转次数，它代表了每 1 元固定资产所支持的销售收入。

（1）固定资产周转率的计算公式

固定资产周转率是全年销售收入与固定资产平均余额的比值，该指标可以反映企业对固定资产的使用效率。固定资产周转率的计算公式如下。

$$固定资产周转率=销售收入÷固定资产平均余额$$

$$固定资产平均余额=（期初固定资产+期末固定资产）÷2$$

上述公式中，销售收入可以通过利润表中的"营业收入"项目获取，期初固定资产和期末固定资产可以通过资产负债表中的"固定资产"项目获取。

（2）固定资产周转率指标分析

固定资产周转率主要用于分析厂房、机器设备等固定资产的使用效率。该比率越高，表明企业对固定资产的利用率越高，企业的管理水平也就越高；相反地，该比率越低，则表明企业对固定资产的使用率越低，同样也反映出企业的管理水平有待提高。

在分析固定资产周转率指标值时，应当与行业的平均水平进行比较。如果某企业的固定资产周转率高于行业平均水平，表明该企业对固定资产的利用较好，固定资产带来的生产效率也就较高；如果企业的固定资产周转率低于行业平均水平，则说明企业对固定资产的利用较差，可能会影响企业的获利能力。

由于固定资产通常具有很高的价值，所以在分析固定资产周转率指标时，需要注意某些特殊因素的影响，如某一期间突然增加或减少较多的固定资产、改变固定资产的计价方法等。这些因素通常会使固定资产的价值发生较大变化，从而影响固定资产周转率指标值的计算。

例如，某企业在当年因为投资一个新项目而大规模购买了机器设备，并修建了一间新的厂房。这些投资必定会使企业当期固定资产急速上升，由于固定资产价值增加较大，在销售收入比较稳定的情况下，固定资产周转率必然会出现跳跃式的下降。又如，某企业对其拥有的固定资产采取历史成本计量，但由于技术的改进和产品的更新换代，现有设备严重滞后，为了体现资产的质量，经管理层决定对过时的固定资产计提减值准备。由于设备计提了大额减值准备，当期计算的固定资产价值急速下降，因此，在销售收入比较稳定的情况下，必定会使固定资产周转率出现跳跃式的上升。

所以，报表使用者在分析固定资产周转率指标时，应注意一些特殊因素的影响，不能轻易地对该指标值的突然变化得出结论，还需要结合企业的实际进行分析。

2. 固定资产周转天数

固定资产周转天数也称固定资产回收期，反映企业通过经营活动获取的销售收入，能在多长时期弥补固定资产的价值损耗。

（1）固定资产周转天数的计算公式

固定资产周转天数是指固定资产周转一次需要的时间。固定资产周转天数的计算公式如下。

$$固定资产周转天数=360÷固定资产周转率$$

上述公式中，"360"是一年的计算天数，固定资产周转率可以通过相关计算公式获取。

（2）固定资产周转天数指标分析

固定资产周转天数形象地反映了企业多久能取得相当于固定资产价值的收入，或者说，该指标反映了企业卖多久的商品能买回现有的固定资产。

（五）分析总资产营运能力指标

前面提到的一些指标可用于对企业单项资产或小类资产的运营情况进行考察，为了考察企业对资产的整体运用效率，还需要分析企业总资产的营运能力。分析企业总资产营运能力时，常用的指标有总资产周转率和总资产周转天数。

1. 总资产周转率

总资产周转率是企业拥有的全部资产在一年内使用效率的体现，是评价企业资产整体利用情况的综合指标。

（1）总资产周转率的计算公式

总资产周转率是企业在一个会计年度内销售收入总额与总资产平均余额的比值。总资产周转率公式如下。

$$总资产周转率=销售收入÷总资产平均余额$$
$$总资产平均余额=（期初总资产+期末总资产）÷2$$

上述公式中，销售收入可以通过利润表中的"营业收入"项目获取，期初总资产和期末总资产可以通过资产负债表中的"资产总计"项目获取。

（2）总资产周转率指标分析

总资产周转率反映了企业每1元资产可以创造的销售收入，也反映了企业总资产在一年内平均周转的次数。总资产周转率越高，表明总资产的周转速度越快，企业的销售能力越强，利用全部资产进行生产经营的效率也就越高，进而使得企业拥有较强的盈利能力和偿债能力。

对总资产周转率指标的分析同样应注意该指标的经济意义，即该指标绝对值的上升并不能完全反映企业对资产利用效率的提高。这是因为，企业销售收入不存在较大变化的情况下，如果企业某年度报废了大量的固定资产，则总资产周转率可能会大幅度提升，但这并不能表明企

08

业提高了资产的使用效率。

2. 总资产周转天数

总资产周转天数实际上是总资产周转率衍生出的一个指标，前面提到的存货周转天数、应收账款周转天数、固定资产周转天数等都是相关周转率的另一个角度的反映。

（1）总资产周转天数的计算公式

总资产周转天数是指企业拥有的资产周转一次需要的时间。总资产周转天数的计算公式。

$$总资产周转天数=360÷总资产周转率$$

上述公式中，"360"是一年的计算天数，总资产周转率可以通过相关计算公式获取。

（2）总资产周转天数指标分析

通过总资产周转率可以看出企业每1元资产能够获取的收入额，这是通过资产使用效益的角度来看的；而通过总资产周转天数可以看出企业为了获取一定的资产，需要通过多长时间的经营来实现，这是通过资产使用时间的角度来看的。

相较于其他具体资产营运能力指标，总资产周转率更能全面地反映企业资产运用的整体水平。如果企业的总资产周转率高于行业平均水平，表明企业对资产的运用有效，其运营费用可以得到有效控制，从而使盈利能力增强，产品毛利率可能也会随之增高，进而提升企业在行业中的竞争力；相反，如果企业的总资产周转率较低，则最终会降低企业在行业中的竞争力。

三、任务实训——计算并分析营运能力指标

① 根据存货周转率的计算公式"存货周转率=销售成本÷存货平均余额"可知，骁勇公司2020年的存货周转率=420÷[（85+130）÷2]=3.91，2021年的存货周转率=620÷[（130+145）÷2]=4.51。根据存货周转天数的计算公式"存货周转天数=360÷存货周转率"可知，骁勇公司2020年的存货周转天数=360÷3.91=92.07（天），2021年的存货周转天数=360÷4.51=79.82（天）。

首先，根据计算结果直观分析存货周转效率。骁勇公司2020年的存货周转率为3.91，存货周转天数为92.07天，表示该公司2020年的存货平均需要92.07天才能变现一次；2021年的存货周转率为4.51，存货周转天数为79.82天，表示该公司2021年的存货平均需要79.82天才能变现一次。

其次，纵向分析变化趋势。整体来看，该公司2021年对存货的利用效率高于2020年对存货的利用效率，存货变现天数由92.07天降至79.82天，降幅为13.31%。这表明该公司在2021年可能加强了存货管理，且初见成效。

最后，评价存货周转率指标和存货周转天数指标。根据计算结果来看，该公司的存货使用效率并不好，虽然2021年较2020年有所好转，但仍然需要约80天才能使存货变现一次。因此，报表使用者不能片面地根据计算的绝对数据得出结论，还需要与骁勇公司所在行业的平均水平进行比较：如果该指标值与行业平均水平相差不大，说明由于其行业特殊性，存货的周转、变现速度较慢；如果该指标值比行业平均值高，且相差比较大，则说明该公司对存货的管理存在问题，需要采取相应的改善措施。

② 根据应收账款周转率的计算公式"应收账款周转率=销售收入÷应收账款平均余额"可知，骁勇公司2020年的应收账款周转率=1 300÷[（75+105）÷2]=14.44，2021年的应收账款周转率=1 850÷[（105+184）÷2]=12.80。根据应收账款周转天数的计算公式"应收账款周转天数=

360÷应收账款周转率"可知，骁勇公司 2020 年的应收账款周转天数=360÷14.44=24.93（天），2021 年的应收账款周转天数=360÷12.80=28.13（天）。

根据上述指标可知，骁勇公司 2020 年的应收账款平均需要 24.93 天才可以收回，而 2021 年的应收账款则平均需要 28.13 天才能收回。通过对比两年的指标数据来看，该公司应收账款的收账效率在 2021 年有所下降，下降幅度为 12.84%。

获得该指标数据后，报表使用者还需根据公司的实际经营情况来判断该数据是否正常。如果骁勇公司是一家互联网企业，其行业的应收账款周转率一般在 4~12，而该公司这两年的应收账款周转率分别为 14.44、12.80，均大于行业平均水平，所以该公司的收账效率很好。

如果骁勇公司是一家普通的餐饮公司，专门承接宴席接待业务，仅采用少量赊销方式，因此这类公司的应收账款结账期通常较短，应收账款周转率基本能达到 20 左右；而该公司的应收账款周转率均小于行业的平均水平，在这种情况下，该公司的收账效率就比较低。

③ 根据流动资产周转率的计算公式"流动资产周转率=销售收入÷流动资产平均余额"可知，骁勇公司 2020 年的流动资产周转率=1 300÷[（545+710）÷2]=2.07，2021 年的流动资产周转率=1 850÷[（710+860）÷2]=2.36。根据流动资产周转天数的计算公式"流动资产周转天数=360÷流动资产周转率"可知，骁勇公司 2020 年的流动资产周转天数=360÷2.07=173.91（天），2021 年的流动资产周转天数=360÷2.36=152.54（天）。

根据上述指标可知，骁勇公司 2020 年平均 173.91 天能实现一次流动资产周转，而 2021 年只需 152.54 天就能实现一次流动资产周转。从该指标值可以看出该公司的流动资产使用情况有所好转，但目前的流动资产周转率仍然较低，由此也可以看出该公司对流动资产的利用效率较低。

④ 根据固定资产周转率的计算公式"固定资产周转率=销售收入÷固定资产平均余额"可知，骁勇公司 2020 年的固定资产周转率=1 300÷[（600+680）÷2]=2.03，2021 年的固定资产周转率=1 850÷[（680+700）÷2]=2.68。根据固定资产周转天数的计算公式"固定资产周转天数=360÷固定资产周转率"可知，骁勇公司 2020 年的固定资产周转天数=360÷2.03=177.34（天），2021 年的固定资产周转天数=360÷2.68=134.33（天）。

根据表 8-5 可知骁勇公司的固定资产在 2020 年增加了 80 万元，增幅为 13.33%；固定资产在 2021 年增加了 20 万元，增幅为 2.94%。从以上数据可以看出，该公司 2020 年的固定资产有小幅度增长，2021 年的涨幅更小。结合该公司固定资产周转率指标值的计算结果可知，其 2021 年的固定资产周转率与 2020 年的固定资产周转率相比有小幅度的提升，在固定资产价值波动幅度不大的情况下，实现这种增长主要是由于销售收入的增加。由此也可以看出，该公司在 2021 年的销售收入增长方面表现出了一定的竞争力，从而也反映出了该公司对固定资产的利用效率有所提高。

⑤ 根据总产周转率的计算公式"总资产周转率=销售收入÷总资产平均余额"，骁勇公司 2020 年的总资产周转率=1 300÷[（1 395+1 705）÷2]=0.84；2021 年的总资产周转率=1 850÷[（1 705+1 960）÷2]=1.01。根据总资产周转天数的计算公式"总资产周转天数=360÷总资产周转率"，骁勇公司 2020 年总资产周转天数=360÷0.84=428.57（天）；2021 年总资产周转天数=360÷1.01=356.44（天）。

根据总资产周转率的计算结果，骁勇公司在 2020 年中，每一元资产可以创造 0.84 元的收入；到了 2021 年，每一元资产可以创造 1.01 元的收入。在 2020 年，骁勇公司为了取得当前拥

08

有的资产，需要按照当前状况持续经营 428.57 天；而在 2021 年，为了取得当前拥有的资产，则需要按照当前状况持续经营 356.44 天。

单从数值来看，骁勇公司的总资产周转情况是不乐观的，企业没有充分地利用企业的现有资产。但从两年的变化趋势来讲，情况又是有所好转的，总资产周转天数下降了 72.13 天，降幅为 16.83%。

任务三　分析企业偿债能力

一、任务引入

明伊公司 2020 年、2021 年资产负债表中流动资产项目与流动负债项目的资料如表 8-8 所示，资产负债表中的平均资产、负债以及所有者权益总额如表 8-9 所示。假设明伊公司利润表中的财务费用全为利息费用。

表 8-8　　　　　　　　　　　流动资产与流动负债项目资料　　　　　　　　　　单位：万元

项目	2020 年	2021 年
货币资金	480	525
交易性金融资产	20	25
应收票据	120	92
应收账款	245	275
存货	180	330
其他流动资产	50	53
流动资产合计	1 095	1 300
短期借款	150	180
应付票据	55	85
应付账款	123	153
应付职工薪酬	87	127
应交税费	72	54
其他流动负债	18	6
流动负债合计	505	605

表 8-9　　　　　　　　　　　平均资产、负债、所有者权益总额　　　　　　　　　单位：万元

项目	2020 年	2021 年
资产总计	2 440	2 932
负债合计	1 157	1 489
所有者权益合计	1 283	1 443

① 计算并简要分析明伊公司 2020 年、2021 年的流动比率、速动比率和现金比率。

② 计算并简要分析明伊公司 2020 年、2021 年的资产负债率和股东权益比率。

③ 计算明伊公司 2020 年、2021 年的权益乘数，并对该指标做简要分析。

08

④ 计算并简要分析明伊公司 2020 年、2021 年的产权比率。

⑤ 计算并简要分析明伊公司 2020 年、2021 年的利息保障倍数。

二、相关知识

与股东相比，企业的债权人更关心借出去的资金能否按时收回利息和本金，所以他们尤其关注企业的财务风险，因而他们会重点分析企业的偿债能力。

偿债能力分析就是对企业资本结构、短期流动性以及现金流量等方面进行财务比率分析。将这 3 个方面进行简单归纳后，可将企业偿债能力分析分为短期偿债能力分析和长期偿债能力分析。

（一）分析短期偿债能力指标

企业的短期偿债能力是反映企业在不动用固定资产等非流动资产的情况下，偿还短期负债的能力。评价企业短期偿债能力的指标主要有营运资本、流动比率、速动比率和现金比率，这些指标又统称为流动性比率。

1. 营运资本

营运资本也称营运资金，是企业可以用于营运的资金。

（1）营运资本的计算公式

营运资本是流动资产超过流动负债的那部分资金。营运资本的计算公式如下。

偿债能力分析的内容

$$营运资本＝流动资产－流动负债$$

上述公式中，流动资产可以通过资产负债表中的"流动资产合计"项目获取，流动负债可以通过资产负债表中的"流动负债合计"项目获取。

（2）营运资本指标分析

一般而言，营运资本越多，则企业的偿债能力越有保障，但营运资本的数值不宜过大或过小，过大或过小都意味着企业的经营可能存在一定的问题。如果营运资本过大，说明企业的闲散资金过多，资金没有被充分利用，其原因可能是企业管理人员的能力不足或资金管理混乱等。如果营运资本过小，说明企业的流动资金不足，经营出现困难。如果营运资本为负，说明企业的流动资产小于流动负债，此时企业的部分非流动资产以流动负债作为资金来源，企业不能偿债的风险很大。造成这种情况的原因很多，如企业有太多的应收款项或企业的流动负债过多等。

由于营运资本是绝对值，不同行业、不同规模企业营运资本的合理数值各不相同，因此，营运资本指标不适合用于对不同企业进行对比分析。因此，报表使用者在实际分析偿债能力时，应较少使用该指标，但依然可以将企业的营运资本与历史数据进行对比，以分析企业的营运资本变化情况。

2. 流动比率

在企业的短期偿债能力指标体系中，流动比率通常是首要计算的指标值，它可以反映企业的流动债务在到期前，能够用现有流动资产偿还的能力。

（1）流动比率的计算公式

流动比率是企业流动资产除以流动负债所得到的比率，该指标的经济含义可以理解为 1 元的流动负债有多少流动资产与其对应。流动比率的计算公式如下。

$$流动比率＝流动资产÷流动负债$$

08

上述公式中，流动资产可以通过资产负债表中的"流动资产合计"项目获取，流动负债可以通过资产负债表中的"流动负债合计"项目获取。

（2）流动比率指标分析

流动比率可以反映企业有多少可以转化为现金的流动资产用来偿还一年内到期的流动负债。报表使用者分析企业流动比率时，一般应选择企业所在行业流动比率的平均水平、企业的历史流动比率数据作为标准。

流动比率虽然可以反映企业的短期偿债能力，但该指标并不是越高越好。如果流动比率过高，可能从侧面反映企业对资产的利用效率不好、存货存在滞销等。造成企业流动比率过高的原因有很多，主要可归纳为以下3种。

① 未能有效利用资金。如果企业没有有效利用资金，那么就会造成资金的大量闲置，从而使得企业的流动资产过多，最终体现为流动比率过高。

② 赊销过多，应收账款在流动资产中的占比很高。如果企业的销售采用赊销方式，可能使应收账款的金额过高，从而增加企业的流动资产总额，最终体现为流动比率过高。

③ 销售不利，存在大量存货积压的情况。如果企业的存货积压过多，可能无法将其转换为销售收入，从而导致企业的流动资产虚高，最终体现为流动比率过高。

基于上述原因，报表使用者在分析企业的流动比率时，还需要结合财务报表的具体项目，考虑各项流动资产的实际占有情况，以准确判断企业的短期偿债能力。

3. 速动比率

速动比率是在流动比率的基础上，对企业流动资产质量进行的更加严格的评价。

（1）速动比率的计算公式

速动比率是企业速动资产除以流动负债所得到的比率。所谓速动资产，是指将流动资产中变现能力较弱的部分扣除后的资产，也就是流动资产中变现能力较强的资产，如货币资金、应收票据、应收账款、预付账款等。在实际计算中，速动资产一般是在流动资产的基础上，减去存货后的金额。速动比率的计算公式如下。

$$速动比率=速动资产\div流动负债$$
$$速动资产=流动资产-存货$$

上述公式中，流动资产可通过资产负债表中的"流动资产合计"项目获取，流动负债可通过资产负债表中的"流动负债合计"项目获取，存货可通过资产负债表中的"存货"项目获取。

专家点拨

由于存货在销售时才变为现金，而存货的变现又受到市场需求、价格等多种因素的影响，所以其变现能力较差。为了进一步判断企业的短期偿债能力和支付能力，就在流动资产的基础上引入了"速动资产"。

计算速动资产时没有扣除排列在存货以下的项目的主要原因是资产负债表格式的不断变化。在最初确定该指标的计算公式时，企业较少涉及存货以下的项目，所以也就没有将其考虑在内。严格来讲，如果这部分项目在企业流动资产中的占比较大，则在计算速动资产时，同样需要将其扣除。

（2）速动比率指标分析

与流动比率相比，速动比率只是在流动资产中扣除了存货的价值，所以相较于流动比率，速动比率所表现的企业短期偿债能力更具有时效性。速动比率计算公式中的速动资产变现能力更强。

传统经验认为，速动比率维持在1∶1较为合理，这是因为速动比率为1∶1时，可以表明企业每1元的流动负债就有1元易于变现的流动资产来抵偿，企业的短期偿债能力也就有了可靠的保证。速动比率过低，表明企业的短期偿债风险较大；速动比率过高，表明企业在速动资产上占用的资金过多，会增加企业投资的机会成本。但以上评判标准并不是绝对的。在实际工作中，报表使用者应考虑到企业的行业性质。例如，由于商品零售行业采用了大量的现金销售，所以其几乎没有应收账款，速动比率远小于1，但这也是合理的。相反，有些企业的速动比率虽然大于1，但其速动资产中大部分是应收账款，这并不代表企业的偿债能力强，因为应收账款能否收回具有很大的不确定性。所以，报表使用者在评价速动比率时，还应分析应收账款的质量。

4. 现金比率

现金比率是在速动比率的基础上，对企业资产的变现能力提出的更高要求，该指标为报表使用者进一步判断企业的短期偿债能力提供了依据。

（1）现金比率的计算公式

现金比率是流动资产中货币资金与交易性金融资产之和除以流动负债后得到的比率，该指标在流动比率和速动比率的基础上，更加真实地反映了企业的短期偿债能力。现金比率的计算公式如下。

$$现金比率=（货币资金+交易性金融资产）÷流动负债$$

上述公式中，货币资金可以通过资产负债表中的"货币资金"项目获取，交易性金融资产可以通过资产负债表中的"交易性金融资产"项目获取，流动负债可以通过资产负债表中的"流动负债合计"项目获取。

> **专家点拨**
>
> 交易性金融资产是企业为了近期内出售而持有的债权投资、股权投资和基金投资，具有很强的变现能力，由于这类资产通常可以随时取回，所以基本可以将其视为与现金等价。如果在计算现金比率时不把这类资产考虑进去，就会在评价企业真实偿债能力时得出片面的结论。

（2）现金比率指标分析

现金比率是企业短期偿债能力指标中较为严格、稳健的指标，它可以反映企业直接偿付流动负债的能力。企业的现金比率越高，表明其用于支付债务的现金类资产越多，短期债权人的债务风险也就越小。但是，如果现金比率过高，则表明企业没有对资金实现有效利用，这也不利于企业盈利水平的提高。

（二）分析长期偿债能力指标

一般而言，企业不能只满足于短期债务的偿还，还应关注自身的长期偿债能力。长期偿债能力是企业资产对长期负债的偿还能力，企业的长期负债主要包括长期借款、应付债券、长期应付款等偿还期限在一年以上的债务。评价企业长期偿债能力的指标有资产负债率、股东权益比率、权益乘数、产权比率和利息保障倍数等。

1. 资产负债率

资产负债率是评价企业总资产对总负债承担能力的一个综合指标。

（1）资产负债率的计算公式

资产负债率也称负债率，是企业负债总额与资产总额的比率，该指标可以反映企业的资产总额中有多少是通过举债获得的。资产负债率的计算公式如下。

$$资产负债率=负债总额÷资产总额×100\%$$

上述公式中，负债总额可以通过资产负债表中的"负债合计"项目获取，资产总额可以通过资产负债表中的"资产总计"项目获取。

（2）资产负债率指标分析

资产负债率是各类报表使用者都十分关注的财务指标，但不同的使用者对该指标有不同的考察角度。

对于投资者，主要通过资产负债率来考察企业对财务杠杆的利用情况。当企业的总资产利润率高于债务利息的一定比例时，他们希望企业可以提高资产负债率，以赚取超出利息更多的利润。因此，投资者可以接受相对较高的资产负债率。

对于债权人，资产负债率反映了其债权得到足额、按时偿还的可能性，所以他们更关注企业对资金使用的安全性。当企业的资产负债率超过50%时，债权人的债权就有可能得不到偿还。因此，债权人一般希望企业的资产负债率尽可能低一些。

企业管理者既关心企业对资金成本的负担能力，同时也会通过适度的负债来满足企业发展过程中对资金的需求。因此，他们不能仅对资产负债率的绝对值予以关注，而应通过经营管理来保证资产负债率的适当性，既不能过于保守，也不会盲目举债。

2. 股东权益比率

股东权益比率和资产负债率共同反映了企业资产的来源情况。

（1）股东权益比率的计算公式

股东权益比率又称自有资本比率或净资产比率，是股东权益（即所有者权益）占企业资产总额的比例，该指标可以反映企业资产中有多少是所有者投入的。股东权益比率的计算公式如下。

$$股东权益比率=所有者权益总额÷资产总额×100\%$$

上述公式中，所有者权益总额可以通过资产负债表中的"所有者权益合计"项目获取，资产总额可以通过资产负债表中的"资产总计"项目获取。

（2）股东权益比率指标分析

根据股东权益比率的计算公式和会计平衡等式"资产=负债+所有者权益"可知，股东权益比率与资产负债率存在以下关系。

$$股东权益比率+资产负债率=1$$

因此，股东权益比率和资产负债率是此消彼长的关系，二者共同反映了企业资产的来源，报表使用者只要知道其中一个数据，就能计算出另一个数据。所以在分析企业的长期偿债能力时，报表使用者可站在不同的角度对资产负债率或股东权益比率进行分析。股东权益比率大，

08

那么资产负债率就小，企业财务风险就小，偿还长期债务的能力就强；反之，股东权益比率小，那么资产负债率就大，企业财务风险就大，偿还长期债务的能力就弱。

3．权益乘数

权益乘数是反映企业资本结构的一个比率指标。

（1）权益乘数的计算公式

权益乘数是企业资产总额与所有者权益总额（或股东权益总额）的比率，该指标表示企业1元股东权益拥有多少资产。权益乘数的计算公式如下。

$$权益乘数=资产总额÷所有者权益总额$$

上述公式中，资产总额可以通过资产负债表中的"资产总计"项目获取，所有者权益总额可以通过资产负债表中的"所有者权益合计"项目获取。

（2）权益乘数指标分析

从权益乘数的计算公式可以看出，它与股东权益比率互为倒数，二者之间的关系可用以下公式表示。

$$权益乘数×股东权益比率=1$$

因此，权益乘数与股东权益比率也是此消彼长的关系。通过权益乘数指标的计算可以了解资产与所有者权益的倍数关系，该指标也可以反映企业财务杠杆的大小。权益乘数指标值越大，说明股东投入的资本在企业资产中所占的比重越小，从而财务杠杆也就越大。

4．产权比率

产权比率是对企业资金结构的合理性进行评价的一个指标。

（1）产权比率的计算公式

产权比率也称负债股权比率，是负债总额与所有者权益总额（或股东权益总额）的比率，该指标是企业财务结构稳健与否的重要标志。产权比率的计算公式如下。

$$产权比率=负债总额÷所有者权益总额×100\%$$

上述公式中，负债总额可以通过资产负债表中的"负债合计"项目获取，所有者权益总额可以通过资产负债表中的"所有者权益合计"项目获取。

专家点拨

由于长期偿债能力指标可从不同的角度反映企业偿还长期负债的能力，所以不同指标间存在一定的换算关系。

（1）首先，将各指标的计算公式列示如下。

① 资产负债率=负债总额÷资产总额×100%

② 股东权益比率=所有者权益总额÷资产总额×100%

③ 权益乘数=资产总额÷所有者权益总额

④ 产权比率=负债总额÷所有者权益总额×100%

（2）其次，根据"资产=负债+所有者权益"对不同公式进行替代，最终得到它们存在以下关系。

① 资产负债率+股东权益比率=（负债总额÷资产总额）+（所有者权益总额÷资产总额）=1

② 股东权益比率×权益乘数=（所有者权益总额÷资产总额）×（资产总额÷所有者权益总额）=1

08

③ 股东权益比率=所有者权益总额÷资产总额=（资产总额-负债总额）÷资产总额=（资产总额÷资产总额）-（负债总额÷资产总额）=1-资产负债率

（2）产权比率指标分析

产权比率通过对企业资金的两个来源进行比较，可以从侧面反映企业借款经营的程度，即债权人提供的资金与所有者投入资金的对比关系，它揭示了企业的财务风险以及所有者权益对企业债务的保障程度。

产权比率越低，表明企业自有资本占总资产的比重越大，长期偿债能力就越强，企业的财务风险也就越低；相反地，产权比率越高，表明企业长期偿债能力越弱，企业的财务风险也就越高。

5. 利息保障倍数分析

利息保障倍数单独从企业偿付利息的角度反映了其长期偿债能力。

（1）利息保障倍数的计算公式

利息保障倍数也称获利倍数，是企业息税前利润与利息费用的比率，该指标可以反映企业用经营所得支付债务利息的能力。利息保障倍数的计算公式如下。

$$利息保障倍数=息税前利润÷利息费用$$

上述公式中，息税前利润可以通过利润表中的"净利润""财务费用""所得税费用"项目获取，利息费用可以通过利润表中的"财务费用"项目获取。

专家点拨

无论是短期负债还是长期负债，企业都有偿还利息的责任。但是短期借款相较于长期借款，利息一般较少，企业的偿债负担也较小。所以在讨论利息保障倍数时，通常将其归于长期偿债能力的衡量指标。

（2）利息保障倍数指标分析

在利息保障倍数的计算公式中，"利息费用"既包括计入财务费用中的利息费用，又包括计入固定资产等中的资本化利息费用。所以在计算利息保障费用时，包含的利息费用是企业支付给银行等金融机构除本金以外的所有支出。

利息保障倍数直接体现了企业用经营所得按时偿还债务利息的能力，所以该指标不能过低。一般来讲，该指标值至少应大于1，否则企业将难以生存和发展。如果该指标值小于1，则表明企业所有的生产经营活动尚不能满足债务利息的偿还。相较于其他长期偿债能力指标，利息保障倍数不仅可以反映企业对到期债务的保障程度，还能反映其获利能力。因此，该指标既是衡量企业长期偿债能力的重要标志，也是企业举债经营程度的衡量指标。

需要注意的是，由于财务会计采用权责发生制来核算费用，所以本期的利息费用不一定就等于本期的实际利息支出，而本期发生的实际利息支出也并非全部都是本期的利息费用；另外，本期的息税前利润也并非本期经营活动所获得的现金，而是账面利润。因此，报表使用者在使用利息保障倍数时，需要结合现金流量相关数据进行综合分析。

（三）分析影响偿债能力的其他因素

通过上述指标对企业偿债能力进行分析时，无论是分析短期偿债能力还是分析长期偿债能力，都是从企业内部着手的。但企业作为一个社会组织，其偿债能力同样受到外部诸多因素的

08

影响，这些因素主要有以下 5 项。

1. 企业可动用的银行信用额度

企业可动用的银行信用额度是指银行已同意、企业未办理贷款手续的银行贷款额度，该额度是企业需要就可以随时向银行取得的贷款。企业可动用的银行信用额度越大，说明企业能随时取得现金的能力越强，即企业的偿债能力越强。

2. 企业长期以来的信用情况

企业长期以来的信用情况在很大程度上会影响企业的偿债能力，因此，报表使用者在分析企业的偿债能力时，除了要分析企业账面的指标数据外，还要考虑企业是否拥有较强的融资能力和良好的市场信誉。比如某企业的信用情况一贯良好，就比较容易获得银行的临时贷款，或者供应商的付款延期许可。

3. 企业的或有事项

或有事项的结果是否发生具有不确定性，或者或有事项的结果预计将会发生但发生的具体时间或金额具有不确定性。或有事项具有很大的不确定性，一旦发生便会影响企业的财务状况。例如，如果企业有很多法律诉讼事项，一旦败诉就可能承担较大的赔偿或者其他责任，这样就会导致企业资金流出，影响企业的偿债能力。又如，企业有期限较长的产品质量保障，或者已售产品有重大缺陷，都会导致未来需付出大额的资金。因此，报表使用者评价企业偿债能力时，需要考虑这些或有事项的潜在影响。

4. 企业的对外担保情况

对外担保是指企业作为担保人，以保函、财产对外抵押、动产对外质押、权利对外质押等方式向债权人或受益人承诺，当债务人未按照合同约定偿付债务时由担保人履行偿付义务。如果企业为其他企业的借款等进行了担保，一旦被担保人不能如期偿还债务，银行或者其他债权人就会要求担保企业偿还借款，这样就会影响企业自身的偿债能力。所以报表使用者在评价企业的偿债能力时，需要考虑企业对外担保情况的影响程度。

5. 企业的长期资产价值

企业的长期资产包括固定资产、无形资产等，这些资产体现在财务报表上的是资产的账面价值，但是长期资产的实际价值或者潜在价值对企业创造利润或者创造资金的能力有很大影响。例如，作为生产机器的固定资产是否包含先进的技术，或已经过时、毁坏；又如，无形资产是专利技术时能否为企业创造源源不断的价值。

三、任务实训——计算并分析偿债能力指标

① 根据流动比率的计算公式"流动比率=流动资产÷流动负债"可知，明伊公司 2020 年的流动比率=1 095÷505=2.17，2021 年的流动比率=1 300÷605=2.15。根据速动比率的计算公式"速动比率=速动资产÷流动负债"可知，明伊公司 2020 年的速动比率=（1 095-180）÷505=1.81，2021 年的速动比率=（1 300-330）÷605=1.60。根据现金比率的计算公式"现金比率=（货币资金+交易性金融资产）÷流动负债"可知，明伊公司 2020 年的现金比率=（480+20）÷505=0.99，2021 年的现金比率=（525+25）÷605=0.91。

首先，逐一分析各个指标在两年中的变化。该公司 2021 年的流动比率与 2020 年的流动比率相比有小幅度的下降，但下降幅度很小，所以该指标基本没有变化。该公司 2021 年的速动比

率与 2020 年的速动比率相比同样有所下降。该公司 2021 年的现金比率较 2020 年的现金比率有小幅度下降。

其次，对各个指标的具体值展开分析。对于流动比率，这两年的指标值均大于 2，即该公司的流动资产是流动负债的两倍以上，这表明该公司流动资产即使有一半在短期内不能变现，也能保证该公司的流动负债得到偿还。同时，该指标值也没有比 2 大很多，这说明该公司的流动资产中基本没有大量的资金闲置。

对于速动比率，这两年的指标值均大于 1，且更接近于 2，这表明该公司的存货在流动资产中所占的比重不是很大。但通过这两年的变化趋势比较，可以明显看出该公司 2021 年留存了更多的存货，而且通过资产负债表的具体项目也可看出该公司存货在 2021 年有大量增加。针对该公司速动比率与流动比率变化不大的问题，报表使用者可考虑该公司是否存在过多的货币资金，而没有将这些资金进行充分利用的情况。

对于现金比率，两年的指标值都接近于 1 但略小于 1。通常情况下，企业的现金比率不小于 1 时，就可以完全偿还到期的短期债务，而该公司这两年的现金比率与 1 非常接近，所以其短期偿债能力应该能够得到保证。需要注意的是，如果企业的现金比率小于 1 比较多，而此时又有较多的短期债务，且其他流动资产部分又不能立即变现，那么就可能会对企业的正常经营带来不利影响。

最后，综合分析该公司的短期偿债能力。通过对明伊公司 2020 年、2021 年的流动比率、速动比率、现金比率的分析，发现该公司的各项指标值比较稳定，这两年中的变化幅度均较小。另外，该公司的各项指标值都接近建议参考值，所以报表使用者可以进一步结合企业的财务报表具体项目和财务报表附注来分析该公司是否存在不明显的资金闲置情况。

② 根据资产负债率的计算公式"资产负债率=负债总额÷资产总额×100%"可知，明伊公司 2020 年的资产负债率=1 157÷2 440×100%=47.42%，2021 年的资产负债率=1 489÷2 932×100%=50.78%。根据股东权益比率与资产负债率的关系可知，明伊公司 2020 年的股东权益比率=1-47.42%=52.58%，2021 年的股东权益比率=1-50.78%=49.22%。

明伊公司 2020 年的资产负债率为 47.42%，2021 年的资产负债率为 50.78%，该指标值在这两年内略有上升，但变化幅度不大，属于正常变化。从中可以看出该公司这两年内的负债较资产上升幅度更大，但总体数额不大，所以该公司应该不存在大规模的举债或偿债行为；即使有，也会有相应的资产增加作为补充。

在实际工作中，资产负债率指标没有一个统一的衡量标准，这是因为不同行业的期望标准相差很大，且该指标受企业的经营状况、盈利能力以及社会整体经济形势的影响。但是，对于资本结构较好的企业而言，其资产负债率通常不会太高或太低，维持在 50% 左右。明伊公司 2020 年的资产负债率与参考值有所偏离，但偏离幅度不大，属于可接受范围；而在 2021 年时有所好转，与参考值基本一致。

③ 根据权益乘数与股东权益比率的关系可知，明伊公司 2020 年的权益乘数=1÷52.58%=1.90，2020 年的权益乘数=1÷49.22%=2.03。从中可看出该公司 2020 年的资产总额是所有者权益总额的 1.90 倍，2021 年的资产总额是所有者权益总额的 2.03 倍。该公司 2021 年的权益乘数较 2020 年有小幅度增长，这体现了该公司财务杠杆利用程度有小幅度增加。

④ 根据产权比率的计算公式"产权比率=负债总额÷所有者权益总额×100%"可知，明伊公司 2020 年的产权比率=1 157÷1 283×100%=90.18%，2021 年的产权比率=1 489÷1 443×100%=103.19%。

该公司的产权比率由 2020 年的 90.18% 上涨到 2021 年的 103.19%，这表明其长期偿债能力有所下降。通过对权益乘数的分析可以看出，明伊公司 2021 年对财务杠杆的利用程度有所增加，所以导致其长期偿债能力有所下降，并且两个指标也互相得到了印证。

任务四　分析企业成长能力

一、任务引入

中桓公司 2018—2021 年营业收入、总资产与所有者权益资料如表 8-10 所示。

表 8-10　　　中桓公司 2018—2021 年营业收入、总资产与所有者权益资料　　　单位：万元

年份	营业收入（当年发生）	总资产（年末余额）	所有者权益（年末余额）
2018 年	1 083.46	2 050.35	1 436.47
2019 年	1 325.14	2 532.42	1 792.36
2020 年	1 760.87	3 148.34	2 034.18
2021 年	2 035.45	3 849.67	2 614.97

① 计算并简单分析中桓公司的销售增长率和近 3 年的平均销售增长率。

② 计算并简单分析中桓公司的总资产增长率和近 3 年的平均总资产增长率。

③ 计算并简单分析中桓公司的资本积累率和近 3 年的平均资本积累率。

二、相关知识

成长能力是企业在维持生存的基础上，进一步扩大规模、壮大实力所必需的能力。企业的盈利能力、营运能力、偿债能力都是企业现实能力的体现，而成长能力更多的则是企业潜力的体现。无论是企业的投资者、管理者，还是债权人、政府部门等，都希望企业能够健康发展，从而保证自身在企业的权益能够有效获得并延续下去。

发展能力分析的内容

对于企业而言，发展能力体现在规模的壮大、资本的增加、资源的转化以及价值的增加等方面。总体来说，报表使用者在评价企业的发展能力时，可从销售发展状态、资产增加情况以及净资产积累水平 3 个方面着手。

（一）分析销售发展状态

无论是有形产品还是无形产品，它们都需要通过销售这一环节来实现企业的价值创造。一般来讲，企业的销售能力越强，其在市场中的竞争力就越强，从而说明其发展前途越好。评价企业销售发展状态的指标主要有销售增长率和平均销售增长率。

1. 销售增长率

销售增长率即企业本年销售收入增长额同上年销售收入总额的比率，该指标可以反映企业本年销售收入的增长变化情况。

销售增长率是分析企业成长状况和发展能力的基本指标，通过将企业销售的增长额与基期销售总额进行比较，可了解企业销售收入变化的幅度。销售增长率的计算公式如下。

销售增长率=本年销售收入增长额÷上年销售收入总额×100%

08

本年销售收入增长额=本年销售收入总额-上年销售收入总额

销售增长率直接从企业销售收入的角度反映经营成果的变化情况，可使分析者直观了解企业当年的经营状况和市场占有情况，从而预测企业的业务拓展趋势。一般来讲，销售增长率指标越高，说明企业产品的销售增长越快，销售情况越好，企业盈利增长趋势也就越好，企业生存和发展的能力提高也就越快；反之，销售增长率指标越低，说明企业产品的销售增长越慢，销售情况越差，企业盈利的增长后劲不足，企业的盈利趋势不容乐观。

若要全面、正确地分析和判断一个企业销售收入的增长趋势和增长水平，必须将该企业不同时期的销售增长率加以比较和分析。这是因为，销售增长率仅仅指某个年度的销售情况，但某个年度的销售增长率可能会受到一些偶然的或非正常因素影响，从而无法反映出企业实际的销售增长能力。

2. 平均销售增长率

销售增长率只反映了一年的销售增长情况，而在企业的实际经营中，短期的波动可能会造成指标值的测量不准确。为了保证销售增长率指标对企业成长能力的反映质量，引入了平均销售增长率这一指标，即同时计算几年内销售收入的平均增长率。一般情况下，可选择 3 年或 5 年的数据来计算平均销售增长率。

平均销售增长率可以更加客观地评价企业销售增长的长期趋势和稳定程度。以 3 年作为一个评价期，3 年平均销售增长率计算公式如下。

$$3 年平均销售收入增长率=\left(\sqrt[3]{\frac{本年销售收入总额}{3 年前销售收入总额}}-1\right)\times100\%$$

平均销售增长率指标能够反映企业销售额的增长趋势和稳定程度，体现企业的连续发展状况和发展能力，避免因少数年份业务波动而对企业发展潜力的错误判断。平均销售增长率指标越高，表明企业销售额持续增长势头越好，市场扩张能力越强。

（二）分析资产增加情况

资产是企业发展和壮大的前提，所谓"巧妇难为无米之炊"，资产作为企业生产经营的基础，其增长情况是企业成长能力的重要体现，报表使用者可以从资产的增加情况来考察企业的成长能力。评价企业资产增加情况的指标主要有总资产增长率和平均总资产增长率。

1. 总资产增长率

总资产增长率是企业本年总资产的增加额同年初资产总额的比率，若要比较两年的总资产增长率，可通过当年资产平均余额的增长额与去年资产平均余额相比获得。总资产增长率的计算公式如下。

总资产增长率=本年总资产增长额÷上年资产总额×100%

本年总资产增长额=年末资产总额-年初资产总额

资产是企业用于取得收入的资源，也是企业偿还债务的保障。资产增长是企业发展的一个重要方面，发展前景好的企业一般能保持资产的稳定增长。总资产增长率越高，表明企业一定时期内资产经营规模扩张的速度越快。

在使用总资产增长率评价企业的发展能力时，仅根据资产的增长不一定能直接得出企业得到了同等发展的结论。这是因为，资产只是为企业的发展提供了资源条件，企业只有在资产增长的同时保证了资产的使用效率，才能获得真正的发展。因此，报表使用者在运用总资产增长率来评价企业发展能力时，还需要同时考虑企业的盈利能力指标，只有在总资产率增加的同时实现了盈利能力的提升，这样的企业才真正具有发展潜力。

2. 平均总资产增长率

为了避免企业某一年总资产增长率受短期波动因素的影响，在实际工作中可以通过计算几年的平均总增长率来反映企业较长时期内的资产增长情况。一般情况下，可选择 3 年或 5 年的数据来计算平均总资产增长率。相较于总资产增长率，平均总资产增长率能够从资产的长期趋势和稳定程度来反映企业的发展能力。

以 3 年作为一个评价期，3 年平均总资产增长率计算公式如下。

$$3年平均总资产增长率=\left(\sqrt[3]{\frac{年末资产总额}{3年前资产总额}}-1\right)\times100\%$$

平均资产增长率指标越高，则表明企业一定时期内资产经营规模扩张的速度越快。

（三）分析净资产积累水平

净资产即资产负债中体现的所有者权益，企业的净资产越多，表明企业资本的保全性越强，企业对风险的应对能力和持续发展能力也就越强。

报表使用者可以从净资产的增加情况来考察企业的成长能力。评价净资产积累水平的指标主要有资本积累率和平均资本积累率。

1. 资本积累率

资本积累率即企业本年所有者权益增长额同本年年初所有者权益总额的比率，它可以表明企业当年所有者权益的增长率。资本积累率的计算公式如下。

$$资本积累率=本年所有者权益增长额÷上年所有者权益总额×100\%$$

$$本年所有者权益增长额=年末所有者权益总额-年初所有者权益总额$$

资本积累率体现了企业资本的积累情况，是企业发展能力强弱的标志，也是企业扩大再生产的源泉，该指标展示了企业的发展潜力。资本积累率可以反映投资者投入企业资本的保全性和增长性，资本积累率指标越高，表明企业的资本积累越多，企业资本保全性越强，应对风险、持续发展的能力也就越强。

在使用资本积累率评价企业的发展能力时，虽然净资产的增长幅度能从所有者权益的角度反映企业的发展，但资本积累率指标本身并不能区分是所有者投入增加使净资产增加，还是留存收益增加使净资产增加。如果只是所有者投入增加使净资产增加，也不能说明企业具有发展潜力；只有企业创造了价值、增加了留存收益，才能表明其具有发展潜力。

2. 平均资本积累率

为了排除个别年份的一些特殊因素造成企业资本积累率的忽高忽低，引入了平均资本积累率这一指标，该指标用来衡量企业权益资本在连续几年内的增长情况。一般情况下，可选择 3 年或 5 年的数据来计算平均资本积累率。相较于资本积累率，平均资本积累率能够较为客观地体现企业的发展水平和发展趋势。

以 3 年作为一个评价期，3 年平均资本积累率计算公式如下。

$$3年平均资本积累率=\left(\sqrt[3]{\frac{年末所有者权益总额}{3年前所有者权益总额}}-1\right)\times100\%$$

08

三、任务实训——计算并分析成长能力指标

① 根据销售增长率的计算公式"销售增长率=本年销售收入增长额÷上年销售收入总额×100%"可知，中桓公司 2019 年较 2018 年的销售增长率=（1 325.14-1 083.46）÷1 083.46×100%=22.31%，2020 年较 2019 年的销售增长率=（1 760.87-1 325.14）÷1 325.14×100%=32.88%，2021 年较 2020 年的销售增长率=（2 035.45-1 760.87）÷1 760.87×100%=15.59%。

根据 3 年平均销售增长率计算公式可得出中桓公司 3 年平均销售增长率。

$$3\text{年平均销售增长率}=\left(\sqrt[3]{\frac{\text{本年销售收入总额}}{3\text{年前销售收入总额}}}-1\right)\times100\%=\left(\sqrt[3]{\frac{2\,035.45}{1\,083.46}}-1\right)\times100\%=23\%$$

为了方便分析，现将中桓公司各年的销售收入与销售收入增长率分别绘制成柱状图和折线图，如图 8-1 所示。

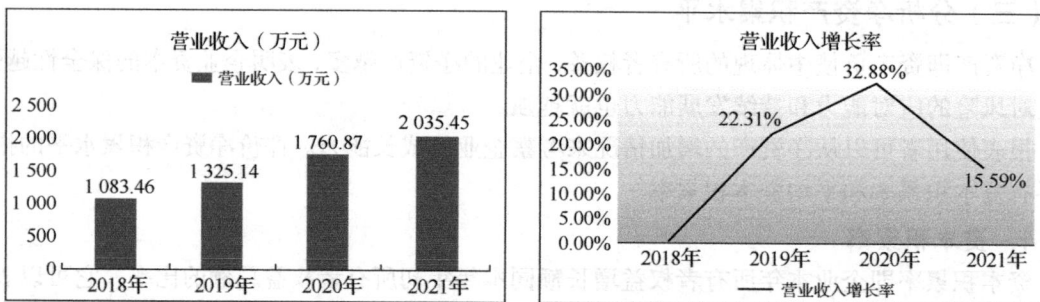

图 8-1　销售收入与销售收入增长率

从图 8-1 中可以看出，该公司的营业收入从 2018 年至 2021 在逐年递增；进一步比较各年销售收入增长率还可以发现，2020 年是一个转折点，该公司在 2020 年之前销售收入增长率也是逐年递增的，但是 2020 年以后出现了较大幅度的下降。这说明该公司在 2020 年前后可能改变了经营战略，使销售收入的增长速度有所放缓。

② 根据总资产增长率的计算公式"总资产增长率=本年总资产增长额÷上年资产总额×100%"可知，中桓公司 2019 年较 2018 年的总资产增长率=（2 532.42-2 050.35）÷2 050.35×100%=23.51%，2020 年较 2019 年的总资产增长率=（3 148.34-2 532.42）÷2 532.42×100%=24.32%，2021 年较 2020 年的总资产增长率=（3 849.67-3 148.34）÷3 148.34×100%=22.28%。

根据 3 年平均总资产增长率计算公式可得出中桓公司 3 年平均总资产增长率。

$$3\text{年平均总资产周转率}=\left(\sqrt[3]{\frac{\text{年末资产总额}}{3\text{年前资产总额}}}-1\right)\times100\%=\left(\sqrt[3]{\frac{3\,849.67}{2\,050.35}}-1\right)\times100\%=23\%$$

同样为了直观分析总资产的变动情况，现将中桓公司各年的总资产与总资产增长率分别绘制成柱状图和折线图，如图 8-2 所示。

从图 8-2 中可以看出，中桓公司 2018 年至 2021 年的总资产在逐年递增，结合该公司总资产增长率的变化可知，其每年的总资产周转率均维持在 23%左右，且变化很平稳。通过比较该公司 3 年平均销售增长率和 3 年平均总资产增长率可知，两者的变化幅度是一致的，由此可知该公司在近 3 年是稳步发展的。

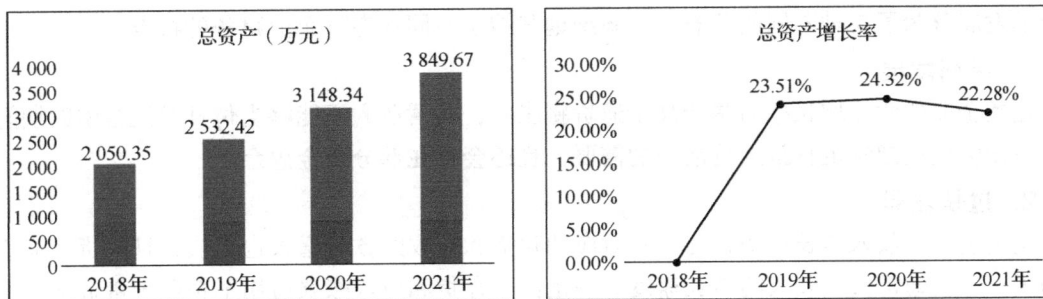

图 8-2　总资产与总资产增长率

③ 根据资本积累率的计算公式"资本积累率=本年所有者权益增长额÷上年所有者权益总额×100%"可知，中桓公司 2019 年较 2018 年的资本积累率=（1 792.36-1 436.47）÷1 436.47×100%=24.78%，2020 年较 2019 年的资本积累率=（2 034.18-1 792.36）÷1 792.36×100%=13.49%，2021 年较 2020 年的资本积累率=（2 614.97-2 034.18）÷2 034.18×100%=28.55%。

同样地，为了直观分析资本积累率的变动情况，现将中桓公司各年的所有者权益与资本积累率分别绘制成柱状图和折线图，如图 8-3 所示。

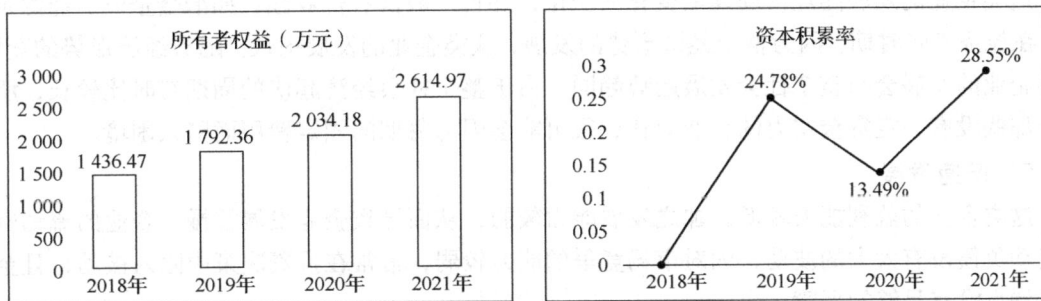

图 8-3　所有者权益与资本积累率

从 8-3 中可以看出，中桓公司 2018 年至 2021 年的所有者权益在持续增加。结合来看，该公司 2020 年所有者权益的增长幅度较小，而 2019 年、2021 年所有者权益的增长幅度较大。总的来说，该公司所有者权益总额呈现出波动上升的趋势。

将图 8-3 与图 8-2 联系起来看可发现，该公司总资产在 2020 年的增长率达到了峰值 24.32%，而资本积累率在当年的增长却相较缓慢，只有 13.49%，是 3 年中最低的。由此可以看出，中桓公司 2019 年、2021 年的资产增长主要是通过所有者权益增长实现的，而 2020 年的资产增长则是通过所有者权益增长和举债同时实现的。至于是所有者投入带来的净资产增加还是留存收益带来的净资产增加，需要结合企业的盈利能力指标进行分析。

2021 年的总资产增长率为 22.28%，而资本积累率达到了 28.55%，这表明该公司当年的负债增长率是负的，当年该公司可能大规模偿还了债务。

08

拓展阅读——企业发展中常见的几种状态

根据企业的生命周期理论可知，任何企业都会经历从初创到发展壮大，再到衰退的过程，而其中的发展壮大这一阶段历时最长。会计理论界经过长期、大量的数据统计和分析研究，将企业的发展分为了7种不同的状态，并系统地归纳了不同状态下企业财务的特点。

1. 平衡发展

这类企业的营业增长率通常会高于通货膨胀率，其营业利润能够支付日常经营中的期间费用，流动资金也能满足日常经营活动的需要，且还会存在部分资金盈余。

2. 过快发展

这类企业的收入增长很快，与之相对应的存货和应收账款等增长也很快，且存货和应收账款的增长速度通常快于收入的增长速度。一是由于存货和应收账款占用了企业大量资金，所以企业的速动比率和现金比率与流动比率的差异较大；二是由于资金来源不足，企业常会出现支付困难的情况，这最终会迫使企业放慢发展速度。

3. 失控发展

这类企业受市场的影响较大。一是由于市场需求增长很快，企业预期增长形势必将持续下去，因而被迫接受高风险的资本结构；二是资本结构不合理，导致企业的经营风险很大，资产负债率偏高。

4. 周期性发展

这类企业的发展随经济周期的变化而变化，并且一般具有行业性，如冶金企业、能源企业等。在经济扩张时期，因为整个经济形势的发展，这类企业的发展很快。随着经济形势的萎缩，这类企业的发展会与整个社会发展趋势趋同。由于整个社会经济起伏的周期有时比较长，所以对于那些没有一定资金实力的企业而言，很可能会因为每期的固定费用而陷入困境。

5. 低速发展

这类企业的盈利能力较低，加之发展能力较弱，从而导致企业发展缓慢。企业的流动资产和流动负债没有太大的波动，面对市场竞争的能力较弱，常常在投资决策中陷入被动，且企业的发展也没有足够的保障。

6. 慢速发展

这类企业发展缓慢的原因大多是其自身的投资主动减少，使得企业的营业增长放缓、发展速度减慢。由于其发展缓慢，如果同行业其他企业高速发展，则会使该类企业在竞争中越来越处于劣势，进而导致盈利能力降低，难以再投资。

7. 负债发展

这类企业虽然盈利低，但对财务杠杆的利用较充分，这类企业可以通过大量举债进行投资。这类企业的营运能力通常较好，虽然身负重债，但由于运营良好，所以现金流量表现不错。但负债发展的不稳定性，会导致这类企业的增长不会太快，且发展较为缓慢。

巩固练习

一、单选题

1. 下列指标中，数值大小与其偿债能力大小成同方向变动的是（　　　　）。

    A. 产权比率　　　　B. 资产负债率　　　　C. 利息保障倍数　　D. 存货周转率

2. 下列各项中，不属于速动资产的是（　　　　）。

    A. 应收账款　　　　B. 预付账款　　　　C. 应收票据　　　　D. 货币资金

3. 下列各项经济业务中，不会影响流动比率的是（　　　）。

    A. 销售产成品　　　　　　　　　　B. 偿还应付账款

    C. 用银行存款购买固定资产　　　　D. 用银行存款购买短期有价证券

4. 若流动比率大于1，则下列结论一定成立的是（　　　）。

    A. 速动比率大于1　　　　　　　　B. 营运资金大于零

    C. 资产负债率大于1　　　　　　　D. 短期偿债能力有绝对保障

5. 下列指标中，可用于衡量企业短期偿债能力的是（　　　）。

    A. 利息保障倍数　　B. 或有负债比率　　C. 产权比率　　D. 流动比率

6. 如果企业速动比率很小，则下列结论成立的是（　　　）。

    A. 企业流动资产占用过多　　　　　B. 企业短期偿债能力很强

    C. 企业短期偿债风险很大　　　　　D. 企业资产流动性很强

7. 企业大量减少速动资产可能导致的结果是（　　　）。

    A. 减少资金的机会成本　　　　　　B. 增加资金的机会成本

    C. 增加财务风险　　　　　　　　　D. 提高流动资产的收益率

8. 下列各项经济业务中，会使企业流动比率发生变动的是（　　　）。

    A. 销售产成品　　　　　　　　　　B. 购买原材料

    C. 购买短期债券　　　　　　　　　D. 用库存商品对外进行长期投资

9. 下列各项经济业务中不会影响权益乘数的是（　　　）。

    A. 接受所有者投资　　　　　　　　B. 购买固定资产

    C. 可转换债券转换为普通股　　　　D. 赊购原材料

10. 某企业2021年的营业收入为36 000万元，流动资产平均余额为4 000万元，固定资产平均余额为8 000万元。假设没有其他资产，则该企业2021年的总资产周转率为（　　　）。

    A. 3次　　　　　　B. 3.4次　　　　　C. 2.9次　　　　　D. 3.2次

11. 下列各项经济业务中，会导致公司资产净利率上升的是（　　　）。

    A. 收回应收账款　　　　　　　　　B. 用资本公积转增股本

    C. 用银行存款购入生产设备　　　　D. 用银行存款归还银行借款

12. 下列各项财务指标中，能够表示公司每股股利与每股收益之间关系的是（　　　）。

    A. 市净率　　　　　B. 股利支付率　　　C. 每股市价　　　D. 每股净资产

13. 下列各项财务指标中，能够综合反映企业成长性和投资风险的是（　　　）。

    A. 市盈率　　　　　B. 每股收益　　　　C. 销售净利率　　D. 每股净资产

14. 某企业2021年的流动资产平均余额为1 000万元，流动资产周转次数为5次。若企业2021年的净利润为2 000万元，则该企业2021年的销售净利率为（　　　）。

    A. 30%　　　　　　B. 50%　　　　　　C. 40%　　　　　　D. 15%

15. 某公司2021年年初的负债总额为800万元（流动负债200万元，非流动负债600万元），年末负债总额为1 000万元（流动负债300万元，非流动负债700万元），年初资产总额为1 600万元，年末资产总额为2 000万元，则该公司的权益乘数为（　　　）。

    A. 2　　　　　　　　B. 2.5　　　　　　C. 1.5　　　　　　D. 3

16. 下列资产负债率、权益乘数和产权比率之间关系的表达式中，正确的是（　　　）。

    A. 资产负债率+权益乘数=产权比率　　B. 资产负债率-权益乘数=产权比率

08

C. 资产负债率×权益乘数=产权比率　　　D. 资产负债率÷权益乘数=产权比率

17. 某公司的流动资产由速动资产和存货组成，2021年年末的流动资产为100万元，流动比率为2，速动比率为1，则该公司的年末存货余额为（　　　）。

A. 15　　　　　　　B. 50　　　　　　　C. 45　　　　　　　D. 70

二、多选题

1. 下列财务比率中，能够反映企业长期偿债能力的有（　　　）。

A. 权益乘数　　　　　　　　　　　　B. 利息保障倍数

C. 应收账款周转率　　　　　　　　　D. 资产负债率

2. 下列财务比率中，不能反映企业短期偿债能力的有（　　　）。

A. 现金比率　　B. 资产负债率　　C. 产权比率　　D. 利息保障倍数

3. 下列关于资产负债率的说法中，正确的有（　　　）。

A. 它是一个反映长期偿债能力的指标，计算时不需要考虑短期债务

B. 它可以衡量企业在清算时保护债权人利益的程度

C. 该比率越低，则企业偿债能力就越有保证，贷款也越安全

D. 它反映在企业总资产中有多大比例是通过借债来筹资的

4. 下列业务中，能够降低企业偿债能力的有（　　　）。

A. 企业采用经营租赁方式租入大型机械设备

B. 企业从银行取得信贷额度1 000万元

C. 企业向战略投资者进行定向增发

D. 企业对其他公司进行借款担保

5. 乙企业目前的流动比率为1.5，若赊购材料一批，则会导致乙企业（　　　）。

A. 速动比率降低　　　　　　　　　　B. 流动比率降低

C. 营运资本增加　　　　　　　　　　D. 存货周转次数增加

6. 下列财务比率中，属于反映企业营运能力的有（　　　）。

A. 应收账款周转率　　　　　　　　　B. 流动比率

C. 固定资产周转率　　　　　　　　　D. 总资产周转率

7. 在一定时期内，应收账款周转次数多、周转天数少可以表明企业（　　　）。

A. 收账速度快　　　　　　　　　　　B. 信用管理政策宽松

C. 应收账款流动性强　　　　　　　　D. 应收账款管理效率高

8. 下列经济业务中，会影响企业应收账款周转率的有（　　　）。

A. 收回应收账款　　B. 销售产成品　　C. 销售退回　　D. 偿还应付账款

9. 下列方法中，能够用来提高企业净利率的有（　　　）。

A. 扩大营业收入　　B. 提高资产周转率　　C. 降低成本费用　　D. 提高其他利润

10. 下列各项中，在其他因素不变的情况下，可以减少总资产周转率的有（　　　）。

A. 用银行存款购置固定资产　　　　　B. 平均应收账款余额增加

C. 将多余的现金用来购买有价证券　　D. 营业收入减少

11. 下列各项中，属于影响企业盈利能力的因素有（　　　）。

A. 税收优惠政策　　　　　　　　　　B. 企业的市场潜力

C. 企业的利润结构　　　　　　　　　D. 企业的重要资产发生减值

12. 下列各项中，属于影响企业偿债能力的因素有（　　　）。

    A. 企业可动用的银行信用额度   B. 企业长期以来的信用情况

    C. 企业的或有事项   D. 企业的对外担保情况

三、判断题

1. 用银行存款购置固定资产可以降低总资产周转率。（　　　）

2. 如果固定资产净值增加幅度高于营业收入增长幅度，那么固定资产周转速度会加快，这表明了企业的营运能力有所提高。（　　　）

3. 甲公司 2020 年实现的净利润为 100 万元，营业收入为 1 000 万元，平均所有者权益总额为 600 万元，2021 年的净利润增长 5%。假设其他因素不变，则该公司 2021 年的净资产收益率为 17.5%。（　　　）

4. 报表使用者可以将每股净资产指标的横向与纵向对比作为衡量上市公司股票投资价值的依据之一。（　　　）

5. 每股收益是绝对数指标，不能用于不同行业、不同规模上市公司之间的比较。（　　　）

6. 市净率是每股市价与每股净利的比率，是投资者用以衡量、分析个股是否具有投资价值的工具之一。（　　　）

7. 市盈率是股票每股市价与每股收益的比率，该指标可以反映普通股股东为获取每股收益所愿意支付的股票价格。（　　　）

四、计算分析题

1. E 公司为一家上市公司，为了适应外部环境的变化，拟对当前的财务政策进行评估和调整，董事会召开了专门会议，要求财务部对公司的财务状况和经营成果进行分析。

资料一：E 公司有关财务资料如表 8-11 和表 8-12 所示。

表 8-11　　　　　　　　　　　财务状况有关资料　　　　　　　　　　单位：万元

项目	2020 年 12 月 31 日	2021 年 12 月 31 日
股本（每股面值 1 元）	6 000	11 800
资本公积	6 000	8 200
留存收益	38 000	40 000
股东权益合计	50 000	60 000
负债合计	90 000	90 000
负债和股东权益总计	140 000	150 000

表 8-12　　　　　　　　　　　经营成果有关资料　　　　　　　　　　单位：万元

项目	2019 年	2020 年	2021 年
营业收入	120 000	94 000	112 000
息税前利润	*	7 200	9 000
利息费用	*	3 600	3 600
税前利润	*	3 600	5 400
所得税	*	900	1 350
净利润	6 000	2 700	4 050
现金股利	1 200	1 200	1 200

08

资料二：该公司所在行业的相关指标平均值中，资产负债率为40%，利息保障倍数为3倍。

资料三：2021年2月21日，公司根据2020年度股东大会决议，除分配现金股利外，还实施了股票股利分配方案，以2020年年末总股数为基础，每10股送3股。工商注册登记变更后的公司总股数为7 800万股，公司于2021年7月1日发行新股4 000万股。

资料四：为增加资金的流动性，董事陈某建议发行公司债券筹资10 000万元，董事王某建议改变之前的现金股利政策，公司以后不再发放现金股利。

要求：

（1）计算E公司2021年的资产负债率、权益乘数、利息保障倍数、总资产周转率和基本每股收益。

（2）计算E公司2021年年末，息税前利润为7 200万元时的财务杠杆系数。

（3）结合E公司目前的偿债能力状况，分析董事陈某提出的建议是否合理并说明理由。

2. 丁公司2021年12月31日的资产负债表显示：资产总额年初数和年末数分别为4 800万元和5 000万元，负债总额年初数和年末数分别为2 400万元和2 500万元。丁公司2021年的营业收入为7 350万元，净利润为294万元。

要求：

（1）根据年初、年末平均值计算权益乘数。

（2）计算总资产周转率。

（3）计算销售净利率。

（4）计算资产净利率和净资产收益率。

项目九
财务综合分析

知识目标 ↓

- 熟悉杜邦分析法和沃尔评分法的相关知识。
- 掌握使用杜邦分析法和沃尔评分法进行财务分析。

能力目标 ↓

- 能够使用杜邦分析法进行财务分析。
- 能够使用沃尔评分法进行财务分析。

素质目标 ↓

- 认真、严谨地进行财务综合分析，确保不出差错。
- 应用杜邦分析法和沃尔评分法分析上市公司财务报表，提升综合能力。

任务一　使用杜邦分析法

一、任务引入

星海公司 2020—2021 年的财务数据如表 9-1 所示。

表 9-1　　　　　　　　　　星海公司 2020—2021 年的财务数据　　　　　　　　单位：万元

项目	2020 年	2021 年	项目	2020 年	2021 年
一、基本财务数据			二、财务比率		
净利润	728.65	889.14	净资产收益率	27.70%	31.71%
营业收入	6 148.97	9 247.68	资产净利率	14.21%	15.88%
营业成本	3 197.58	5 867.47	权益乘数	1.95	2.00
期间费用	1 567.26	1 869.45	资产负债率	48.70%	49.92%
税金及附加	123.58	145.89	销售净利率	11.85%	9.61%
总成本	4 888.42	7 882.81	总资产周转率	1.20	1.65
资产总额	5 127.98	5 598.76			
流动资产总额	1 336.19	1 657.55			
非流动资产总额	3 791.79	3 941.21			
负债总额	2 497.35	2 795.14			

根据上述资料，应用杜邦分析法对星海公司 2020 年与 2021 年的财务状情况进行评价。

二、相关知识

在介绍企业财务能力分析时，分别从盈利能力、偿债能力、营运能力和发展能力的角度对企业进行了较详细的评价。但单独分析任何一项财务指标都不能全面地评价企业的财务状况和经营成果。为了从全局上把握企业的整体情况，对企业的财务情况进行综合分析，就需要将各类财务指标相互关联起来，采用一定的标准进行综合性评价。

经过多年的积累与实践，财经理论界已经形成了切实可行的财务综合分析方法。这些方法是权威专家对大量企业实践经验的成功提炼，对报表使用者进行财务综合分析具有重要的借鉴意义。

总之，通过对财务报表进行综合分析可以将企业的盈利能力、偿债能力、营运能力和发展能力指标等多方面纳入一个有机整体中，综合地对企业的财务状况、经营情况等进行揭示和披露，从而更加全面、客观地为报表使用者做出决策提供支撑。

随着财务理论研究的不断发展，报表使用者对企业财务报表进行综合分析的方法也越来越多，其中较为主要的包括杜邦分析法和沃尔评分法。

（一）杜邦分析法的基本思路及指标分解

杜邦分析法最早由美国杜邦公司使用，所以取名为杜邦分析法，它是用来评价企业盈利能力和股东权益回报水平，并从财务角度评价企业绩效的经典方法。杜邦分析法的核心是利用几种主要的财务比率之间的关系，对企业的财务状况进行综合分析。

1. 杜邦分析法的基本思路

杜邦分析法的基本思路是：以净资产收益率为核心，通过将该指标逐级分解为多个指标的乘积来分析各指标变动对净资产收益率的影响，由此揭示企业的盈利能力。

2. 杜邦分析法的指标分解

杜邦分析法中涉及的主要指标以及各指标之间的关系如下。

（1）净资产收益率=资产净利率×权益乘数

净资产收益率是综合性较强的一个财务分析指标，也是杜邦分析法的核心。净资产收益率的分解公式是杜邦分析法中较为主要的一个公式，也是杜邦分析法中的第一层指标分解。在此基础上将资产净利率进行分解，可以得到第二个公式。

（2）资产净利率=销售净利率×总资产周转率

资产净利率是影响净资产收益率较为重要的指标，同时也具有很强的综合性。资产净利率的分解是杜邦分析法中的第二层指标分解。在此基础上可分别再对销售净利率和总资产周转率进行分解，得到指标（3）中的两个公式。

（3）销售净利率=净利润÷销售收入，总资产周转率=销售收入÷平均资产总额

资产净利率取决于销售净利率和总资产周转率，其中：销售净利率主要受净利润和销售收入的影响；总资产周转率可以反映总资产的周转速度，它取决于销售收入和平均资产总额。

（4）权益乘数=平均资产总额÷平均所有者权益总额

用平均资产总额除以平均所有者权益总额就是权益乘数的计算公式，至此，又将资产净利率分解后的公式与权益乘数联系了起来。

09

通过上面的公式可以看出，企业财务分析指标间是环环相扣的，杜邦分析法就是利用指标间的这种相互关系来分析影响企业净资产（所有者权益）收益率的有关因素的。

杜邦分析法下企业财务指标间的关系如图9-1所示。

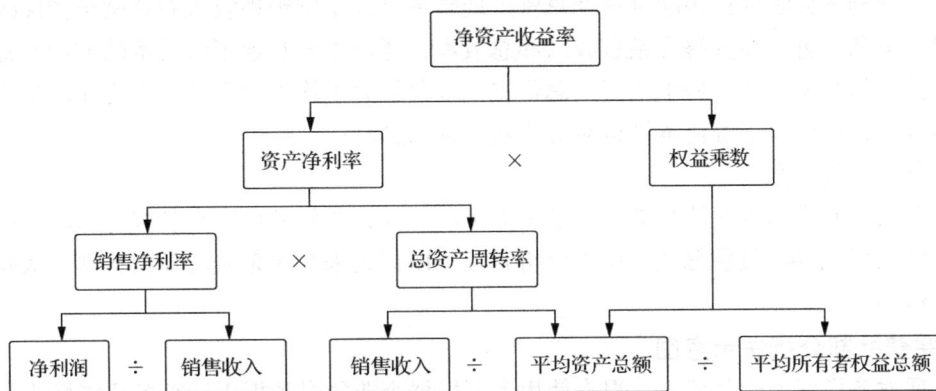

图 9-1　杜邦分析法下企业财务指标间的关系

3. 杜邦分析法的指标分解解读

图 9-1 中归纳的杜邦分析法下企业财务指标间的关系为报表使用者提供了一张考察企业资产管理效率的路线图。

首先，销售净利率可以反映企业的盈利能力。一方面，该指标概括了利润表的内容，能够说明企业的经营成果。另一方面，该指标也反映了企业的经营管理状况。如果企业想改善其经营管理，就需要提高销售净利率，具体做法为：使收入的增长幅度大于成本和费用的增长幅度，或降低成本费用。

其次，权益乘数可以反映企业的负债程度。一方面，该指标概括了资产负债表的内容，能够体现企业资产、负债、所有者权益之间的比例关系，从而反映企业的基本财务状况。另一方面，该指标也能说明企业的债务管理状况。如果企业想在自身可承担的范围内改善其负债情况，可以通过适当的方式增加负债规模，利用杠杆经营。

最后，总资产周转率可以反映企业的资产使用效率。该指标将资产负债表和利润表联系起来，能够说明企业的资产管理状况。如果企业想改善其资产管理状况，就需要提高总资产周转率，具体做法为：同时提高企业的存货周转率和应收账款周转率等。

综上，企业要想改善某个指标值，就需要从构成该指标值的因素入手，然后再具体到财务报表项目，最后落实到企业经营的具体方面。

（二）杜邦分析法的步骤

从图 9-1 中可以看出，净资产收益率主要受 3 个因素的影响，即销售净利率、总资产周转率、权益乘数。在实际使用杜邦分析法对企业进行分析时，可按照以下步骤进行。

1. 分解财务指标

对有关财务指标进行分解是杜邦分析法的第一步。具体来讲，就是根据资产负债表相关数据从净资产收益率开始，对财务指标进行分解。

（1）分解净资产收益率

净资产收益率受资产净利率和权益乘数的影响，通过这两个指标可以从总体上了解企业的资本获利能力（资产净利率体现）和企业筹资、投资、资金运营等财务活动的管理效率（权益乘数体现）。

（2）分解资产净利率

将资产净利率分解为销售净利率和总资产周转率可以了解销售收入对这两个指标的直接影响。如果将净利润进一步分解为销售收入和总成本，还可以直观地了解成本的节约对提高企业净资产收益率的影响。如果将平均资产总额进一步分解为平均流动资产和平均非流动资产项目下的具体资产，还可以了解资本结构对资产收益率的影响。

（3）分解权益乘数

权益乘数主要受两方面的影响，一是平均资产总额，二是平均所有者权益总额。由于所有者权益总额=资产总额-负债总额，所以分析者还可以据此来判断企业的负债比率，从而了解企业的杠杆作用。

2. 完善杜邦分析法示意图

将各项财务指标进行分解后，报表使用者可根据企业的财务报表计算各项指标值，然后将其填入杜邦分析法示意图中，直观观察各项指标间值的关系。

3. 评价分析

报表使用者可通过杜邦分析法示意图中展示的各项指标关系来对企业不同时期的数据进行横向对比，以评价企业的具体财务状况。

专家点拨

通过杜邦分析法自上而下的分析不仅可以揭示企业各项财务指标之间的结构关系，还能为决策者优化公司经营、提高经营效益提供思路。总体来说，企业若要提高经营效益，就需要提高净资产收益率，而提高净资产收益率的根本在于以下5方面：①通过扩大销售来提高销售收入；②通过节约成本来提高销售净利率；③通过优化投资配置来调整权益乘数；④通过加速资金周转来提高总资产周转率；⑤从企业层面优化资金结构，树立应有的风险意识。

（三）杜邦分析法的局限性

在实际工作中，由于杜邦分析法中的核心指标"净资产收益率"体现了"股东价值最大化"的思想，符合企业的经营目标，所以其得到了广泛的运用。但是，在采用杜邦分析法进行财务分析时，只能了解企业财务方面的信息，而难以了解企业的整体实际情况，所以杜邦分析法也存在一定的局限性。杜邦分析法的局限性主要体现在以下3个方面。

1. 过分重视短期结果

根据杜邦分析法的运用步骤可以看出，该方法过分重视短期财务结果，可能会造成企业管理层的短期行为，而忽略企业价值的长期创造过程。还可能会使企业为了达到短期目标而采取一些急功近利的方法，不利于企业的长远发展。

2. 只能反映企业过去的经营业绩

杜邦分析法中的财务指标反映的是企业过去经营实现的成果，而这不再适用于当前信息时代对数据更新的要求。在当今信息时代，企业的经营业绩越来越受到顾客、供应商、员工、技术创新等因素的影响，这对企业财务数据的更新提出了更高的要求。这就使得报表使用者在采用杜邦分析法时，利用的数据所涵盖的周期越来越短。

3. 无法对无形资产进行估价

通过观察杜邦分析法中的相关指标不难发现，该方法只能体现企业的有形资产。但随着时代的发展，企业无形资产，如企业的品牌价值、商誉等越来越重要，它们在企业保持竞争力的过程中扮演着重要的角色，而杜邦分析法显然无法解决对无形资产价值进行估计的问题。

三、任务实训——使用杜邦分析法进行分析

按照杜邦分析法的一般步骤对星海公司的财务状况进行评价。这里可以直接将相关指标填入杜邦分析法示意图中，如图9-2所示。（注：图中箭头前为2020年数据，箭头后为2021年数据）。

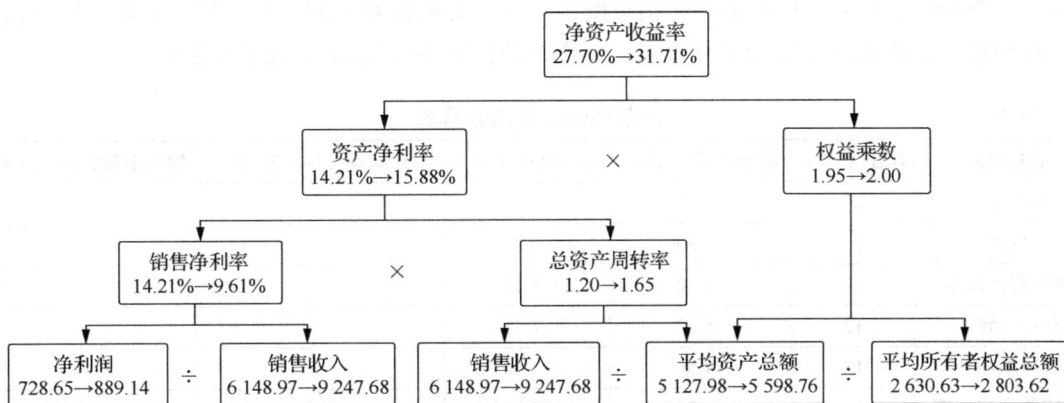

图 9-2　星海公司杜邦分析法示意

通过图9-2可以看出，星海公司的净资产收益率有所提高，而产生这个结果的原因包括两方面：一方面，资产净利率由14.21%提高到15.88%；另一方面，权益乘数由1.95上升至2.00。其中，资产净利率反映了企业盈利能力的提升，权益乘数反映了企业资本结构的改变，两者共同改变了净资产收益率。

在杜邦分析法中，资产净利率受销售净利率和总资产周转率影响。通过总资产周转率可以看到，该指标在2021年有所提升，这说明资产的利用得到了比较好的控制，也表明星海公司利用总资产产生收入的效率在提高。同时，虽然销售净利率有小幅下降，但总资产周转率上升幅度较大，因此该公司资产净利率成上升趋势。

沿着杜邦分析法的框架可对销售净利率和总资产周转率的变化进行进一步的分解。通过分解结果可以发现，该公司2021年销售收入有大幅度提升，上涨幅度为50.39%，但净利润的上升幅度却比较小，只有22.03%，这表明星海公司的总成本也在大幅度上升。

权益乘数指标在这两年中的变化很小，从其构成可看出在这两年中，该公司的资产总额和所有者权益总额变化不大，所以其债务规模的变化也很小。

至此，通过上述分析可以看出，该公司在销售收入有大幅提升的情况下，净资产收益率的上升幅度并不大，这主要是由于成本大幅度上升。所以星海公司需要在缩减运营成本方面做出努力，才能保证在收入高速增长的情况下，销售净利率也能同步增长。同时，该公司权益乘数在这两年中的变化不大，这说明其负债程度趋于稳定，在总资产存在较小幅度增长的情况下，其偿债能力仍然可以得到保障。

综上所述，通过杜邦分析法下的各指标变动情况发现，星海公司的经营方向如下：努力减少各项成本，同时保持现有的资产周转率水平，使销售净利率的增长步调与销售收入的增长保持一致，进而提升资产净利率。

任务二 使用沃尔评分法

一、任务引入

某报表使用者对创汇公司 2021 年的财务情况采用沃尔评分法进行评价时，按照一定的标准选取了 7 个指标，然后对选取的指标值分配了权重，并根据获得的资料计算出了各指标的实际值。现制作一张沃尔评分法运用分析表（各比率的标准值已提供），如表 9-2 所示。

表 9-2　　　　　　　　　　　沃尔评分法运用分析表

财务比率	比重（①）	标准比率（②）	实际比率（③）	相对比率（④=③÷②）	综合指数（⑤=①×④）
流动比率	20	1.50	1.61		
产权比率	15	1.80	0.92		
固定资产比率	10	2.50	9.23		
存货周转率	12	5.60	7.81		
应收账款周转率	18	14.50	24.68		
固定资产周转率	15	8.30	12.00		
净资产周转率	10	3.00	2.50		
合计					

根据上述资料，运用沃尔评分法对该公司的信用水平进行分析。

二、相关知识

报表使用者在进行财务分析时，常常会有这样的疑问：虽然得出了各财务指标的具体值，但这些值的含义是什么、如何通过判断指标值的高低来评价该指标值的优劣？如果要回答这些问题，就需要用到沃尔评分法。

（一）沃尔评分法的提出

在财务报表分析中，可以利用公式和报表数据来直接计算出各项指标的具体数值，但是如何对计算出的财务比率进行判断是一个比较困难的问题。如果采用比较分析法对企业的现实情况与历史情况进行比较，只能看出其自身的变化，对于评价企业在市场竞争中的优劣比较困难。

因此，为了弥补上述缺陷，美国经济学家亚历山大·沃尔在其 1928 年出版的《信用晴雨表研究》和《财务报表比率分析》中提出了信用能力指数的概念。亚历山大·沃尔选择了 7 个财务比率（流动比率、产权比率、固定资产比率、存货周转率、应收账款周转率、固定资产周转率、净资产周转率），设定总和为 100，并给定这些财务比率指标在总评价中的一定比重；然后将实际比率与标准比率进行比较，确定出各指标的得分及总体指标的累计分数；最后根据总分评价企业的信用水平。后来，人们逐渐把沃尔提出的这种分析方法称为"沃尔综合评分法"，又称"沃尔评分法"。

沃尔评分法是一套完整的综合比率评价体系，即通过将若干财务比率用线性关系结合起来的方式来评价企业的信用水平。

（二）沃尔评分法的步骤

沃尔评分法就是将选定的财务比率用线性关系结合起来，并分别给这些财务比率指标分配一定的比重；然后通过与标准比率进行比较，确定出各项指标的得分及总体指标的累计分数；最后对企业的信用水平做出评价的一种方法。在运用沃尔评分法时，一般可按照以下步骤进行。

1．选择评价指标并分配指标权重

在对企业财务报表进行分析时，一般会从企业的盈利能力、偿债能力、营运能力和发展能力方面入手，所以报表使用者选择的评价指标应可以用于评价企业在这几方面的能力。在进行评分时，按照各指标的重要程度确定其评分值，且拟定总分为 100 分；重要性高的指标，其分值也应当较高。在分值分配上，企业的盈利能力、偿债能力、发展能力之间的比例关系为 5：3：2，其中，盈利能力 3 个指标间的比例为 2：2：1，偿债能力和发展能力中各指标的重要性应大体相当。

2．确定各个指标的标准值

确定各个指标的标准值时，可以采用行业的平均值、企业的历史先进数、国家有关标准或国际公认的标准等。

3．计算各个指标的实际值

根据各个指标的计算公式来计算其实际值，然后与标准值进行比较，得出一个相对比率；最后将各个指标值的相对比率与其重要性权数相乘，就可得出各项比率指标的指数。

4．形成评价结果

将上述步骤计算出的各指标指数相加就可以得出企业的综合指数。通过这个综合指数就可以判断企业财务状况的优劣。

专家点拨

沃尔评分法中的 7 个比率指标都是正指标，即指标值越大，企业的财务状况越好。所以报表使用者可以根据各个指标的相对比率与"1"的关系来判断指标质量：如果相对比率大于 1，表明企业实际情况比标准情况好；反之则比标准情况差。另外，如果选取的指标为负指标，即指标值越小，企业的财务状况越好。此时，对相对比率的判断就应该相反，即相对比率大于 1 时，则表明企业实际情况比标准情况差。典型的负指标有资产负债率、流动比率等。

三、任务实训——使用沃尔评分法进行分析

在本任务中，财务比率及其标准值已经确定，所以运用沃尔评分法时，可以从第 3 个步骤开始，即计算各指标的实际值。得出各指标实际值后，可以按照给定的比重与实际值、标准值之间的关系来计算相对比率和综合指数。最终计算结果如表 9-3 所示。

09

表 9-3 沃尔评分法运用分析表（计算结果）

财务比率	比重（①）	标准比率（②）	实际比率（③）	相对比率（④=③÷②）	综合指数（⑤=①×④）
流动比率	20	1.50	1.61	1.07	21.40
产权比率	15	1.80	0.92	0.51	7.65
固定资产比率	10	2.50	9.23	3.69	36.90
存货周转率	12	5.60	7.81	1.39	16.68
应收账款周转率	18	14.50	24.68	1.70	30.60
固定资产周转率	15	8.30	12.00	1.45	21.75
净资产周转率	10	3.00	2.50	0.83	8.30
合计					143.28

通过表 9-3 中的计算结果可知，创汇公司 2021 年的沃尔评分综合指数为 143.28，其中，固定资产比率对综合指数的贡献最大，为 36.90，而产权比率对综合指数的贡献最小，为 7.65。由于综合指数总体是大于 100 的，所以初步判断该公司财务状况良好。

需要注意的是，报表使用者在运用沃尔评分法的综合指数时，还需要与行业情况以及企业自身纵向发展相比较，考虑企业所处的实际情况后，才能理性分析上述数据。

拓展阅读——沃尔评分法的改进

在沃尔评分法中，虽然提出了 7 个可供选择的指标，但是为什么选择这些指标或是否可以增加或减少指标还未加以证明；同时，在使用沃尔评分法的过程中，当一个指标严重异常时，会对总评分产生不合逻辑的重大影响。沃尔评分法在上述细节中还缺乏权威的说服力。

因此，为了弥补上述缺陷，现代社会根据不同报表使用者对财务信息的不同关注和需求，以沃尔评分法的原理为基础，重新选取了评价指标，形成了新的沃尔评分体系。

在选择指标时，除了应将偿债能力、营运能力、发展能力及盈利能力指标考虑在内，还应选取一些非财务指标作为参考，并按照重要性原则为选取的指标分配比重。因此，可以将选取的指标按照重要性程度分为最重要的指标、较重要的指标和一般重要的指标，这 3 类指标可按 45：35：20 的比例分配比重。

对于最重要的指标，其评分值应占 45 分左右。最重要的指标通常为收益性指标，即反映企业盈利能力的指标，如各种利润率、总资产收益率、总资产报酬率、成本利润率等。

对于较重要的指标，其评分值应占 35 分左右。较重要的指标通常为反映企业偿债能力和营运能力的指标，如资产负债率、产权比率、总资产周转率、存货周转率、应收账款周转率等。

对于一般重要的指标，其评分值应占 20 分左右。一般重要的指标通常为增长性指标和其他指标。增长性指标即反映企业发展能力的指标，如销售增长率、总资产增长率、资本积累率等；其他指标即根据企业实际需要而设置的其他指标，如社会贡献率、社会积累率等。

巩固练习

一、单选题

1. 在上市公司的杜邦财务分析体系中，综合性较强的财务指标是（ ）。
   A. 营业净利率 　　B. 净资产收益率 　　C. 资产净利率 　　D. 总资产周转率

2. 杜邦分析系统主要反映的财务比率关系不包括（　　）。

 A. 股东权益报酬率与资产报酬率及权益乘数之间的关系

 B. 资产报酬率与营业净利率及总资产周转率之间的关系

 C. 营业净利率与净利润及营业收入之间的关系

 D. 应收账款周转率与营业成本及应收账款余额之间的关系

3. 下列关于杜邦分析体系的说法中，不正确的是（　　）。

 A. 杜邦分析体系以净资产收益率为起点

 B. 资产净利率和权益乘数是杜邦分析体系的核心

 C. 决定净资产收益率高低的主要因素是营业净利率、总资产周转率和权益乘数

 D. 要想提高营业净利率，就只能降低成本费用

4. 在现代综合评价体系中，运用沃尔评分法评价企业财务内容时，首先应关注的是企业的
（　　）。

 A. 偿债能力　　　B. 营运能力　　　C. 盈利能力　　　D. 成长能力

5. 下列关于杜邦分析法的说法中，不正确的是（　　）。

 A. 杜邦分析法以总资产收益率为起点

 B. 杜邦分析法以资产净利率和权益乘数为核心

 C. 杜邦分析法重点揭示了企业获利能力及权益乘数对净资产收益率的影响

 D. 权益乘数主要受资产负债率指标的影响

二、多选题

1. 下列关于杜邦分析法的计算公式中，不正确的有（　　）。

 A. 资产净利率=销售净利率×总资产周转率

 B. 净资产收益率=销售毛利率×总资产周转率×权益乘数

 C. 净资产收益率=资产净利率×权益乘数

 D. 权益乘数=资产÷股东权益=1÷（1+资产负债率）

2. 下列各项属于亚历山大·沃尔选择的财务比率的有（　　）。

 A. 流动比率   B. 固定资产比率

 C. 固定资产周转率   D. 净资产周转率

三、判断题

1. 目前，我国企业经营绩效评价的主要方法是杜邦分析法。（　　）

2. 从杜邦财务分析体系可知，通过加强资产管理来降低总资产周转率的方法，可以提高净
资产收益率。（　　）

3. 净资产收益率是企业盈利能力指标的核心，也是杜邦财务指标体系的核心。（　　）

四、计算分析题

华宏公司 2021 年的资产负债表资料和利润表资料分别如表 9-4 和表 9-5 所示。

表 9-4   华宏公司 2021 年的资产负债表资料   单位：万元

项目	年初数	年末数
资产类项目	16 000	20 000
负债类项目	9 000	12 000
所有者权益类项目	7 000	8 000

09

表 9-5 　　　　　　　　　　华宏公司 2021 年的利润表资料　　　　　　　　　　单位：万元

项目	上年数	本年数
营业收入	略	20 000
净利润	略	1 000

（1）计算杜邦财务分析体系中的下列指标：①净资产收益率；②资产净利率；③销售净利率；④总资产周转率；⑤权益乘数。

（2）分析该公司可以采取哪些措施来提高其净资产收益率。